瞄過一眼就忘不了的

世界史

WORLD HISTORY
TEXTBOOK

山崎圭一 著

蕭辰倢 譯

前言 世界史是「一則」完整的故事!

「老師,拜託您在 YouTube 上推出課程啦!老師調走之後,我們還是好想聽您上課!」

為了回應昔日門生的這番心願,我從 2013 年開始在 YouTube 平臺推出世界史的課程影片《世界史 20 集計畫》。

不僅高中生,包括大學生、商業人士、家庭主婦、教育界人士等,承蒙各界人士賞光,這些日本史和地理教學影片的總點閱率,如今合計已達 2,000 萬人次。

我是一名公立高中的社會科教師,因此除了世界史,亦教授日本史和地理課程。

在 YouTube 上,除了世界史之外,我也曾推出日本史和地理的課程影片;但我只在世界史的影片標題,加上了「計畫」二字。

這絕非隨興而為。

在我心中,世界史課程影片不同於日本史或地理,無疑是一大計畫。而也是世界史,令我獲得了最多的迴響。

世界史的課程影片,為何會是一大計畫?進入正文後我會再次詳談,其實就是因為:**一般教科書的最大「問題」,就是內容實在太「艱澀難懂」了。**

我認為或許就是這個問題,才使得好多人對世界史一竅不通。

在日本,從小學到高中,課程中都有日本史這個科目,大部分人至少都懂個「大概」;相對於此,知曉世界史「大概」的人卻為

數不多。世界史明明是全球化時代不可或缺的知識涵養，這件事令我無比惋惜。

在長達 20 年的社會科教師生涯當中，我曾帶過許許多多的學生。

我想替懼怕社會科的學生們做點什麼，希望他們能對歷史產生興趣，進而拓展知識涵養的廣度。

因此，我嘗試以各種方式講解世界史，並不斷修正錯誤，最後找到的，就是本書所採取的模式：**用一則故事來解說世界史。**

本書所解說的世界史，具體而言有以下三大特徵：

---

① 不同於一般教科書，將所有事件連貫成「一則故事」。

② 將「主詞」的變化控制在最小限度。

③ 不用死背年分。

或許有人覺得：「哪有歷史書不用年分的……」但我認為用以上三大特徵學習，讀完本書後，你將能一次掌握高中所應學會的世界史梗概。

期待本書能幫助所有想汲取世界史涵養的人士。尤其是學生時期不擅長世界史，如今想從頭學起的社會人士；或是「分數總是拉不起來，希望能先達到平均水準」的大學考生，我想這將是最適合你的一本書。

期望各位能透過本書，踏出學習世界史的「第一步」，接著再去接觸電影、小說、旅遊、音樂、美術等形形色色的世界史題材，讓人生變得更加精采。

山崎圭一

高中老師X
神級
Youtuber

瞄過一眼就忘不了的
世界史

序章
人類出現、文明誕生

CONTENTS

CONTENTS

第1章
歐洲歷史

第 2 章
西亞及伊斯蘭世界歷史

第3章
印度歷史

第4章
中國歷史

第5章
合而為一的全球時代

第6章
革命的時代

第7章
帝國主義與世界大戰的時代

第8章
近代西亞、印度

第9章
近代中國

第10章
現代世界

「艱澀難懂」的世界史
教科書帶來的「壞影響」

 為什麼許多人都不擅長世界史？

　　在全球化的浪潮之下，學習世界歷史、文化益發有其必要。我對於自己能夠教授「世界史」這門大規模、充滿各類故事的精采科目，同樣感到很有意義。拿起這本書的各位，想必都是渴望學好世界史的人。

　　另一方面，不少社會人士和高中生，卻對學習世界史感到卻步。多數人都認定世界史就像在背誦英文單字那樣，「沒有任何脈絡，只是用力死背歷史名詞和年分的一門科目」。

　　我認為，**造成這類「誤解」的原因之一，或許是一般世界史教科書的架構出了問題。**

　　請看看右圖。一般的《世界史》教科書，假使從頭依序讀起，各章節的順序就像這樣。

　　直向按年分、橫向按地區排列，「學習順序」則如箭頭所示。我們從這張圖可以明顯看到，由於箭頭方向四處亂轉，就算從教科書的第一頁開始閱讀，也完全無從掌握「整體概貌」。

　　當然，編寫教科書的人並不是故意為難大家，才設計出這樣的架構。雖然這番安排有其目的，卻令人摸不清究竟自己在學些什麼，最終只得靠大量「死背」來學習，「世界史真是無聊透頂的死背科目」這樣的印象因而深植人心。

圖1 一般教科書中，地區和年分的順序令人暈頭轉向

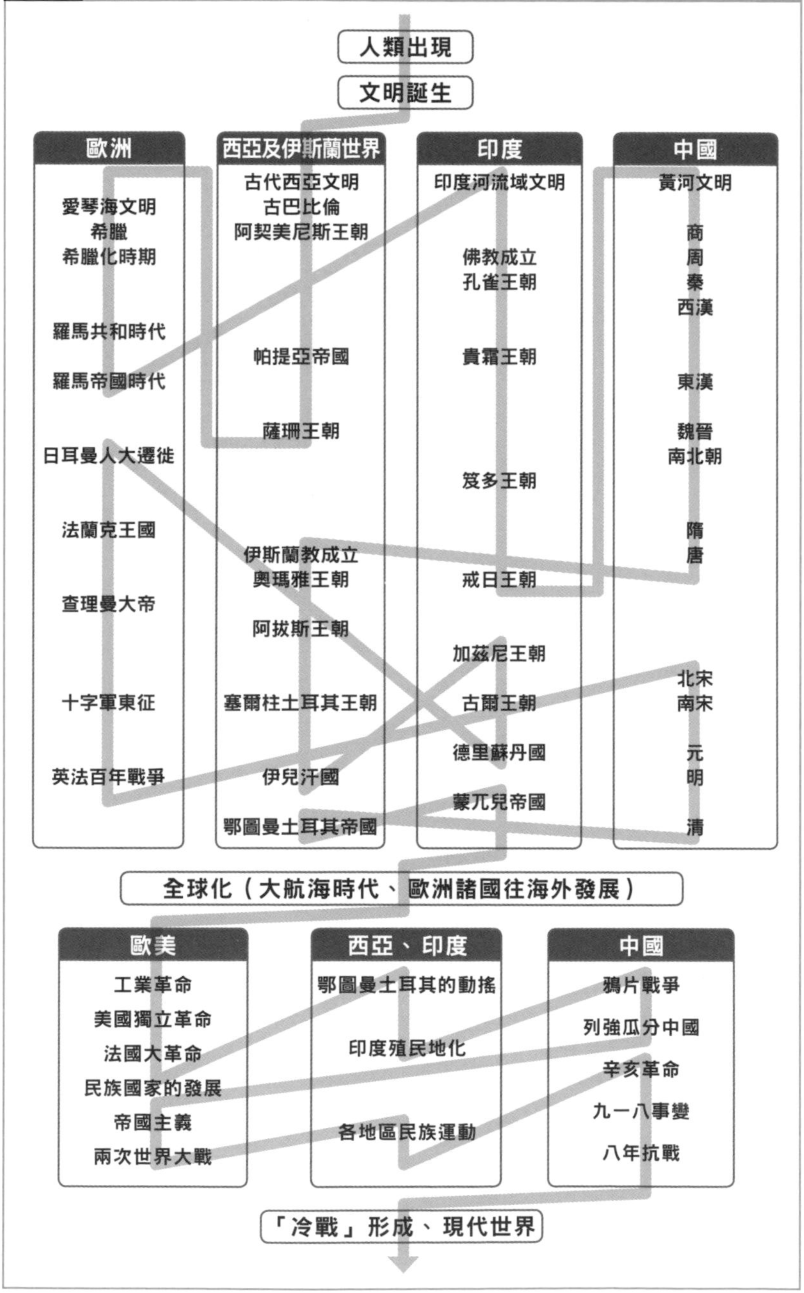

人類出現

文明誕生

歐洲	西亞及伊斯蘭世界	印度	中國
愛琴海文明 希臘 希臘化時期	古代西亞文明 古巴比倫 阿契美尼斯王朝	印度河流域文明 佛教成立 孔雀王朝	黃河文明 商 周 秦 西漢
羅馬共和時代 羅馬帝國時代	帕提亞帝國 薩珊王朝	貴霜王朝 笈多王朝	東漢 魏晉 南北朝
日耳曼人大遷徙 法蘭克王國 查理曼大帝	伊斯蘭教成立 奧瑪雅王朝 阿拔斯王朝	戒日王朝 加茲尼王朝	隋 唐
十字軍東征 英法百年戰爭	塞爾柱土耳其王朝 伊兒汗國 鄂圖曼土耳其帝國	古爾王朝 德里蘇丹國 蒙兀兒帝國	北宋 南宋 元 明 清

全球化（大航海時代、歐洲諸國往海外發展）

歐美	西亞、印度	中國
工業革命 美國獨立革命 法國大革命 民族國家的發展 帝國主義 兩次世界大戰	鄂圖曼土耳其的動搖 印度殖民地化 各地區民族運動	鴉片戰爭 列強瓜分中國 辛亥革命 九一八事變 八年抗戰

「冷戰」形成、現代世界

學習世界史
應該要「一氣呵成」！

將 11 個區塊串在一起

實際上，學校體系內為數眾多的教育者，也都認為前述世界史教科書的「架構」有其問題，反覆探索著最適合的教學方式。

令人感激的是，不少教育者都收看了我自 2016 年起在 You-Tube 上推出的世界史課程影片《世界史 20 集計畫》，並給予高度的評價。

我之所以能夠獲得多方讚賞的最大因素，在於我為教科書的上述問題，提出了一個解方。

請看看右圖的箭頭。相信各位可以看出，不同於第 17 頁的圖表，此處的箭頭自歐洲起始，經過中東、印度、中國、大航海時代、近代、現代，從頭到尾一氣呵成。

換言之，我將 11 個分開的區塊，串聯在一起。

這「一整串」的內容簡潔說來，就是「首先，個別學習歐洲、西亞及伊斯蘭世界、印度、中國等四大地區的歷史，從大航海時代開始，四大地區交會為一。接著走過近代、現代，學習歐洲世界從亞洲向全球增強影響力的過程」。

右圖就是在你學習世界史前，應該放進腦袋裡的「框架」，也可以稱之為「架構」。簡而言之，這就是世界史的領路地圖。

若你向來無法徹底搞懂世界史，或總是逼迫自己拚命背誦歷史名詞，只消讀過本書，感受必定不同以往，你會驚訝地發現，以往艱澀難記的世界史，竟然如此簡單地就深深刻印在腦袋裡了。

圖 2 「從歐洲到現代」全部一氣呵成！

人類出現

文明誕生

歐洲	西亞	印度	中國
	古代西亞文明 古巴比倫 阿契美尼斯王朝	印度河流域文明	黃河文明
愛琴海文明 希臘 希臘化時期		佛教成立 孔雀王朝	商 周 秦 西漢
羅馬共和時代	帕提亞帝國	貴霜王朝	
羅馬帝國時代	薩珊王朝		東漢
		笈多王朝	魏晉 南北朝
日耳曼人大遷徙			
法蘭克王國	伊斯蘭教成立 奧瑪雅王朝	戒日王朝	隋 唐
查理曼大帝	阿拔斯王朝		
		加茲尼王朝	
十字軍東征	塞爾柱土耳其	古爾王朝	北宋 南宋
		德里蘇丹國	元
英法百年戰爭	伊兒汗國	蒙兀兒帝國	明
	鄂圖曼土耳其		清

全球合而為一（大航海時代、歐洲諸國往海外發展）

歐美	中東、印度	中國
工業革命	鄂圖曼土耳其的動搖	鴉片戰爭
美國獨立革命		列強瓜分中國
法國大革命	印度殖民地化	辛亥革命
民族國家的發展		九一八事變
帝國主義	各地區民族運動	八年抗戰
兩次世界大戰		

「冷戰」形成、現代世界

解說時盡可能固定「主詞」

本書為了能夠一氣呵成地為大家解說整部世界史，特地下了一番工夫。

在講述內容時，**地區或王朝、國家等「主角」的變化，皆會控制在最小限度。**

只要是讀過一般的世界史教科書的人，相信都會知道，文中的主詞總是換來換去，令人暈頭轉向。在某頁裡講述的「主詞」是歐洲諸國，翻過數頁之後，主詞變成了中國，再翻過數頁，主詞又不知不覺地換成了西亞及伊斯蘭世界的王朝。

由於全球各地區互有關聯，從各式各樣的視角審視歷史，固然非常重要。

不過，從第 17 頁的圖表也可看到，假使地區、王朝等「主詞」過度頻繁地更換，光要掌握「主詞」就已相當吃力，更別說要聚焦於內容了。所以，無論讀過多少次教科書，內容永遠記不住。

為了解決這個問題，本書會將「主詞」的變化控制在最小限度，並讓其他地區以配角的身分登場。

當主角換成另一地區時，曾擔任過主角的地區，就會轉而成為配角。

如此這般，**先徹底了解每一個區域的歷史發展，再來看整個地區國家的關聯，最終也會更了解地區間、國家間的「橫向關係」**，各位必將深有所感。

圖3 盡可能維持同一主角，令其他的地區擔任配角

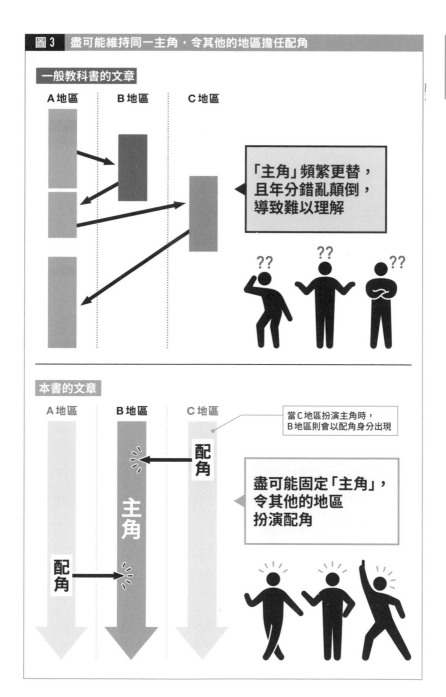

一般教科書的文章

A地區　B地區　C地區

「主角」頻繁更替，
且年分錯亂顛倒，
導致難以理解

??　??　??

本書的文章

A地區　B地區　C地區

當C地區扮演主角時，
B地區則會以配角身分出現

配角

主角

盡可能固定「主角」，
令其他的地區
扮演配角

配角

學習世界史 不必死背「年分」！

 ## 「沒有年分」讓故事更吸睛

本書還有另一大特徵：**完全不使用年分**。據我所知，幾乎沒有哪本世界史教科書或學習參考書，在解說時不會用到年分。

為何我選擇不使用年分呢？因為**在「一氣呵成」的故事中，年分會成為一種「干擾」**。

我在上課時，常向學生舉民間故事《桃太郎》作為說明範例。

《桃太郎》這個故事，是由「爺爺」、「奶奶」、「砍柴」、「洗衣」、「桃子」、「糯米糰子」、「雉雞」等約 50 個詞語所組成。之中並未出現日期和年代。縱然如此，許多人在孩提時期讀了桃太郎的故事，直到長大成人後也都還記得，可不是嗎？**像民間故事那般，一氣呵成的簡單故事，更容易留存於心。**

除此之外，不放年分，事件和人物間的「關聯性」、「因果」，也會變得更清楚。

不過，大學應考生仍需要記住年分，社會人士當中，必定也有人亟欲學習年分的相關知識。

我在學校裡帶學生時，首先會讓他們學習沒有年分的世界史，接著在上考場約兩個月之前，再讓他們參考本書卷末的附錄，熟記參加入學考試所需背誦的年分。

幾乎所有的學生，都能在四到五天內將年分完美地記牢。先將完整的知識一氣呵成融會貫通，之後再將年分裝進腦中，簡直就是易如反掌。

「世紀」以西亞及伊斯蘭世界為軸

　　雖然不需要年分，讀者仍需適度搭配時間軸，知識才更能深入腦中。

　　不過，所有歷史名詞不必跟年綁在一起記憶。其實有個訣竅，能夠幫助你輕鬆地記憶年分。**只要將本書第 2 章「西亞及伊斯蘭」的年分當成時間的中心軸即可。**

　　西亞及伊斯蘭世界在地理上，恰好位於西方歐洲與東方中國的正中央。因此，在其他地區的歷史上，西亞及伊斯蘭世界總以「配角」的身分頻繁登場。有鑑於此，只要一氣呵成學好西亞及伊斯蘭世界的知識，再配合年分融會貫通，就能一併掌握其他地區的年分。

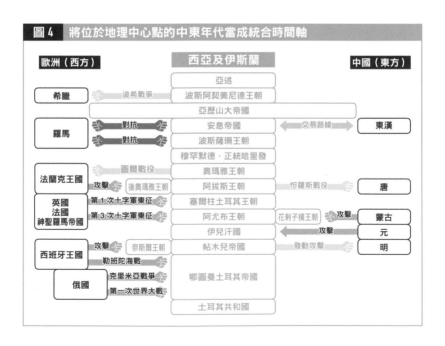

圖 4　將位於地理中心點的中東年代當成統合時間軸

本書架構

以第 5 章為界，大致分成前半與後半兩部分

本書的架構以第 5 章為界，大致分成前半與後半兩部分。

首先，序章會從「人類出現」和「文明誕生」談起。

接著第 1 章到第 4 章，將聚焦於「歐洲」、「中東」、「印度」、「中國」四大地區，分別解說自古代至大航海時代之間的歷史。從第 5 章起，終於進入這四大地區合而為一的世界史。第 5 章主要談論大航海時代，第 6、7 章則解說近代歐洲世界透過各式各樣的革命，在全球逐漸增強影響力的過程。

在第 8、9 章中，將會解說受到近代歐洲世界大幅影響的中東、印度、中國等亞洲世界的變遷。

最後在第 10 章，則會解說第二次世界大戰過後直至現代的全球歷史。

四大地區自大航海時代起匯流合一

我曾經玩過一款角色扮演遊戲，「前半段是數名主角各自的故事，後半段則是這些主角聚集起來，構築出一個共同的故事」；本書的架構也是相同的概念。

首先，從第 1 章至第 4 章將聚焦於「歐洲」、「中東」、「印度」、「中國」，透過生動的敘述，盡可能讓大家理解它們在「大航海時代」碰頭之前，曾分別發展出怎樣的歷史，成為了具備何種

圖5 前半是四大地區歷史，後半是四大地區合為一體的世界史

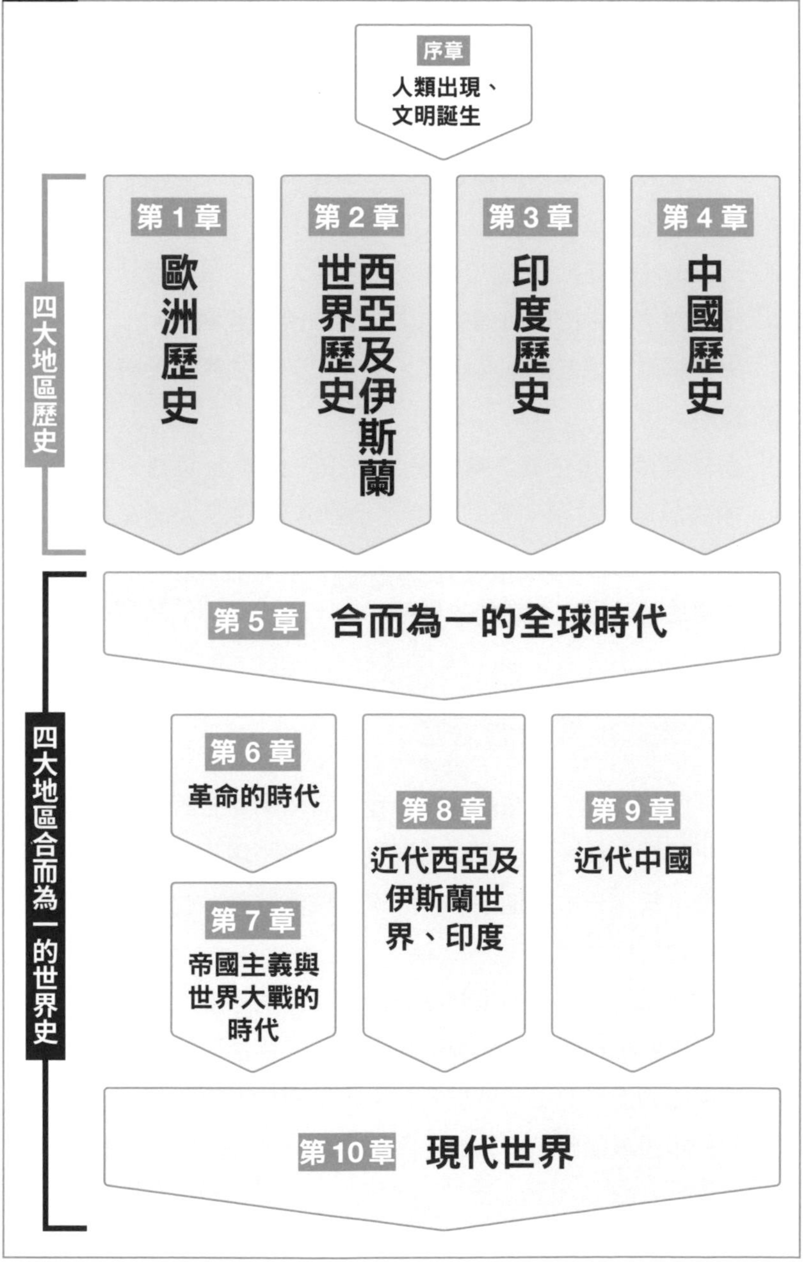

序章
人類出現、文明誕生

四大地區歷史

第1章	第2章	第3章	第4章
歐洲歷史	西亞及伊斯蘭世界歷史	印度歷史	中國歷史

四大地區合而為一的世界史

第5章 合而為一的全球時代

第6章 革命的時代

第8章 近代西亞及伊斯蘭世界、印度

第9章 近代中國

第7章 帝國主義與世界大戰的時代

第10章 現代世界

特徵的地區。

各地區因氣候風土不同，而孕育出各自的「個性」。

舉例而言，歐洲在溫暖氣候與高度生產力的背景下，有眾多強國崛起，對全球帶來了偌大影響。

中東不可或缺的伊斯蘭文化，牽繫起了分散於沙漠中的大量部族。

印度的特徵在於宗教、民族、語言等方面，具有無法一概而論的「多元性」。中國則有獨裁的強勢領袖接連登場。

先了解過各地區的「個性」，第 5 章起的內容就會更顯立體、易於理解。

而當各章主角在第 5 章全員到齊後，全球合而為一的「世界史」才終於揚帆啟程。不同於第 1 至第 4 章的四大地區歷史，從第 5 章開始，各地區的聯繫將更顯緊密、牽扯複雜。

本書透過巧思，將這些故事都化為了易於掌握的故事架構。

關於未能提及的地區

在「關於本書」篇章的最後，我還有一事想告訴各位。本書為了盡力平實地敘事，許多歷史名詞只得割愛不用；包括非洲、東南亞、朝鮮半島、日本等地區，全都未能聚焦談論。此外，各國的文化史同樣也忍痛割捨。

我絕不認為世界史的這些部分沒有學習的必要。我只是試圖讓這本書盡量短小精悍，在有限的篇幅，以好懂的形式，為各位解說「一氣呵成的世界史」，所以才採用了這樣的架構。

關於本書未能聚焦談論的地區歷史和文化史，期待今後能藉其他機會再行介紹。

人類出現、
文明誕生

出土化石所講述的
人類誕生史

 南非化石在全球掀起波瀾！

在進入本章之前，我想先談談壯闊世界史的故事起點；換句話說，也就是從人類的起源講起：「我們人類是何時、在何處誕生的呢？」

不知各位是否看過《決戰猩球》（Planet of the Apes）這部電影？猿狀生物用雙腳行走，並統治了人類……電影的設定饒富趣味，是曾數度推出續作與多次翻拍的一部名作。

在距今約 100 年前，一具難以判斷是《決戰猩球》中的猿類或是人類的生物化石，在南非出土了。

發現化石的解剖學家，將之命名為南方古猿（Australopithecus）。他曾主張，相較於已在歐洲發現的尼安德塔人與克羅馬儂人，南方古猿出土的地層古老了許多，因此應為人類的祖先。

一開始，基於「人類是按神的形象而造」的基督教義，且當時「統治」非洲的歐洲人渴望相信人類起源於歐洲，因而完全無法接受這種主張。要承認世上曾存在過介於人與猿之間的生物，或許就像是在認可《決戰猩球》的世界是真實存在的那般困難。

 「猿人」使人類的起源一口氣往回追溯

然而，像「南方古猿」這類化石，之後卻接連在非洲發現。

諸如「雙腳直立行走」、使用簡單的打製石器「礫石砍砸器」

等，在人們發現該物種具有明顯異於類人猿的特徵後，就連最初不願承認此種化石為人類的人，也只能承認這是最古老的人類。

此物種繼而被稱為猿人，以約 400 ～ 250 萬年前的南方古猿為代表。截至今日，人們已發現距今 700 萬年前的猿人化石。

在猿人階段，由於腦容量還很小、不夠發達（約為現今人類的三分之一），**尚未使用言語，也不懂用火**，因此不同於《決戰猩球》中登場的猿類。

「原人」自非洲擴張至各地

到了約 240 萬年前，原人登場了。原人將石器打造得更銳利後擴大用途，並且居於洞穴，對周遭環境的適應能力急速增加，因而**擴張至非洲以外的全球各地**。

中國的北京原人、印尼的爪哇原人等，都是原人的代表。據信在該期間，原人已經開始使用語言（但程度似乎接近嬰兒語）。此外，據說北京原人已知用火。

開始「人模人樣」的「早期智人」

時至約 60 萬年前，進化更甚的早期智人登場了。其代表就是分布於歐洲的尼安德塔人。

在尼安德塔人遺址內的骨頭化石周遭，發現了花粉化石，可知他們曾經用花朵圍住死者後埋葬，具有**「追悼死者的精神文明」**。

他們使用的器具也有所進化；其所發展出的技術，能將石塊打製成一片片美工刀般的薄片石器。

尼安德塔人還留下了人類最古老的戰鬥痕跡，相信往後不斷上演的「人類戰鬥史」，就是從這裡開始的。

「晚期智人」的模樣，與「現今的我們」幾無二致

從距今 20 萬年前起，進入晚期智人的階段後，**智人就擁有了與現代人類幾乎無異的體型和腦容量。**

假使「晚期智人」身穿西裝、手持智慧型手機，在上班時坐你旁邊，你恐怕也不會感到半絲異樣。

「現今的我們」則稱為「現代人」（晚期智人的體型雖與我們相同，但隸屬於「舊石器時代」，主要以狩獵、採集維生，跟我們以農耕、畜牧為生產重心的生活型態大有不同，因此取名為「晚期智人」，與我們區別）。

晚期智人的代表，就是歐洲的克羅馬儂人。他們會按用途區分打製石器，以及用動物骨頭或角製成骨角器，使生活更加多彩多姿。他們在法國的拉斯科、西班牙的阿塔米拉等洞窟的牆面上，都留下了令人驚豔的「洞窟壁畫」，描繪著栩栩如生的動物。

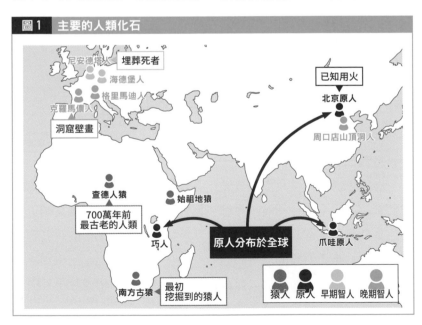

圖1　主要的人類化石

文明是何時、在哪裡、怎麼誕生的？

現代生活型態的「起點」

正如同現今日本北海道民眾跟沖繩民眾的生活型態並不相同，人們必須配合氣候，才能過活。

距今 1 萬年前，曾經相當寒冷的地球漸趨暖化，氣候變得跟今日的地球幾乎無異。 在當時，人類也不得不配合變暖的氣候，改變生活模式。

這個 **「1 萬年前」的時間點，可說就是「現今人類生活型態的起點」。**

地球暖化使得動物小型化，海洋生物和植物的種類變多後，人類增強了採食經濟的技術，開始使用弓箭、網子來狩獵與採集。

隨後登場的人類，則展開了產食經濟的生活型態，**利用穩定的溫暖氣候「自力產出食物」。**

產食經濟開始之後，與其追逐著獵物四處遷徙，人們居於可行生產的場所，反倒更加有利。就這樣，人們開始興建聚落定居下來，人口也逐步擴張。

此時器具也產生了變化。除了過去適用於狩獵採集，可割肉、切斷物品的打製石器有所進化外，為了打造出能將穀物磨成粉末的器具、耕作用鋤頭的刀尖等，以石頭磨平石頭的磨製石器跟著亮相登場，人們正式邁入適於農耕的「新」石器時代。

「不完美的土地」使文明越加蓬勃發展

地球暖化對中緯度地區尤其造成了大幅影響。中緯度的蒸發量超過降水量，開始日漸乾燥。這類乾燥地帶必須自大河取用生活和農耕所需的水源，大河沿岸因而出現稠密人口。

正因這類地區的乾燥土地不適合農業，人類為尋求水資源而集中在大河流域生活，使得城市誕生；為了養活眾多人口，耕田、打造水路的技術薈萃一堂。就這樣，在兩河流域、黃河流域等處，以乾燥地帶為據點的全球最古老文明一一興起。

此外，在乾燥地帶以外，愛琴海一帶也因土地狹小，交易據點集中於特定場域，而擁有密集的人口；長江流域、墨西哥等地區生產了足以撐起人口的稻米和玉米；在這些地區，同樣都有文明誕生。當農耕、畜牧使得人口增加，**城市**興起後，財富和技術齊集一處，文字和金屬器具等也跟著應運而生。

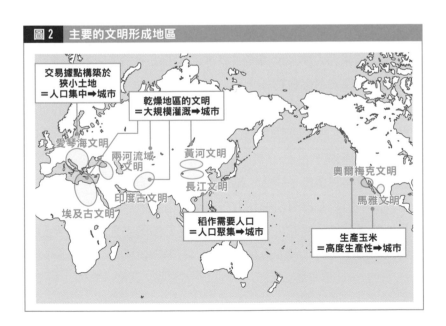

圖 2　主要的文明形成地區

交易據點構築於
狹小土地
＝人口集中➡城市

乾燥地區的文明
＝大規模灌溉➡城市

愛琴海文明

兩河流域
文明

黃河文明

奧爾梅克文明

長江文明

馬雅文明

印度古文明

埃及古文明

稻作需要人口
＝人口聚集➡城市

生產玉米
＝高度生產性➡城市

第 1 章

歐洲 歷史

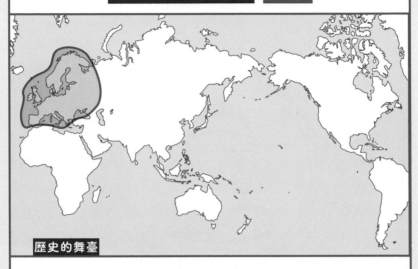

歷史的舞臺

歐洲同時擁有
「多元」與「一致」的兩種面貌

　　歐洲坐擁溫暖氣候和高度生產力，自古即是人口密集地區。對全球造成偌大影響的許多大國皆在此處，由於國家、民族的興亡更迭屢見不鮮，造就了多元的語言和文化。

　　另一方面，歐洲也具備了「共同體」的特質。

　　本區擁有共通的文化，縱使教派有異，但都信仰基督教，並使用自希臘文字分支而出的拉丁字母等。

　　因此，在歐洲的歷史當中，經常可以窺見「多元」與「一致」這兩張矛盾的面貌交替出現。

第1章
歐洲歷史

第2章
西亞及伊斯蘭世界歷史

第3章
印度歷史

第4章
中國歷史

第5章
合而為一的全球時代

第6章
革命的時代

第7章
帝國主義與世界大戰的時代

第8章
近代西亞、印度

第9章
近代中國

第10章
現代世界

愛琴海文明

希臘文化

羅馬共和時代

亞歷山大帝國

羅馬帝國時代

日耳曼人

諾曼人

法蘭克王國

斯拉夫人

拜占庭帝國

歐洲國家的「根基」成形

十字軍東征

葡萄牙
西班牙

法國

英國

百年戰爭

神聖羅馬帝國

籠罩著神話與傳說的歐洲起源

 從克里特島前進希臘本土！

　　每種文化和文明都有「起源」。歐洲文化的緣起，在於**希臘文明**。舉例而言，在英語和法語之中，有大量詞彙的語源皆是希臘語（例如：歷史「history」一詞亦是源於希臘語的「ἱστορία」〔historía〕一詞）。而希臘文明之源流，則是誕生於地中海東側愛琴海上的**愛琴海文明**。愛琴海的海上交易興盛，周遭地形複雜且平地狹窄，交易據點建造在狹隘的平地之上，人口密集，因而自早期就發展出繁榮的城市。愛琴海文明還可分成「邁諾安文明」、「邁錫尼文明」兩大時代，前期的愛琴海文明在愛琴海上的克里特島欣欣向榮，因此又稱為**克里特文明**。

　　邁諾安文明被稱為「開朗的海洋文明」，宮殿連城牆都沒有，似乎是不具警戒心的和平文明。亦有一說，邁諾安文明的此種作風招來了禍害，最終因無力抵禦外侮而殞滅。文明的中心**克諾索斯**現存龐大的宮殿遺址，因規模甚大，有一說該處是希臘神話中登場的牛頭怪「米諾陶」所居住的迷宮遺跡。

　　後期的愛琴海文明，重心移往希臘本土。此時即是**邁錫尼文明**。**邁錫尼文明被稱為「好戰的文明」**，人們彼此大動干戈，多數遺跡都具備巨石所疊砌出的城牆。

　　電影《特洛伊：木馬屠城記》的主題特洛伊戰爭，就發生在邁錫尼文明的時代。電影雖稱不上全面忠於史實，但從連番的戰鬥場景，仍能一窺當時「好戰文明」的樣貌。

「奧林匹克運動會」原是眾城邦的祭典

第1章 歐洲歷史

第2章 西亞歷史及伊斯蘭

第3章 印度歷史

第4章 中國歷史

第5章 合而為一的全球化時代

第6章 革命的時代

第7章 世界大戰與帝國主義的時代

第8章 近代西亞、印度

第9章 近代中國

第10章 現代世界

「奧林匹克」、「希臘神話」誕生

邁諾安文明和邁錫尼文明，並未立即發展出希臘文明。在邁錫尼文明崩解後，混亂長達 400 年的「黑暗時代」緊接而至，期間的真實情況尚不明朗。

在「黑暗時代」終焉之際，各地誕生了名為**城邦**的城市國家。這些城邦的建立者，正是所謂的「古希臘人」。

這批古希臘人的特徵，是在小山丘周圍群聚而居。扮演城邦重鎮的山丘要塞稱為衛城（Acropolis），擁有權勢者帶領人們在上頭建造神殿和城堡。衛城的山麓處建有**市民廣場**（Agora），用於審判、開會、進行商業活動，逐漸成為眾人的生活重心。

希臘城邦依據所使用的語言（方言）不同，區分為愛奧尼亞人、多利安人等族群，彼此具有競爭心態，也曾發動戰爭。不過，他們共同信仰「希臘神話」眾神祇，並一齊在奧林匹亞舉辦運動祭典（古代奧運）等，懷抱著同為希臘人的歸屬感。

希臘少有平原，人口增加使得土地不足。因此希臘人在地中海進行頻繁的海上貿易，並在各地建設了**殖民城市**。

舉例而言，現今義大利的拿坡里源自「尼亞波利」（Neápolis）、法國的馬賽則源自「馬賽里亞」（Massilia）等殖民城市。希臘文化藉由這些殖民城市，逐漸傳向了義大利和法國。

對民主政治「覺醒」的雅典群眾

 民眾起義對抗貴族！

　　古希臘是**「民主政治」的起源地**，形式稍不同於今日，但民眾有權決定國家的走向。

　　愛奧尼亞人的城邦**雅典**，在難以計數的城邦中具有核心地位；該處採行由全體市民（僅成年男性）執行決策的**直接民主**政體。

　　政權最初由貴族獨占，民眾並不擁有參政權。隨著雅典的工商業逐日發展，一般市民的經濟能力高升，有些人開始自行購買武器，化身重裝步兵參與戰爭；此事成了市民要求參政權的開端。**「我們也在為國家搏命戰鬥，貴族卻壟斷政治，未免太不公平！」市民抱持此種想法，向貴族挑起階級鬥爭，以爭取參政權。**

　　雅典一步步建構了民主政治的基礎。

　　首先，**德拉古**創造了成文法（用所有人都能讀懂的文章記述法律），可防止「貴族獨占法律」。

　　接著，**梭倫**按納稅額將市民分為 4 個等級，展開分級賦予參政權的**金權政治**。以現代人的角度來看，此種制度仍舊很不平等，但**有錢就能獲得參政權這一點，仍使參政權得以大幅擴張。**

　　隨後，**庇西特拉圖**靠武力占領衛城，暫時掌控了雅典的實權。

　　他成為獨裁者，並自封「僭主」（意為專制君主），其統治方式因而稱為**僭主政治**。獨裁之下不分貴族與市民，使得市民的地位向上提升。不過，繼庇西特拉圖之後，採行「惡劣」獨裁統治的僭主仍紛至沓來。

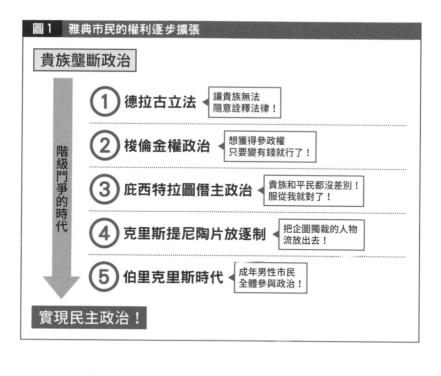

圖1　雅典市民的權利逐步擴張

貴族壟斷政治

階級鬥爭的時代

① 德拉古立法　← 讓貴族無法隨意詮釋法律！

② 梭倫金權政治　← 想獲得參政權只要變有錢就行了！

③ 庇西特拉圖僭主政治　← 貴族和平民都沒差別！服從我就對了！

④ 克里斯提尼陶片放逐制　← 把企圖獨裁的人物流放出去！

⑤ 伯里克里斯時代　← 成年男性市民全體參與政治！

實現民主政治！

第1章 歐洲歷史

第2章 西亞及伊斯蘭世界歷史

第3章 印度歷史

第4章 中國歷史

第5章 全球合而為一的時代

第6章 革命的時代

第7章 世界大戰與帝國主義的時代

第8章 近代西亞、印度

第9章 近代中國

第10章 現代世界

　　克里斯提尼推行了**陶片流放制度**，以杜絕壓迫人民的僭主再度崛起。這是一種「反向投票」的制度，人們會在陶器碎片寫下未來可能變成僭主的人物，得票數最高者，就必須被逐出雅典 10 年。

　　此外，克里斯提尼也廢除了講求血緣的部族制度，將土地分配給居於該處的群眾。這番改革導致「貴族門第」的血緣優勢逐漸沒落，奠定了民主政治的基石。

　　到了**伯里克里斯**的時代，雅典的民主政治逐漸完備。

　　成年男性市民召開公民大會，以多數決制定國家政策。公務人員也透過抽籤決定。

　　雖然奴隸、異族、女性並不具有參政權，**全體市民參與政治的直接民主政體，就這樣成了希臘民主政治的特徵。**

「斯巴達教育」的祕密 在於人口結構

 ## 5000 人支配 7 萬人

　　多利安人城邦斯巴達，是雅典著名的勁敵。**「斯巴達教育」的名號至今仍然廣為人知，是因為他們採行嚴格教育制度與軍國主義，人稱雷克格斯制度。**斯巴達坐擁強大的軍事力量，並頻頻發動遠征，在希臘城邦擁有遼闊的領土。他們征服周邊的民族，在戰事中虜得大批奴隸，形成了斯巴達人口結構的特徵，並進一步促成軍國主義。

　　斯巴達的多利安人男性市民約有5000人，自征服取得的農奴（Helots，**黑勞士**）則有5萬人，異族被征服後從事工商業者（Perioikoi，**周邊住民**）約有2萬人。換句話說，這是由5000人主宰7萬人的狀態。只要這7萬人一舉暴亂，5000人根本無從抵禦。

　　在雷克格斯制度的嚴格訓練和軍國主義之下，**斯巴達市民在和平時期也「必須確保自己不會被黑勞士、周邊住民所輕視」。**

圖2　斯巴達的社會結構

少數支配階層
市民
5000人

支配

透過嚴格訓練和軍國主義抑止叛亂！

周邊住民 2 萬人
（從事工商業）

黑勞士 5 萬人
奴隸身分的農民

被支配階層占壓倒性多數

希臘贏得波希戰爭後，內部開始瓦解

第1章 歐洲歷史

第2章 西亞歷史及伊斯蘭世界

第3章 印度歷史

第4章 中國歷史

第5章 合而為一的全球時代

第6章 革命的時代

第7章 世界大戰與帝國主義的時代

第8章 近代西亞、印度

第9章 近代中國

第10章 現代世界

西亞霸主兵臨希臘！

　　正當雅典、斯巴達這類城邦社會逐步發展之際，東邊的波斯阿契美尼德王朝也已樹立起一個大帝國。

　　希臘世界是城邦，也就是「點」的城市國家；相對於此，波斯帝國則是坐擁廣大領土——也就是「面」，並且具備強大軍事能力的國家。波斯帝國侵襲希臘世界的戰事，史稱「波希戰爭」。

　　首先，波斯帝國境內的希臘人為脫離波斯掌控而叛變。雅典從

圖3　波斯與希臘世界

波斯軍
雅典
斯巴達
希臘世界
雅典提供協助的叛亂地區
波斯阿契美尼德王朝

旁提供協助，使波斯深感憤怒，於是對雅典發動戰事，進入全面對決。

　　雅典雖曾陷入苦戰，在馬拉松戰役中（這也是「馬拉松」一詞的典故）帝米斯托克力將軍發揮靈巧戰術，奪下薩拉米斯海戰的勝利，並且聯合勁敵斯巴達打贏普拉提亞戰役，總算成功擊退了強敵波斯。

　　希臘世界雖然贏得波希戰爭，**卻引爆了雅典與斯巴達的主導權之爭。**雅典為防波斯來襲，跟周邊城邦結成了**提洛同盟**。斯巴達認為「這是在籠絡城邦，企圖取得主導權」，因此結成**伯羅奔尼撒同盟**與之抗衡。就這樣，雅典和斯巴達敲響**伯羅奔尼撒戰爭**的戰鼓。城市國家底比斯也加入戰局，形成三方混戰；隨著戰事長期發展，希臘世界逐漸凋敝，城邦社會步上滅亡之途。

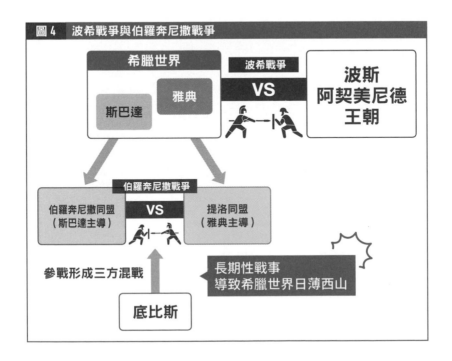

圖4　波希戰爭與伯羅奔尼撒戰爭

希臘世界

斯巴達　雅典

波希戰爭

VS

波斯
阿契美尼德
王朝

伯羅奔尼撒戰爭

伯羅奔尼撒同盟
（斯巴達主導）　VS　提洛同盟
（雅典主導）

長期性戰事
導致希臘世界日薄西山

參戰形成三方混戰

底比斯

英雄亞歷山大馳騁全世界！

第1章　歐洲歷史

第2章　西亞歷史及伊斯蘭

第3章　印度歷史

第4章　中國歷史

第5章　合而為一的全球時代

第6章　革命的時代

第7章　帝國主義與世界大戰的時代

第8章　印度近代西亞、

第9章　近代中國

第10章　現代世界

 ## 馬其頓「漁翁得利」

希臘世界因伯羅奔尼撒戰爭受到重創；在其北方，則有個名叫馬其頓的國家悄悄崛起。**伯羅奔尼撒戰爭的兵荒馬亂，最終由馬其頓「漁翁得利」。**

馬其頓是希臘人的一個分支，但由於他們不建立城邦等生活型態，而被希臘視為異族，受到「低劣」的待遇。

縱使如此，馬其頓國王**腓力二世**仍拚命增強軍事能力，抓準了伯羅奔尼撒戰爭動亂的時機趁虛而入，在**喀羅尼亞戰役**大敗雅典與底比斯聯軍。

接著，腓力二世將希臘各個城邦整合成「**科林斯同盟**」，成功納進控制版圖。

 ## 領土廣及歐洲到印度的巨大帝國

隨後即位的**腓力二世之子更建立起從歐洲遠至印度的巨大帝國**，此人就是歷史上赫赫有名的**亞歷山大**。

為了扳倒位在東方、曾威脅過希臘世界的波斯帝國阿契美尼德王朝，亞歷山大率領馬其頓與希臘的兵力，踏上了**東方遠征**（譯註：史稱「亞歷山大東征」）。

「利用重裝步兵箝制敵方主力，自身則領著騎兵隊大幅繞道，直攻敵方心臟」——擅長這類機動戰的亞歷山大，在伊蘇斯戰役與

高加米拉戰役中大敗波斯，並一路進攻至印度西北部，以破竹之勢
建立起一個大型帝國。

　　然而，軍隊從希臘遙遙行軍至印度，疲憊早已到達極點，快攻
行動只好在抵達印度河流域後按甲休兵。接著，在返回故鄉馬其頓
途中的巴比倫，亞歷山大以 32 歲之齡英年早逝。

 ## 繼任者相爭導致分裂

　　亞歷山大猝死，種下了新一波爭執的種子。由於**亞歷山大僅留
下了一句定義含糊的遺言：「最強者為我後繼！」導致繼任者展開
爭奪戰。**

　　在這場**繼承者之爭**（The Diadochi）尾聲，亞歷山大帝國共分
裂為馬其頓安提哥那王朝、敘利亞塞流卡斯王朝、埃及托勒密王朝
這 3 個國家。

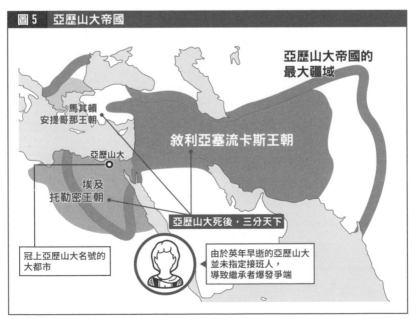

圖5　亞歷山大帝國

亞歷山大帝國的
最大疆域

馬其頓
安提哥那王朝

亞歷山大

敘利亞塞流卡斯王朝

埃及
托勒密王朝

亞歷山大死後，三分天下

冠上亞歷山大名號的
大都市

由於英年早逝的亞歷山大
並未指定接班人，
導致繼承者爆發爭端

將歐洲合而為一的巨大國家誕生！

第1章 歐洲歷史

第2章 西亞及伊斯蘭世界歷史

第3章 印度歷史

第4章 中國歷史

第5章 全球合而為一的時代

第6章 革命的時代

第7章 世界帝國主義與大戰的時代

第8章 近代西亞、印度

第9章 近代中國

第10章 現代世界

 平民發起「階級鬥爭」！

「羅馬帝國」跟「古希臘」並駕齊驅，扮演著歐洲文化的濫觴。**羅馬帝國是遍及西歐與地中海全境的宏偉帝國，也是歐洲道路、建築、語言等各方面擁有一致性的關鍵因素。**

羅馬雖稱「帝國」，但在**羅馬前期**（除卻最早期的王政時期），其實曾是沒有國王或皇帝的**「共和時代」**。

初期的羅馬共和時代就跟希臘一樣，貴族、平民、奴隸間存在著身分差異。掌控國家領導權的機構**元老院**，以及身負最高官職的兩名**執政官**（Consul），都受到貴族所壟斷。

羅馬日漸強盛後，狀況就跟希臘一樣，化身重裝步兵參與戰爭的平民，向貴族挑起了階級鬥爭：「我們賭命奮戰，卻沒有參政權，未免太不合理！」

就這樣，羅馬也跟希臘一樣，平民參政權逐漸拾級而上。首先設置了守護平民權利的**護民官**制度，以及**平民會議**。接著又制定《十二表法》這部以文字記述的法律（成文法），防止貴族將法律獨攬其身。

其後又制定了**《李奇尼亞·塞克斯提亞法》**（Lex Licinia Sextia），規定兩名執政官的其中一名必須由平民出任，大大地擴張了平民的權利。

「平等」卻造成了平民與貴族的對立

「平民會議的決議不需元老院同意，即可成為國家法律」——來到制定《霍騰西亞法》（Lex Hortensia）的階段，平民與貴族的權利幾已平等，階級鬥爭落幕。

不過，**「平等」跟「相處融洽」是兩回事。**平民雖然可在平民會議制定對己方有利的法律，國家領導權卻仍掌握在眾貴族的元老院手中。

當然，元老院內的貴族也開始善用這些對自身有益的法律。「制定法律」的平民，與「運用法律」的貴族**取得對等立場，但雙方的對立卻日益加劇。**相對於希臘雅典「解除身分藩籬後，邁向民主政治」，羅馬卻是「獲得平等，反而加深平民與貴族的隔閡」。

 ## 地中海「霸權」之戰：布匿克戰爭

儘管有著平民與貴族階級鬥爭的內部糾紛，在軍事層面，羅馬則順利茁壯，逐漸統一了義大利半島。

在這個階段，腓尼基人的國家**迦太基**與羅馬爆發衝突。義大利半島上的羅馬，與位於「地中海另一端」的迦太基，義大利半島上的羅馬與位於「地中海另一端」的伽太基，都將彼此視為「未來必須打倒的競爭者」。在兩者為地中海霸權所展開的**布匿克戰爭**當中，曾爆發過 3 次大型衝突。

第一次布匿克戰爭，羅馬從迦太基手中奪取**西西里島，使羅馬首次獲得義大利半島「長靴」以外的領地**（此種「海外殖民地」稱為「行省」）。

第二次布匿克戰爭，羅馬碰上人稱「史上最強名將」的迦太基將軍**漢尼拔**。

第1章
歐洲歷史

第2章
西亞及伊斯蘭
世界歷史

第3章
印度歷史

第4章
中國歷史

第5章
合而為一的
全球時代

第6章
革命的時代

第7章
帝國主義與
世界大戰的時代

第8章
近代西亞、
印度

第9章
近代中國

第10章
現代世界

圖6　布匿克戰爭

帶著大象
翻越阿爾卑斯山

漢尼拔的進攻路線

布匿克戰爭前的
羅馬疆域

阿爾卑斯山脈

羅馬

大西庇阿反擊

迦太基

第一個行省
西西里島

布匿克戰爭前的
迦太基勢力範圍

　　漢尼拔對強敵羅馬使出了奇策。他編列由大象組成的部隊，從伊比利半島一帶偷偷翻越阿爾卑斯山，自北側一口氣攻進羅馬。任誰也沒能想到，竟會有人「領著大象翻越阿爾卑斯山」。

　　羅馬遭到乘虛而入後人仰馬翻，滅亡近在咫尺。

　　但羅馬這邊也有名將大西庇阿登場；他從只能被動防守的羅馬冒險出擊，攻擊了西班牙和迦太基的本土。

　　祖國陷入危機後，漢尼拔對羅馬中斷攻擊，掉頭返國。他被騙入陷阱，敗給了大西庇阿。第二次布匿克戰爭仍由羅馬得勝。

　　羅馬在後續的第三次布匿克戰爭亦是勝利入袋，在奪取迦太基的領地後，**羅馬成為了地中海的霸主。**

 ### 羅馬贏得戰爭，卻陷入莫名停滯期

　　布匿克戰爭過後，羅馬勢如破竹、連戰連勝，連番拓展疆域。

然而，長年征戰卻也對羅馬社會帶來了意想不到的負面影響。長期被動員參戰的農民，卸甲歸田，卻發現農地早已荒廢，貧瘠不堪使用。

不僅如此，隨著羅馬的擴張，透過戰事取得的奴隸也陸續湧進國內。富人大量買下這些奴隸，令其在大規模的農園中工作。

手邊的農地已然荒蕪，富人又透過大規模農園大量生產便宜作物，自耕農民完全沒有勝算。

因此，失業的農民為求生活食糧，開始前往城市。大量窮困潦倒的失業者，只要稍有不慎，就可能突然成為反叛勢力。

羅馬的政治家和眾皇帝害怕事態失控，於是為大批失業者提供了「麵包和馬戲」，意即餐點、競技場鬥劍等娛樂活動，拚命撫慰這批人的不滿，然而戰事越順利，羅馬國內越是深陷停滯狀態。

 ## 「內亂世紀」所發生的三場內戰

就這樣，羅馬國內漸往「軍事勝利擴張」與「國內停滯狀態」這兩個相反方向撕裂。

接著，「停滯狀態」導致內戰和軍事衝突頻發。自西元前 2 世紀至前 1 世紀這段期間，羅馬處於政治動盪的混亂時代，稱為「1 世紀內亂」，期間曾發生過三場大型戰爭。

第一場是平民派（Populares）與貴族派（Optimates）的鬥爭。雖然在階級鬥爭中爭取到了平等，平民與貴族的關係卻日益惡劣，爭執遲遲無法平息。

第二場內亂是劍鬥士奴隸的「斯巴達克起義」。在競技場上被迫戰鬥以娛民眾的劍鬥士奴隸領隊群起，發動了大規模的叛亂。

第三場內亂，則是義大利半島上稱為同盟市的城市，對羅馬發動了戰爭，這場戰亂史稱同盟者戰爭。

開始少數人統治的「寡頭制」，凱撒登場

民眾面對國內的混亂，開始尋求能平息激烈內戰的強大領袖。

羅馬於是從沒有國王的「共和政治」，轉向了稱為三雄政治的「寡頭制」（由少數人治理國家的結構）。這是「共和制」邁向「帝王制」的過渡時期。

龐培、克拉蘇，以及當時受到民眾愛戴的**凱撒**三人，展開了**第一次三雄政治**（譯註：另稱「前三雄」）。於此之中，凱撒遠征高盧（法國），戰果豐碩聲名遠播。

面對凱撒的赫赫名氣，其勁敵龐培曾與元老院聯手，試圖扳倒凱撒，但凱撒贏得此役，成為羅馬的獨裁掌權者。

不過，凱撒將當時的最高職位「獨裁官」改為無限期的「終身獨裁官」，企圖自任該職，成為實質上的「國王」，因而遭到欲守護共和體制者所反對。最終，凱撒被曾經信賴有加的布魯圖斯背叛暗殺，政治再度陷入混亂局面。

 ## 從「共和政治」步入皇帝時代

在這片狼藉之中，凱撒的養子**屋大維**、部下**安東尼**，以及系出名門的**雷比達**三人，再次結成政治聯盟，展開了**第二次三雄政治**（譯註：另稱「後三雄」）。

然而，三人沒過多久就彼此對立，和諧並未長久持續。安東尼與世間謳歌為「絕世美女」的埃及托勒密王朝女王**克麗奧佩脫拉**（譯註：史稱「埃及豔后」）共結連理，動身討伐主權在握的屋大維。屋大維迎擊，在「亞克興海戰」中一分高下，擊敗了安東尼與克麗奧佩脫拉的聯軍。

第1章 歐洲歷史

第2章 西亞及伊斯蘭世界歷史

第3章 印度歷史

第4章 中國歷史

第5章 全球合而為一的時代

第6章 革命的時代

第7章 世界帝國主義與大戰的時代

第8章 近代西亞、印度

第9章 近代中國

第10章 現代世界

各元首引領 「羅馬和平」到來

 從「羅馬」走向「羅馬帝國」

歷經「共和政治」、「三雄政治」後，羅馬終於步入了「帝王政治」的階段，由具備高度領導能力的君主獨自治理國家。

直至今日，諸如俄羅斯、中國、美國等領土遼闊的國家，仍然不時有統治者在治國時獨攬國家大權，強勢領導一切。

國家的規模越大，權力就越集中；這是歷史上反覆出現模式。

屋大維擊敗安東尼，站上權力頂點後，從元老院獲得了「**奧古斯都**」（至尊者）的尊號，成為羅馬的第一任「皇帝」（因此，有時會稱他為「屋大維」，有時則稱「奧古斯都」）。

雖說是「皇帝」，奧古斯都卻**避免以「獨裁官」（Aictator）自居，僅僅自稱「第一公民」（Princeps），貫徹著「公民領袖」的立場**（此種類型的政治制度，稱為元首制）。奧古斯都曾目睹凱撒在自任「終身獨裁官」後遭到暗殺，因此對元老院等極力守護共和政體傳統的人士有所顧慮。雖說是「第一公民」，實質上仍扮演著獨攬權力的統治者，跟「皇帝」沒有兩樣。羅馬自此成為「羅馬帝國」。

 「黃金時期」到來

從首任皇帝奧古斯都，到五位優秀皇帝治國的「五賢帝」時代，羅馬邁入長達 200 年的黃金時期，迎接空前繁榮。這五賢帝

指的是從第 12 任皇帝涅爾瓦到第 16 任皇帝奧里略之間的五位皇帝。

　　第一位是懂得巧用人才的「仁帝」**涅爾瓦**，他拔擢優秀的圖拉真，成為下一任皇帝；第二位是善戰的「勇帝」**圖拉真**，他征服了達西亞（現今的羅馬尼亞），為羅馬拓展出最大的疆域；第三位是善於防守的「智帝」**哈德良**，他在各地構築了防禦壁壘；第四位是人格高尚的「忠帝」**安敦尼**，他帶來了羅馬史上最和平的治世；最後第五位，則是以斯多噶學派哲學家為人所知的「哲學家皇帝」**奧里略**。

　　由於羅馬帝國以壓倒性勢力統治地中海世界，帝國內部人人都享受著穩定繁榮，「**羅馬和平**」（Pax Romana）時代就此降臨。此時人們活用季風（moonson）行季風貿易（編注：意指活用印度的季風，橫渡印度洋進行貿易。），最遠甚至曾與東南亞、中國交易，商業活動相當頻繁。

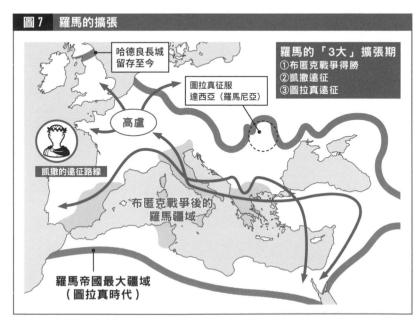

圖7　羅馬的擴張

哈德良長城
留存至今

圖拉真征服
達西亞（羅馬尼亞）

高盧

凱撒的遠征路線

羅馬的「3大」擴張期
①布匿克戰爭得勝
②凱撒遠征
③圖拉真遠征

布匿克戰爭後的
羅馬疆域

羅馬帝國最大疆域
（圖拉真時代）

第1章
歐洲歷史

第2章
西亞及伊斯蘭
世界歷史

第3章
印度歷史

第4章
中國歷史

第5章
合而為一的
全球時代

第6章
革命的時代

第7章
世界帝國主義與
大戰的時代

第8章
近代西亞、
印度

第9章
近代中國

第10章
現代世界

五賢帝中最後一位皇帝奧里略的時代結束後，羅馬帝國初期的氣勢開始衰微，迎來人稱「3世紀危機」的混亂時代。羅馬帝國曾在五賢帝時代拓展出最大疆域，此時卻面臨財政困境。**卡拉卡拉皇帝**將羅馬公民權賦予帝國內的全體自由人民，藉此擴大徵稅對象。然而他的統治風評不佳，甚至被稱為「羅馬史上最惡劣的暴君」，發展並不順遂。

接著從西元3世紀中葉開始，就進入了「**軍人皇帝時代**」。

財政窘困與異族入侵，終於也使羅馬帝國本身的統率能力走向下坡。

各行省的軍團開始擅自立廢皇帝，暗殺、戰死事件層出不窮（33年間換了多達14位皇帝），可謂一團混亂的時代。

 皇帝與「神」合為一體

隨後，在西元3世紀尾聲登場的**戴克里先皇帝**渴望擁有更強大的領導權，因而<u>命令眾人將皇帝當成神來膜拜，將皇帝營造成獨裁掌權者</u>，展開了**君主專制**政體。此外，他將過大的領土劃分成東、西羅馬帝國，採行四帝共治制，各由兩位主皇帝與副皇帝，一共四人協力統治羅馬全境，傾力使帝國局勢重返安穩。

戴克里先對羅馬的穩定雖有貢獻，卻<u>對不願意「將皇帝當成神來膜拜」的基督教徒施以嚴重迫害</u>，因此在後世的歐洲世界中，這位皇帝的名聲不算太好。

君士坦丁大帝延續戴克里先的政策，企圖強化皇帝專制的政治體制。與戴克里先相反的是，他頒布《**米蘭詔令**》，賦予基督教合法地位。此時，基督教信徒大幅增加，已茁壯成無法忽視的一股勢

第1章
歐洲歷史

第2章
西亞及伊斯蘭世界歷史

第3章
印度歷史

第4章
中國歷史

第5章
合而為一的全球時代

第6章
革命的時代

第7章
世界帝國主義與大戰的時代

第8章
近代西亞、印度

第9章
近代中國

第10章
現代世界

力，因此君士坦丁不再壓制，轉而藉由基督教的力量來鞏固帝國。

君士坦丁保護基督教，因此在後世的歐洲社會中，他是評價極高的一位皇帝。除此之外，這位皇帝相當重視治理帝國東部，而將首都移至拜占庭（現今的伊斯坦堡），並冠上自身的名號，改稱**君士坦丁堡**。

末路已至！日耳曼人湧入，帝國崩壞

戴克里先和君士坦丁的改革，使得羅馬暫時回歸穩定。不過，維持龐大國土所需的軍事費用、支撐官僚體系的費用已成千鈞重負，導致羅馬財政崩潰，行省開始起而叛變。

屋漏偏逢連夜雨，此時正是日耳曼人大遷徙之際，異族一齊湧入境內，令羅馬帝國陷入瀕死狀態。

羅馬帝國的末代皇帝**狄奧多西一世**將帝國分割成東西兩部，傳給兩個小孩。遺憾的是，狄奧多西一世死後，羅馬帝國再也沒有完整合併。

狄奧多西一世很早就接受基督教的受洗儀式，元老院內也有眾多基督教支持者，因此他嚴格禁止其他宗教，**將基督教訂為國教**。

就這樣，「羅馬帝國」的時代宣告終結，「中世紀」的歐洲世界即將揭幕。

羅馬帝國對歐洲世界的形成貢獻甚鉅

正因羅馬建立起巨大的帝國，羅馬的語言（拉丁語）及字母（拉丁字母），替歐洲的文字和語言扎下根基；將基督教訂為國教，則使基督教成為歐洲宗教的基石。羅馬帝國是歐洲擁有「一致性」的最大關鍵。

基督教誕生於
羅馬帝國時代的原因

 耶穌向承受「三重苦難」的人民伸出援手

前一篇曾經說明，**基督教由「受迫害」走向「合法」，最終「國教化」**。本篇想將時間稍微倒轉，談一談基督教的「興起」。

當奧古斯都在羅馬展開帝王政治之際，為世界史帶來最大影響的人物，在羅馬統治下的巴勒斯坦地區（現今的以色列和約旦）出生了。這個人就是**耶穌**。

當時，巴勒斯坦當地主要信仰猶太教。

由於巴勒斯坦並非富庶之地，除了有大量窮苦的民眾，羅馬帝國對猶太教徒施行高壓統治，更是使大批猶太教徒飢寒交迫。而本應救人於水火的猶太教祭司，卻只一個勁地倡導遵守戒律，以及破戒會遭神降罪，使得猶太教徒的苦痛完全無所依傍。

「本來就很貧苦了，羅馬帝國的苛政猛於虎，猶太教祭司又只會說些刻薄的話」——巴勒斯坦的猶太民眾，深陷於這般走投無路的窘境之中。

在此時登場的耶穌，則提倡**「神愛世人」**、「愛鄰如己」的道理。

耶穌將「愛」這個猶太教未曾有過的思考角度，教導給四面楚歌、承受著苦難的猶太民眾，成為眾人的心靈救贖。因此，民眾追隨耶穌，稱耶穌為救世主（在希臘語中稱為**「基督」**）。

另一方面，「客群被奪走」的猶太教祭司則將耶穌視作威脅，向羅馬政府指控他是叛亂分子。耶穌於是遭處死刑，被釘在十字架

上。**「耶穌被釘在十字架上」這項事實，成為隨後猶太教徒受到迫害的原因之一。**

 ## 弟子將耶穌的教義「化為基督教」

耶穌僅是對猶太教作風產生疑問的「一名猶太教徒」，**未有自行樹立新宗教的意圖。**不過，耶穌的眾弟子根據耶穌的教義和行為創建「基督教」，使**基督教**脫離了猶太教，獨自成立。透過**彼得**和**保羅**等稱為「使徒」的群眾展開傳教活動，基督教的教義在羅馬帝國內部逐漸傳播開來。

 ## 從受迫害到合法，而後成為國教

當時，羅馬仍是個多神信仰的國家。羅馬皇帝也被當成「神的一員」受到崇拜。基於此故，只信仰唯一真神的基督教徒，受到了尼祿皇帝、戴克里先皇帝，以及信仰多神教的羅馬平民嚴重迫害。基督教的信仰，處於無法見光的狀態，只能在滿布骨骸的地下墓室等處傳播信仰。

不過在檯面下，基督教則在民間一點一滴地擴張，在其影響力甚至達到「禁止基督教將導致羅馬帝國四分五裂」的程度後，**君士坦丁大帝一改方向，透過《米蘭詔令》公開承認基督教，將基督教納入保護。接著，基督教有了爆炸性的擴張。**

最終，透過皇帝狄奧多西一世之手，羅馬帝國的人民邁入了「只准信仰基督教」的階段。就這樣，現今**歐洲近乎全境都信仰基督教，歐洲在宗教方面的「一致性」基礎已然鞏固。**

第1章 歐洲歷史

第2章 世界歷史西亞及伊斯蘭

第3章 印度歷史

第4章 中國歷史

第5章 合而為一的全球時代

第6章 革命的時代

第7章 世界大戰與的時代帝國主義

第8章 近代西亞、印度

第9章 近代中國

第10章 現代世界

民族遷徙與混亂
奏響「中世紀」序曲

 日耳曼人因匈人而遷徙

從羅馬帝國東西分裂，直到大航海時代、文藝復興開始之間約1000 年間，稱為**中世紀**。

「中世紀」時代曾數度發生民族遷徙、小規模國家分立，成為其後歐洲具備「多元化」的主要因素。

首先，民族遷徙的開路先鋒是**日耳曼人**。

在羅馬帝國末期，日耳曼民族曾在阿爾卑斯山以北狩獵與畜牧。他們世代居於羅馬國境近旁，時而是打劫掠奪的入侵者，時而以傭兵和佃農的身分，慢慢移居到羅馬社會之中。

這個情況在西元 4 世紀後期有了變化。亞裔的**匈人（Huns）**從東方突起，開始壓迫日耳曼世界。

匈人突然長驅直入，使日耳曼各部族往四方逃亡，為俗稱的**日耳曼人大遷徙**揭開了序幕。

接著，日耳曼人開始壓迫原本世居於歐洲西北部的凱爾特人、羅馬帝國裡的拉丁人（羅馬人），一邊尋找新的落腳地點，在所到之處建立起一個個國家。

舉例而言，「法國」的語源法蘭克人、「英格蘭」的語源盎格魯・撒克遜人（Anglo-Saxon）等諸民族（盎格魯之地「Anglo Land」其後轉變成英格蘭「England」一詞）皆在遷徙後建國。這場遷徙造成的混亂，導致繼承羅馬帝國系譜的「西羅馬帝國」因此滅亡。

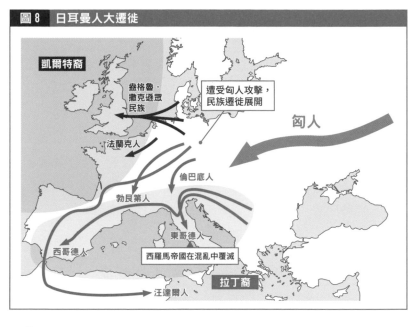

圖 8　日耳曼人大遷徙

凱爾特裔

盎格魯‧
撒克遜眾
民族

遭受匈人攻擊，
民族遷徙展開

匈人

法蘭克人

倫巴底人

勃艮第人

東哥德

西哥德

西羅馬帝國在混亂中覆滅

拉丁裔

汪達爾人

第1章
歐洲歷史

第2章
西亞及伊斯蘭
世界歷史

第3章
印度歷史

第4章
中國歷史

第5章
合而為一的
全球時代

第6章
革命的時代

第7章
世界大戰與
帝國主義的時代

第8章
近代西亞、
印度

第9章
近代中國

第10章
現代世界

 法蘭克王國抬頭

　　在展開大遷徙的日耳曼諸民族之中，以法蘭克人所建立的法蘭克王國勢力最強。這是因為他們**在西歐首屈一指的糧倉地帶，也就是現今的法國建立了國家。**在富庶的背景之下，法蘭克王國成為日耳曼諸國中國勢最穩定的國家（其他日耳曼國家泰半短命而終）。西元 5 世紀，梅羅文家族的**克洛維一世**創建**梅羅文王朝**，在征服附近的民族後，皈依基督教的正統派**羅馬公教**（譯註：基督教派系的分裂詳見 P.64）。大部分日耳曼人都屬於被視為異端的亞流派（譯註：亞流教派〔Arianism〕不認同聖子與聖父同體的觀點。由於違反基督教三位一體的概念，而被視為異端），但克洛維一世卻率先改宗，信仰羅馬帝國視為正統教派的羅馬公教。這使羅馬帝國過往的貴族和市民紛紛感到「或許可以接受日耳曼人的統治」，**法蘭西王國因而得以在西歐站穩腳步，成為核心勢力。**

宮相查理‧馬特登場

梅羅文王室的繼承方式，是按子嗣人數分授領地的平分繼承制，因此國王的領地逐漸縮小，力量式微，**宮相**（譯註：Mayor of the Palace，即皇宮長官）取而代之，掌控了最高行政職權。

在宮相中最有名氣的**查理‧馬特**（Charles Martel）掌握了梅羅文王朝的實權，並在**圖爾戰役**中大獲全勝，擊敗了自伊比利半島襲向法蘭克王國的伊斯蘭勢力（一說其名「馬特」意為「鐵鎚」，查理‧馬特即為「鐵鎚查理」，是個相當勇猛的稱號）。

 ## 羅馬教宗公開認同政變，新王朝成立

查理‧馬特雖擁有扳倒梅羅文王朝的實力，卻僅止步於宮相的位階。其子**丕平**則奪走梅羅文王朝的國王權力，開闢了**加洛林王朝**。但若只做到這步，將會成為單純的政變，留下篡位的汙名，因此丕平活用了宗教勢力。他向企圖尋求資助者的基督教廷之長——羅馬教宗獻上土地，使教宗認同這場政變。**丕平就這麼成為受基督教世界公開認可的國王，繼承了法蘭克王國。**

 ## 查理曼往東南西北擴張勢力

丕平之子史稱**查理曼**——德語讀作查理大帝，法語讀作查理曼，兩個稱呼皆受到普遍使用，查理曼的「曼」即有「大帝」之意涵。正如其「大帝」的名號，他征戰東邊的阿瓦爾人、西邊的伊斯蘭勢力、南邊的倫巴底王國、北邊的撒克遜人，勝利連連，**席捲今日德國、法國、北義大利的廣袤領土，壯大法蘭克王國。**查理曼將這一片遼闊領土劃分成數個行政區，任命伯爵負責統治（「伯爵」

一詞即源自此處）。

　　繼丕平之後，羅馬教宗也跟其子查理曼拉近距離，逐漸打好了關係。教宗**李奧三世**為查理曼戴上了 300 多年前滅亡的西羅馬帝國皇冠（**查理曼加冕**），**宣告將法蘭克王國視為全新復活的西羅馬帝國**，企圖擴大基督教的勢力版圖。

 ## 法蘭克王國一分為三

　　查理曼所獲得的遼闊領地，在其子一代尚且維持，時至其孫一代，卻演變成孫輩互爭領地的局面。

　　查理曼的孫子們簽訂**《凡爾登條約》**、**《墨爾森條約》**等兩項條約，將法蘭克王國分割成**東法蘭克王國**、**西法蘭克王國**，以及**義大利**（譯註：名號「中法蘭克王國」，後成為東西法蘭克相爭之地）等三個部分。它們分別是**今日德國、法國、義大利的「根源」**。

 ## 「東法蘭克王國」成為德國緣起

　　東法蘭克王國（德國）自分裂後未經百年，繼承查理曼血脈的加洛林家族就已絕後，轉而由諸侯選舉產生國王。其中**鄂圖一世**戰勝了亞裔的馬扎爾人和斯拉夫人，日漸打響名號。

　　在這之後，羅馬教宗繼查理曼後再度接近鄂圖一世，也讓鄂圖一世加冕成為西羅馬皇帝，加深了教會與東法蘭克王國的關係。

　　跟基督教廷打好關係的東法蘭克王國，隨後改稱**神聖羅馬帝國**。不過，這個位在當今德國的國家，或許是對自稱「羅馬」一事相當在意，曾多次為奪取羅馬而進攻義大利，但每每都被擊退，這個情形持續了好一陣子。

第 1 章 歐洲歷史

第 2 章 西亞及伊斯蘭 世界歷史

第 3 章 印度歷史

第 4 章 中國歷史

第 5 章 合而為一的 全球時代

第 6 章 革命的時代

第 7 章 世界大戰的時代 帝國主義與

第 8 章 近代西亞、印度

第 9 章 近代中國

第 10 章 現代世界

「西法蘭克王國」成為法國緣起

　　西法蘭克王國（法國）的加洛林王朝同樣斷了血緣，統治著巴黎土地的伯爵**雨果・卡佩**登基為王，建立了**卡佩王朝**。不過，基於國王力量屢弱、身為家臣的諸侯，所持領地卻比國王更遼闊等原因，動盪情勢持續了好一段時間。

 ## 熱那亞和威尼斯的成長

　　義大利也是一樣，加洛林家族的血緣一眨眼間就斷絕了。

　　其後，義大利不僅僅跟（對國名很堅持而每每攻來的）神聖羅馬帝國持續對戰狀態，南方也開始有伊斯蘭勢力入侵，國內因而呈分裂大亂狀態。缺乏歸屬感導致「中央無暇顧及地方」，熱那亞、威尼斯、比薩等實力堅強的「地方城市」因而脫穎而出，成為義大利地區的要角。

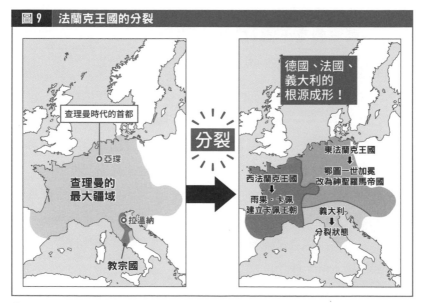

圖9　法蘭克王國的分裂

查理曼時代的首都

〇亞琛

查理曼的
最大疆域

〇拉溫納

教宗國

分裂

德國、法國、
義大利的
根源成形！

東法蘭克王國
↓
鄂圖一世加冕
改為神聖羅馬帝國

西法蘭克王國
↓
雨果・卡佩
建立卡佩王朝

義大利
↓
分裂狀態

第二、三次民族大遷徙 始於歐洲北部與東部

第1章
歐洲歷史

第2章
世界歷史
西亞及伊斯蘭

第3章
印度歷史

第4章
中國歷史

第5章
全球時代的
合而為一的

第6章
革命的時代

第7章
世界大戰與
帝國主義的時代

第8章
近代西亞、
印度

第9章
近代中國

第10章
現代世界

第二波民族大遷徙：諾曼人

日耳曼人大遷徙，以及隨之而來的法蘭克王國分裂，是為歐洲創造出「多元化」的第一個事件。

第二個事件，則是始於北歐的新一波民族遷徙。

這是繼日耳曼人之後，史稱「第二次民族大遷徙」的**諾曼人**（以海賊、商業貿易名聞天下的「維京人」）大遷徙。

諾曼人在北歐諸國、法國西北部（諾曼第公國）、南義大利（兩西西里王國）、英國（諾曼第王朝）、俄羅斯（諾夫哥羅德公國）等處建立起一個個國家。其中原為法國「諾曼第公爵」的「征服者」威廉一世，在征服英國後創建了「諾曼第王朝」。從那之後，英國至今每任國王的血緣，皆可追溯回威廉一世身上；威廉一世成為了英國王室的源頭。

第三波民族遷徙：東歐的斯拉夫人

西歐的民族大遷徙以日耳曼人和諾曼人為主，東歐的民族大遷徙，則以**斯拉夫人**為主。

當日耳曼人遷徙趨緩、匈人的帝國土崩瓦解後，斯拉夫人便開始擴散至因此產生的空白地帶，在各地建設國家。

東斯拉夫人的其中一支「俄羅斯人」，跟諾曼裔諾夫哥羅德公國的居民逐步同化，並接受希臘正教，人稱「俄羅斯正教」。

在西邊擴張的斯拉夫人則有波蘭人和捷克人（現今國家「捷克」的起源）；波蘭王國成為東歐的一大強國。南邊的塞爾維亞人、克羅埃西亞人等，後來都被納入鄂圖曼土耳其的統治版圖。

由於「俄羅斯人和塞爾維亞人認同希臘正教」、「波蘭人與克羅埃西亞人認同羅馬公教」、「捷克人受神聖羅馬帝國所統治」、「塞爾維亞人受鄂圖曼土耳其所統治」，在不同宗教及國家的影響下，這些斯拉夫血統的國度持續分裂，成為東歐出現大量國家的主因。

日耳曼、諾曼、斯拉夫等民族的動向，就此孕育出歐洲國家的「起源」。舉例而言，「法國」這個國家就是「以拉丁人為本，後有日耳曼人湧入，西北有諾曼人加入」；德國則是「幾乎全是日耳曼人的國家」。中世紀前葉的民族遷徙，對現今國家的民族結構、語言、文化都造成了大幅影響。

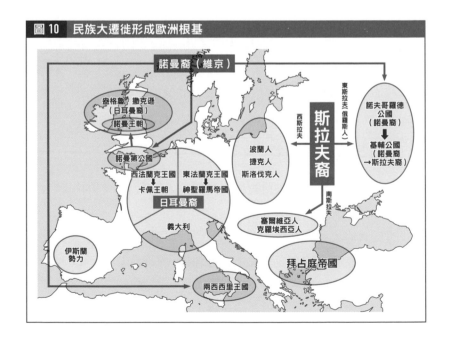

圖 10　民族大遷徙形成歐洲根基

正式繼承羅馬帝國，綿延千年的國家

第1章 歐洲歷史

第2章 西亞及伊斯蘭 世界歷史

第3章 印度歷史

第4章 中國歷史

第5章 合而為一的 全球時代

第6章 革命的時代

第7章 世界大戰的時代 帝國主義與

第8章 印度 近代西亞、

第9章 近代中國

第10章 現代世界

 拜占庭帝國綿延 1000 年

現今歐洲國家「起源」的最後一個話題，是位於歐洲東南角、成為現今希臘「前身」的**拜占庭帝國**。

拜占庭帝國是指羅馬帝國東西分裂後的「東羅馬帝國」。**東羅馬帝國建都於拜占庭（君士坦丁堡），因而有了拜占庭這個別稱**（譯註：君士坦丁堡的前身是古希臘的拜占庭城）。**西羅馬帝國未達百年就灰飛煙滅，拜占庭帝國（東羅馬帝國）卻悠悠綿延超過千年。**當西歐世界因日耳曼人、諾曼人的遷徙而雞飛狗跳，坐落於「歐洲一隅」的拜占庭帝國則遠遠觀之。由於受民族遷徙影響較小，而得以穩健統治，商業和貨幣經濟環繞著首都君士坦丁堡蓬勃興旺。

拜占庭帝國極盛期的皇帝是**查士丁尼**。他征服北非的汪達爾王國、義大利的東哥德王國，締造出環繞地中海的巨大帝國。在西羅馬帝國滅亡後，拜占庭帝國成為繼承羅馬帝國的正統國家。查士丁尼任內政績包括編纂《查士丁尼法典》，並建造了世界遺產——拜占庭建築式樣的**聖索菲亞大教堂**。

不過，其後拜占庭帝國因與波斯薩珊王朝交鋒而日薄西山，7世紀以後更面臨伊斯蘭勢力這個益發強勁的敵人，導致領土逐漸萎縮。11 世紀，拜占庭帝國遭受伊斯蘭勢力塞爾柱土耳其的攻擊，雖然曾向十字軍尋求援助，十字軍卻反倒在 13 世紀占領其首都君士坦丁堡。拜占庭帝國在種種疲於奔命的情勢中衰弱，最終遭鄂圖曼土耳其滅亡。

教會對立
衍生兩大宗派

 ## 東西方教會爭奪主導權

前面篇幅已經有「天主教」（羅馬公教）、「東正教」（希臘正教）等基督教兩大教派的名稱登場。為什麼同樣是基督教，卻衍生出了兩個宗派呢？這個答案，跟羅馬帝國的分裂有著相當大的關聯。

在羅馬帝國末期，長期壓迫基督教的羅馬帝國一改態度，轉而保護基督教。接著，基督教便環繞著帝國內部的五個教會**五大教區**日漸成長。其中**羅馬教會**與**君士坦丁堡教會**兩者，分別是羅馬帝國新舊首都的教會，彼此競爭想得到基督教的主導權。

由於羅馬帝國東西分裂，羅馬教會納入西羅馬帝國，君士坦丁堡教會則由東羅馬帝國（拜占庭帝國）保護。教會為何非得尋求國家的保護呢？那是因為教會僅僅是「精神世界的權威」，在實際興建教會、傳教之際，仍會需要「現實世界的掌權者」來擔任「資助者」。

縱然如此，曾經負責保護羅馬教會的西羅馬帝國，卻在日耳曼人大遷徙的波及下覆滅。羅馬教會不僅頓失資助者，周遭更是被異族日耳曼人的國家團團包圍。

 ## 羅馬教會使出「禁招」

羅馬教會身陷急迫情況，必須從零開始招攬日耳曼人信徒。**為**

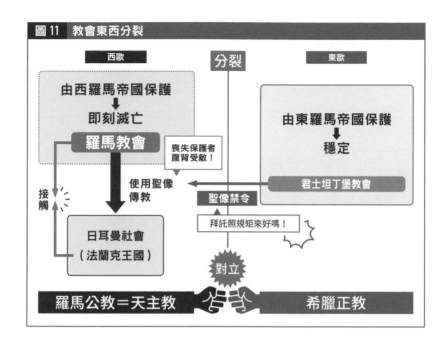

圖11　教會東西分裂

| 西歐 | 分裂 | 東歐 |

由西羅馬帝國保護
↓
即刻滅亡
羅馬教會

喪失保護者
腹背受敵！

由東羅馬帝國保護
↓
穩定

君士坦丁堡教會

使用聖像傳教

聖像禁令

接觸

日耳曼社會
（法蘭克王國）

拜託照規矩來好嗎！

對立

羅馬公教＝天主教　　希臘正教

第1章 歐洲歷史

第2章 西亞及伊斯蘭世界歷史

第3章 印度歷史

第4章 中國歷史

第5章 合而為一的全球時代

第6章 革命的時代

第7章 帝國主義與世界大戰的時代

第8章 近代西亞、印度

第9章 近代中國

第10章 現代世界

了傳教，因而不再禁止「**聖像**」（基督教認為聖像的「表象」可能會影響信徒的信仰精神，因此向來禁止崇拜聖像）。羅馬教會之所以將腦筋動到聖像上頭，是因為端出十字架上受傷的基督像、神情滿懷慈愛的瑪莉亞像，更能迅速打動人心，得以將教義傳達給語言、習慣都有所不同的「異族」日耳曼群眾。

當君士坦丁堡教會得知勁敵羅馬教會使出「禁忌招數」，明白到「這是掌握大權的好機會！」於是開始齊聲批判。拜占庭皇帝**利奧三世**接著頒布**聖像禁令**，反對羅馬教會以聖像傳教的行為，兩方不和至此到達了頂點，雙方分裂已成定局。不知不覺間，羅馬教會開始自稱**羅馬公教**（公＝普遍＝**大家的基督教**），君士坦丁堡教會則自稱**希臘正教**（**正統的基督教**），各闢門派。

神權背景使教宗
成為最高權威人物

 天主教會受世俗政權幫助，重建威信

教派分裂後，希臘正教仍處於拜占庭皇帝的保護傘下，**天主教會則須自行尋覓足以取代西羅馬帝國的資助者。**

正當此時，在日耳曼國家中急速成長的法蘭克王國，創建梅羅文王朝的克洛維一世，主動皈依了天主教。

對天主教會而言，此舉無疑是雪中送炭。天主教會開始跟法蘭克王國拉近距離，收取了丕平獻上的教宗國領地。教會還為查理曼、東法蘭克國王鄂圖一世加冕，授予西羅馬皇帝的王冠，**將法蘭克王國、神聖羅馬帝國擁立為「西羅馬帝國」，藉以獲得資助者的保護。**

 羅馬教宗成為西歐最有權勢的人物

縱然如此，好不容易獲得加冕的法蘭克王國卻產生分裂，神聖羅馬帝國的國內同樣不甚安定，國家的王權也很軟弱。因此曾經一路尋求後盾的**天主教會，逐步成為西歐的最高權威**，最終演變成所有國王都臣服於羅馬教宗的局面。

為了壯大經濟能力，羅馬教會對整個西歐世界的農民徵收十分之一勞動收穫作為稅金。在教會位居高位的神職人員，因此成為足以媲美諸侯的大領主，不僅在精神世界，更一躍成為真實世界的最高領導。

第1章
歐洲歷史

第2章
世界歷史
西亞及伊斯蘭

第3章
印度歷史

第4章
中國歷史

第5章
合而為一的
全球時代

第6章
革命的時代

第7章
世界大戰的時代
帝國主義與

第8章
印度
近代西亞、

第9章
近代中國

第10章
現代世界

　　然而，**執掌無上權威的天主教會，漸漸被金錢和權力給蒙蔽了雙眼。**

　　只要當上「主教」、「大主教」這類位高權重的神職人員，就能過著王者一般的優渥生活，因此想當神職人員的行賄者前仆後繼，教會腐敗日益嚴重。

 ## 皇帝在雪中懇求教宗原諒

　　天主教會一步步腐敗墮落，為了懸崖勒馬，羅馬教宗**格里高利七世**下令禁止聖職買賣，也禁止神職人員娶妻，且只有教會有權任命神職人員。

　　這使得神聖羅馬帝國的皇帝**亨利四世**倍感焦慮。

　　在國內情勢不穩的神聖羅馬帝國，皇帝會透過任命神職人員「施恩」籠絡，以圖穩定國內局勢。因此他認為，倘若任命權受到禁止，便會威脅國內的權力基礎。

　　就這樣，羅馬教宗（基督教領袖）和神聖羅馬帝國皇帝（德國王者）之間，掀起了**敘任權鬥爭**。

　　由於在當時，**被基督教會開除教籍就等同於「被社會放逐」。**當格里高利七世開除亨利四世的教籍後，各路諸侯便紛紛表示「不想追隨被開除教籍的人」，決議罷黜國王。亨利四世旋即喪失了轄下眾諸侯的支持。

　　亨利四世被逼得走投無路，為求教宗為他恢復教籍，來到格里高利七世所在的卡諾莎城堡門前，在雪地中赤腳懇求寬恕長達三天，才終於獲得原諒。此事件史稱**卡諾莎屈辱**。

　　經過此事，人們再度認知到羅馬教宗無與倫比的權威，而羅馬教宗自此之後，每當碰見忤逆己意的國王，就會如同誇耀手中權威一般，使出「教籍戰術」。

各國國境曖昧不明，孕育歐洲多元化

 ## 複雜的契約關係，領土界線模糊

　　基督教會，尤其是**天主教會的成長，為歐洲帶來了「一致性」**；另一方面，中世紀歐洲社會的另一要素——**「封建社會」的成立，則為歐洲孕育出了「多元化」**。所謂「封建社會」，意味著「透過封贈土地締結主從關係」。

　　由下圖可知，國王封贈土地給諸侯，諸侯再分封給騎士，主從關係就這樣透過土地封贈締結起來。獲得土地的臣子，就得提供主上軍事服務，換言之臣下有義務應君主的要求參戰助陣。

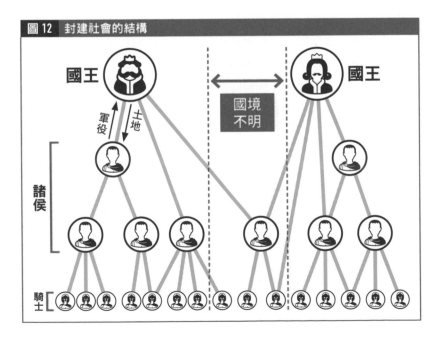

圖 12　封建社會的結構

第1章
歐洲歷史

第2章
世界歷史及伊斯蘭

第3章
印度歷史

第4章
中國歷史

第5章
全球時代合而為一的

第6章
革命的時代

第7章
世界帝國主義與大戰的時代

第8章
近代西亞、印度

第9章
近代中國

第10章
現代世界

再仔細看看左頁下方的圖，還會發現一些不可思議之處。一個人竟會同時效忠於兩位領主，沿線看去，甚至還會效忠於不同的國王。

這種事態之所以發生，是因為歐洲封建社會建構在**雙務契約的關係**之上。**領主分封土地給附庸，附庸盡軍事義務，皆是雙方同意下的「契約關係」。**既然是契約關係，也就可以跟數個領主分別締結；只要契約成立，騎士階級也可以跟國王產生直接的主從關係。

另外，由於這是「契約關係」，封臣亦可解除契約。偶爾還會發生某國國王成為他國附庸的情形。

當封臣擁有數位領主，這些領主彼此開戰時，又該怎麼辦才好呢？在這樣的情況下，只要交回其中一方領主所封贈的土地，為想幫忙的那一位領主提供軍事義務即可。

因此，這個時期的「國家」，跟國境明確的現代國家並不相同，而是由「契約關係所及地區」所形成的「國家」——「這一帶（雖然也受到其他國家的影響）大致上是這位國王的影響力比較強」，國境定義相當曖昧不明。

封建社會形成後，導致**歐洲各處出現國境不明的領土**，諸如「這人的領土」、「那人的領土」、「這邊是這位國王的影響力比較強，但從那邊開始就是另一位國王的影響力較強」，**孕育出今日歐洲「多元化」的面貌。**

 農奴受領主支配

在封建社會之中，自領主獲取土地的封臣，就會以領主身分經營該塊土地（「采邑」）。農民被稱為**農奴**，**在領主嚴格的控制下（就連裁判權都掌握在領主手中）被課以形形色色的稅賦，受到百般壓榨**（除了領主，還必須繳稅給教會）。

為奪回聖地，派出大軍遠征

 ## 伊斯蘭勢力的威脅

十字軍東征事件，發生在漫長歐洲「中世紀」的中間點。這場由基督教世界向伊斯蘭世界送出遠征軍的大型軍事活動，前後長達約 200 年。「十字軍」一詞聽起來威風，然而長征後期卻以連續敗戰終結，並導致「始作俑者」羅馬教宗的權威垮臺，在軍事方面稱不上「成功」。

正當民族遷徙告一段落，歐洲開始逐漸打穩「基礎」之際，東方發生巨大動盪，成為十字軍出動的導火線。伊斯蘭教國家**塞爾柱土耳其**國力不斷壯大，聲勢進逼拜占庭帝國。信奉伊斯蘭教的塞爾柱土耳其更**搶下耶路撒冷，獨占這塊基督教和伊斯蘭教的共同聖地。**

受到威脅的拜占庭帝國，向西歐世界發出了求救。羅馬教宗**烏爾班二世**收到援助請求後召開**克萊蒙宗教會議**，為了打倒伊斯蘭勢力、奪回耶路撒冷，決定派出十字軍。

 ## 「一勝三敗一平手」，十字軍東征慘敗

十字軍東征由羅馬教宗主導，聯合法蘭西國王、義大利國王、神聖羅馬帝國皇帝等人合力出兵，共計發動過七次。最終「一勝三敗一平手」的大慘敗作收（其餘兩次不列入紀錄）。

第一次十字軍東征雖然成功奪回耶路撒冷，卻是僅有的「十字

第1章 歐洲歷史

第2章 西亞及伊斯蘭世界歷史

第3章 印度歷史

第4章 中國歷史

第5章 全球合而為一的時代

第6章 革命的時代

第7章 帝國主義與世界大戰的時代

第8章 近代西亞、印度

第9章 近代中國

第10章 現代世界

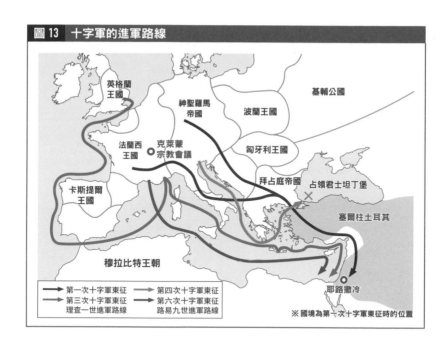

圖13　十字軍的進軍路線

英格蘭王國

基輔公國

神聖羅馬帝國

波蘭王國

法蘭西王國

克萊蒙宗教會議

匈牙利王國

拜占庭帝國

占領君士坦丁堡

塞爾柱土耳其

卡斯提爾王國

穆拉比特王朝

耶路撒冷

➡ 第一次十字軍東征　➡ 第四次十字軍東征
➡ 第三次十字軍東征　➡ 第六次十字軍東征
　　理查一世進軍路線　　　路易九世進軍路線

※國境為第一次十字軍東征時的位置

軍獲勝」紀錄；第二次完全沒有任何成果，一敗塗地；第三次東征由英國的「獅心王」**理查一世**、法國的「尊嚴王」腓力二世、神聖羅馬帝國的「紅鬍子國王」腓特烈一世共同出兵，跟伊斯蘭勢力的盟主——阿尤布王朝的**薩拉丁**展開死鬥，最後平手作收。

　　第四次十字軍東征則是由威尼斯商人唆使而起，十字軍攻擊了與威尼斯競爭的拜占庭帝國首都君士坦丁堡，除了洗劫更占領當地。雖說希臘正教是不同教派，**攻擊同為基督徒城市的行為仍使教宗震怒**，導致十字軍全體皆被開除教籍，因此才會「不列入紀錄」。

　　行暗中交易、未發生戰鬥的第五次十字軍東征同樣「不列入紀錄」；第六次、第七次是由法蘭西國王路易九世主導發動，但皆以失敗收場。

十字軍對中世紀歐洲帶來的兩大影響

 十字軍的影響① 商業發展

十字軍東征雖以失敗作結，卻刺激了歐洲世界的商業發展。

在十字軍東征前，歐洲世界恰好處於數波民族遷徙的混亂時期，各國皆在拚命躬身自保。直到派出十字軍的時期，混亂已大幅平息。歐洲各國能夠派兵前往遙遠的西亞、埃及，即是局勢穩定的證據。

另外，**十字軍所經之處都整修了道路，附近城市也興起軍需物資的貿易。**這番穩定情勢，加上物與人的交流，使歐洲商業有了長足的發展。

十字軍所經之途，主要以北義大利的商業圈受惠最大。**威尼斯、熱那亞**等港都紛紛跟亞洲交易香料和絲綢，獲得大幅度發展。

此外，內陸的**米蘭、佛羅倫斯**也因手工業和金融而繁盛。北義大利的城市，更組成了名為**倫巴底同盟**的城市同盟。

北德的**呂貝克、漢堡、布萊梅**等城市也結成**漢撒同盟**，交易木材、穀物等生活必需品；此外，**布魯日**等城市所在的**法蘭德斯地區**則為毛織品的一大產地，因與漢撒同盟、英格蘭等處交易而富足。

法國中部、德國南部等位於南北中繼點的城市，商業同樣蒸蒸日上。

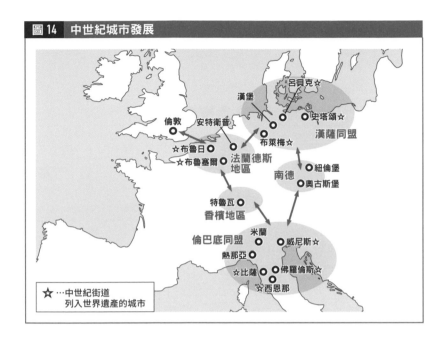

圖 14　中世紀城市發展

倫敦
安特衛普
☆布魯日
☆布魯塞爾
法蘭德斯地區
漢堡
呂貝克☆
史塔頌☆
漢薩同盟
布萊梅☆
紐倫堡
南德
奧古斯堡
特魯瓦
香檳地區
倫巴底同盟
米蘭
熱那亞
☆比薩
威尼斯☆
佛羅倫斯☆
☆西恩那

☆…中世紀街道
　列入世界遺產的城市

第1章
歐洲歷史

第2章
世界歷史
西亞及伊斯蘭

第3章
印度歷史

第4章
中國歷史

第5章
合而為一的
全球時代

第6章
革命的時代

第7章
世界大戰的時代
帝國主義與

第8章
近代西亞、
印度

第9章
近代中國

第10章
現代世界

 十字軍的影響② 天主教權威低落

　　十字軍所帶來的第二項影響，就是在發動十字軍前，聲勢曾如日中天的天主教會與羅馬教宗的權威垮臺。

　　「神站在我們這一邊，所以一定會贏！」在這般得意揚揚下所派出的**十字軍接連敗北，使「幕後首領」羅馬教宗喪失了說服力。**

　　阿納尼事件，正是羅馬教宗權威跌墜的指標。

　　法蘭西國王**腓力四世**在十字軍後登場，對國內的神職人員課稅，引發教宗**波尼法爵八世**不滿：「對基督教會課稅像話嗎！」教宗於是使出「慣用的」教籍戰術，開除了腓力四世的教籍。

　　誰知道，腓力四世非但沒有道歉，還派封臣襲擊了波尼法爵八世，將他痛打一頓，抓到法國監禁。波尼法爵八世費了九牛二虎之力才逃回羅馬，但據說因受到太大的屈辱，後來「活活氣死」。

在十字軍東征前的「卡諾莎屈辱」事件中，國王曾向教宗求饒；在十字軍東征過後，則出現了國王迫使教宗屈服的逆轉現象。

 ## 法王步步進逼，教會走投無路

接著，法蘭西國王腓力四世更進一步撼動羅馬教宗的權威。

他趁著旗下法國人被選為羅馬教宗的時機，將教廷移至**亞維儂**這個城鎮，把天主教會直接納入自身的監督範圍。

其後約 70 年的時間，教宗都居住在法國。義大利人（尤其羅馬市民）對此大為憤恨，在羅馬這邊也自行擁立教宗，導致法國教宗和羅馬教宗同時並立，互相爭奪正統地位。

後來法國因百年戰爭的紛爭而弱化，才終於放過教廷。在這段時間發生的事件，包括**教宗的巴比倫之囚**（編注：借用希伯來人被擄往巴比倫的典故，詳見 P.90。又稱亞維儂之囚）與**天主教會大分裂**等風起雲湧的騷動事件，在在都顯示了教會威望的低落。

 ## 荒唐的迫害，使批判聲浪漸強

面對天主教會權威低落的景況，雖然曾出現過一些重建教會權威的運動，教會卻將這些重整運動解讀成「對教會的批判」，加強了審問異端、審判魔女的力道。

此外，教會也迫害企圖導正教會聖職買賣等腐敗風氣的人士。

自此，民間對教會批判的聲浪日漸高漲，引發了後續的宗教改革。

英王弊政 促發議會政治

第1章 歐洲歷史

第2章 世界歷史 西亞及伊斯蘭

第3章 印度歷史

第4章 中國歷史

第5章 全球時代的 合而為一的

第6章 革命的時代

第7章 世界帝國主義與 大戰的時代

第8章 印度近代西亞、

第9章 近代中國

第10章 現代世界

 ## 法國臣子繼承英國王朝

十字軍東征雖然一敗塗地，但國王率領諸侯、騎士與伊斯蘭教徒對戰，反而增進了君臣間的團結精神，進而強化了王權。整體而言，各國在中世紀後期皆萌生了「王國」的樣貌。

從此篇開始，我們將依序探討英國、法國、西班牙、德國、義大利這些中世紀後期的歐洲國家。

首先是英國。由威廉一世所開闢的諾曼王朝，不滿百年就斷了子嗣。下一位國王，是循血緣關係找到的法國國王封臣「安茹伯爵」**亨利二世**。從此時開始的王朝，稱為**金雀花王朝**。

亨利二世原本就在法國持有遼闊領地，因此英國在此時也擁有法國西半部的領土。

亨利二世之子，就是名聲響亮的人物「獅心王」**理查一世**。他是在第三次十字軍東征時與薩拉丁展開殊死鬥的英雄，但在位期間，幾乎都在戰場上度過，身為英王，幾乎沒有留下任何治國政績。

 ## 「議會政治」打穩基礎

再下一任國王，是理查一世的弟弟**約翰國王**。他與法蘭西國王腓力二世交戰，在連番惡政之後敗退，將法國境內的英國領地拱手讓人。他被教宗英諾森三世開除教籍；而在國內施加重稅，更讓他

失去國民的支持。貴族為此團結群起，強迫約翰簽下**《大憲章》**，要他發誓往後治國不再胡作非為。

由於約翰是這樣一位沒出息的國王，英國王室從此之後，就避免使用約翰這個「不祥」的名號。為此，史上只有他不稱「約翰○世」，僅稱「約翰」（譯註：約翰國王史稱「失地王」、「無地王」）。

下一任國王**亨利三世**和約翰同樣漠視《大憲章》的規範，為政無法無天，引發**西蒙・德・蒙福赫**舉旗叛亂。西蒙召集議會討論政治事宜，強迫國王應諾此制（人稱「蒙福赫議會」）。

接下來是**愛德華一世**，他認為「既然國王的施政總是招來貴族的意見和反彈，乾脆直接開設議會，一起治理國家就行了」。自此，他興辦**模範議會**，廣集社會各階層的代表，透過與議會協商來治理國家。

亨利三世時代的**「蒙福赫議會」，以及從愛德華一世開始的「模範議會」，奠定了英國議會政治的基礎，形塑出議會力量較王權強大的英國特色。**

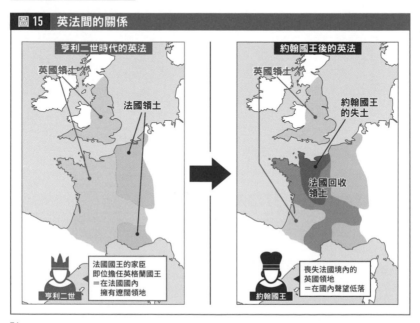

圖 15　英法間的關係

聖女貞德
為法國危機挺身而出!

第1章
歐洲歷史

第2章
世界歷史
西亞及伊斯蘭

第3章
印度歷史

第4章
中國歷史

第5章
全球化
時代的
合而為一的

第6章
革命的時代

第7章
世界大戰與
帝國主義的時代

第8章
近代西亞、

第9章
近代中國

第10章
現代世界

 ## 法國王權日漸茁壯

　　另一方面在法國,雨果・卡佩所開創的卡佩王朝,則維持了好一段時間。最初,卡佩王朝的王權曾經羸弱不堪,但「尊嚴王」**腓力二世**在第三次十字軍時登場參戰,還戰勝了英國的約翰國王,奪回法國境內的英國領地,因而提升了國王的威望。

　　腓力二世之孫「聖王」**路易九世**,是第六、七次十字軍東征的核心人物。十字軍雖然鎩羽而歸,他對伊斯蘭勢力的一番奮戰,使他獲得「聖王」稱號,充分發揮了身為法蘭西國王的領袖風範。

　　接著其孫「美男子」**腓力四世**槓上教宗波尼法爵八世,他俘虜教宗(**阿納尼事件**,Outrage of Anagni),手中權威凌駕於教宗之上。在綁架教宗之前,他開辦由神職人員、貴族、平民各派代表的**三級會議**,確實取得國民的支持,也間接強化了王權。

 ## 英法死鬥「百年戰爭」

　　百年戰爭是英國和法國爭奪中世紀歐洲霸權的戰鬥,時間超過百年。

　　在兩國之間的羊毛產地「法蘭德斯地區」(今日的比利時),原本就是雙方利益爭奪的對象。

　　再者,在法國卡佩王朝絕嗣後,**瓦盧瓦王朝**成立之際,英王曾試圖爭奪王位繼承權,透過排除法國血脈(在當時,雙方原本因政

略聯姻而有血緣關係）以奪取法國王室，也使兩國之間的對立進一步加深。

至於百年戰爭的結果，可說是「**前半英國得勝，後半法國得勝**」。前半段由愛德華三世之子——黑太子愛德華所率領的英軍捷報連連，使法國直逼崩盤之危；然而，戰事後半段卻有「奧爾良少女」**珍妮・達爾克**（世稱聖女貞德）這名 16 歲的少女登場，幫助法蘭西國王**查理七世**逆轉局勢。最終，英國絕大多數的勢力皆被趕離歐陸，戰爭落幕。

不過，在百年戰爭結束後，英國仍內戰連連。蘭開斯特與約克這兩個家族之間爆發了王位爭奪戰，史稱**玫瑰戰爭**。這場戰爭最終迎來戲劇性的發展，由蘭開斯特家的**亨利七世**即位，與約克家的女兒結為連理。

英國王朝自亨利七世起稱為都鐸王朝，於伊莉莎白一世的時代迎來繁榮盛世。

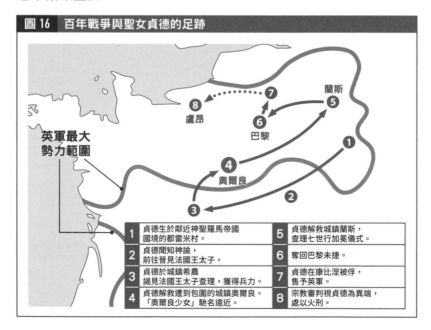

圖 16　百年戰爭與聖女貞德的足跡

英軍最大勢力範圍

蘭斯　盧昂　巴黎　奧爾良

1	貞德生於鄰近神聖羅馬帝國國境的都雷米村。	5	貞德解救城鎮蘭斯，查理七世行加冕儀式。
2	貞德聞知神諭，前往晉見法國王太子。	6	奪回巴黎未捷。
3	貞德於城鎮希農謁見法國王太子查理，獲得兵力。	7	貞德在康比涅被俘，售予英軍。
4	貞德解救遭到包圍的城鎮奧爾良。「奧爾良少女」馳名遠近。	8	宗教審判視貞德為異端，處以火刑。

驅逐伊斯蘭勢力，往大西洋發展

第1章 歐洲歷史

第2章 西亞及伊斯蘭世界歷史

第3章 印度歷史

第4章 中國歷史

第5章 合而為一的全球時代

第6章 革命的時代

第7章 帝國主義與世界大戰的時代

第8章 近代西亞、印度

第9章 近代中國

第10章 現代世界

「戀愛結婚」催生西班牙

接著來談西班牙。中世紀的伊比利半島受到伊斯蘭勢力的長期統治，**基督教徒持續發動收復失土運動（Reconquista，復國運動），企圖向伊斯蘭勢力討回伊比利半島。**

卡斯提爾王國、亞拉岡王國這兩個國家在該場征戰中嶄露頭角，卡斯提爾公主**伊莎貝拉**和亞拉岡王子**斐迪南**結為連理（似乎是戀愛結婚），西班牙王國因而成立。兩人以「天主教雙王」的頭銜聯手治理國家，同心對抗伊斯蘭勢力，並攻陷伊斯蘭勢力的最後堡壘——奈斯爾王朝的格拉納達，**成功將伊斯蘭勢力逐出伊比利半島。**

葡萄牙本是卡斯提爾王國的一部分，隨後自卡斯提爾獨立，在國王若昂二世的治理下日漸成長。

西班牙、葡萄牙成功收復失地之後，**善用位於歐洲西端的「地利」開拓大西洋航線，成為大航海時代的開路先鋒。**

圖17 收復失地運動與西班牙的成立

因婚姻而合併
西班牙王國

卡斯提爾王國

亞拉岡王國

葡萄牙王國

收復失土運動

13世紀的伊斯蘭勢力圈

14世紀的伊斯蘭勢力圈（奈斯爾王朝）

為了爭「面子」，
國內分崩離析

 ## 德國對「羅馬」執迷不悟，國內四分五裂

中世紀的德國，也就是「神聖羅馬帝國」的歷代皇帝，皆對國名中的「羅馬」耿耿於懷，一股腦地想著：「神聖羅馬帝國必須擁有羅馬，否則名不副實！」他們企圖成為天主教的保護者，堅持**義大利政策**，不斷進攻義大利卻一直遭到擊退。

基於此故，**國內人心渙散，諸侯、城市各自為政**，就連誰當皇帝都無法決定，導致皇帝長期缺席，史稱**大空位時代**。

其後，查理四世發布《黃金詔書》，規定由七位強盛的諸侯選拔皇帝。

但從「諸侯選皇帝」一事也可看出，皇帝的威信比諸侯矮了一截。到了中世紀末期，奧地利的哈布斯堡家族就任皇帝後，便開始獨占皇位。

 ## 「該怎麼應對德國？」義大利起爭端

義大利的狀況也跟德國相去無幾，分裂成眾多國度、諸侯、城市，除了內亂，還有神聖羅馬帝國因「義大利政策」每每出兵來襲。面對此況，義大利國內分為兩派意見：「與其一直被神聖羅馬帝國攻打，我們乾脆直接變成神聖羅馬帝國的一部分怎麼樣？」（**皇帝派**），以及「這怎麼行，我們要徹底守護義大利，不受神聖羅馬帝國的侵擾。」（**教宗派**），裂痕日漸加深。

第 2 章

西亞及伊斯蘭世界歷史

第 2 章　西亞及伊斯蘭世界歷史　概述

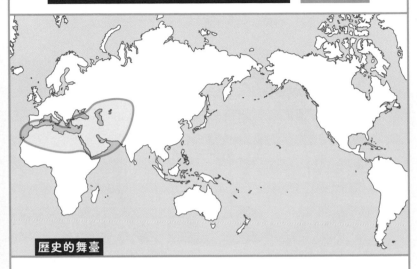

歷史的舞臺

西亞及伊斯蘭世界扮演歐洲的勁敵
孕育為數眾多幅員廣闊的國家

　　西亞沙漠遍布，四散的綠洲邊緣湧現大量部族社會。交易路線聯繫起星散的部族社會，形成了「點與線」的世界。

　　多民族整合而成的新國家生生滅滅，同樣歷史反覆重寫，強大國家誕生其中，利用移動路線在轉瞬間擴張領土，開闢廣闊的國度。伊斯蘭教則扮演著統合各民族的精神支柱，影響力與日俱增。在西亞誕生的幅員「超級」遼闊國家，屢次與歐洲世界發生衝突，成為歐洲世界「最大的勁敵」。

第1章　歐洲歷史

第2章　西亞及伊斯蘭世界歷史

第3章　印度歷史

第4章　中國歷史

第5章　合而為一的全球時代

第6章　革命的時代

第7章　帝國主義與世界大戰的時代

第8章　近代西亞、印度

第9章　近代中國

第10章　現代世界

誰是孕育出
世上最古老文字的民族？

 ## 蘇美人創造最古老的「楔形文字」

距今約 6000 年前，在現今伊拉克底格里斯河與幼發拉底河之間的美索不達米亞平原，人類最古老的文明——**兩河流域古文明**出現了。

兩河流域古文明經常被書寫在高中世界史教科書的最前頭，這是因為此文明擁有目前世上所發現最古老的文字：**楔形文字**。

既然有文字，就代表我們能夠了解當時的國名、人名、地名等舊有名詞。

藉由解讀這類舊有名詞，我們發現已知的最古老民族，是在兩河流域古文明出現約 1000 年後興起的**蘇美人**。我們也已得知，其城市名叫**烏爾**、**烏爾克**。

他們具有極為高超的土木建築技術，城市建有信仰中心「**金字神塔**」（Ziggurat），是高約 20 公尺的雄偉建築物。

除此之外，蘇美人還留下以驚人準確度描繪而成的城鎮地圖。雖說是最古老的文明，其文明程度卻已非常高。

 ## 從「點的國家」到「面的國家」

繼蘇美人之後登場的民族，是**阿卡德人**。

蘇美人擁有「城市國家」，也就是「點」的國家；由阿卡德人建國的**阿卡德王國，則以「面」的形式征服美索不達米亞**。

圖1　成立於美索不達米亞一帶的國家

阿卡德王國

底格里斯河

幼發拉底河

美索不達米亞
（兩河間的土地）

烏爾克

巴比倫

烏爾

古巴比倫王國

蘇美人的城市國家

第1章
歐洲歷史

第2章
世界歷史
西亞及伊斯蘭

第3章
印度歷史

第4章
中國歷史

第5章
合而為一的
全球時代

第6章
革命的時代

第7章
世界大戰與
帝國主義的時代

第8章
近代西亞、
印度

第9章
近代中國

第10章
現代世界

　　蘇美人和阿卡德人之後，下一批在美索不達米亞建國的民族是**亞摩利人**。

　　亞摩利人定都於巴比倫城，因此國名稱「巴比倫」；由於在美索不達米亞以巴比倫為首都的眾國家中，這也是比較古老的王朝，因此稱為**古巴比倫王國**。

　　這個王國的**漢摩拉比王**統合當時各地由蘇美人所創造的法律，記述成《漢摩拉比法典》，其中提到「若弄瞎他人的眼，自身也須被人弄瞎」，這般**「以牙還牙、以眼還眼」的原則相當知名。**

　　這樣的原則很容易被解讀為：「有仇必報！」但實際上，由於當時的復仇風氣太過興盛，「以眼還眼」其實是用來牽制眾人「防止復仇行為」，期許眾人「以正當程度復仇」、「害人害己，因此不可害人」。

繁榮兩千年，
孕育金字塔的文明

 每年的大洪水帶動國家發展

接著讓我們將目光移往美索不達米亞西側，來談一談埃及。

全球最長的河川尼羅河貫穿埃及國土，**孕育出了埃及文明。**

尼羅河以在每年特定期間氾濫而聞名。如今已建設了大型水壩，因此洪水不再氾濫。不過，在古埃及的時代，尼羅河的大洪水每年必至，下游甚至幾乎全都泡在水中。

大家或許覺得「農民一定會很困擾」，其實**當時的農民反而相當樂見洪水的到來。**來自上游的尼羅河水，會同時將肥沃的土壤搬運、散布至下游；等洪水退去，水與土壤便處於適於耕作的狀態，埃及就是這樣拜洪水之賜，孵育出了高度文明。

 「古王國」建造金字塔

在由埃及眾多「法老」統治的時期當中，最古老的時代稱為古王國，以建造金字塔為人所知，其中最聞名的吉薩地區，有著法老王古夫等人的三大金字塔。

規模最大的古夫金字塔高 137 公尺，四角錐的四個邊精準朝向東西南北，共使用多達 300 萬塊、平均 2.5 噸重的石塊。

這般先進的建築，竟是在埃及文明最初期的「古王國」前半段所建成，實在令人感到不可思議。

第1章 歐洲歷史

第2章 世界歷史 西亞及伊斯蘭

第3章 印度歷史

第4章 中國歷史

第5章 合而為一的全球時代

第6章 革命的時代

第7章 世界大戰與帝國主義的時代

第8章 近代西亞、印度

第9章 近代中國

第10章 現代世界

受異族統治，無能的「中王國」

由於地方豪族勢力增長，中王國時代法老的威信整體而言不比古王國。在其末期，帶著馬匹、戰車壓境的異族西克索人入侵，並長期統治埃及。

埃及的「性格派」法老推動宗教改革

驅逐西克索人後建立的新王國，在埃及各王朝坐擁最遼闊的領土，邁入了古埃及文明的燦爛期。人稱「帝王谷」的陵寢遺跡、阿布辛貝神殿等赫赫有名的世界遺產，皆是新王國的代表性遺跡。

新王國有位「性格派」法老阿蒙霍特普四世。**為了擴大自身的權威，他將多神教的埃及世界改為「一神教」，「強制」人民信仰。**並自行冠上神性稱號「**阿肯那頓**」（被太陽神阿頓眷愛之人），還遷了都。不過，激烈的改革引來諸多反對勢力，他的墓穴也遭人破壞。阿蒙霍特普四世之子，是以黃金面具聲名遠播的法老王圖坦卡門。他依循反對派貴族的意見，將阿蒙霍特普四世的宗教改革一筆勾消，恢復了多神信仰。圖坦卡門身體虛弱、王權不彰，英年早逝導致墓穴規模不大，但託此之福免去了遭盜墓的命運，墓中財寶才能留存至今。

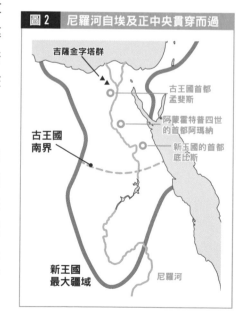

圖2 尼羅河自埃及正中央貫穿而過

- 吉薩金字塔群
- 古王國首都孟斐斯
- 阿蒙霍特普四世的首都阿瑪納
- 新王國的首都底比斯
- 古王國南界
- 新王國最大疆域
- 尼羅河

鐵、字母系統、 一神教在此萌芽

 第一個實際應用「鐵」的小亞細亞民族

　　小亞細亞、敘利亞、巴勒斯坦等處的民族，或許不若「美索不達米亞」、「埃及」等處廣為現代人所熟知，卻對後世造成巨大影響。

　　首先，**全球第一個正式使用「鐵」的民族，就是小亞細亞的西臺人。**

　　跟過往的青銅武器相比，鐵製武器的刀刃不易缺損，也不容易斷，因此對周邊各國造成巨大威脅。

　　西臺人前進美索不達米亞和埃及，消滅古巴比倫王國，並與埃及新王國戰鬥，最終卻被一支身分成謎的「海洋民族」所滅。

 敘利亞民族創造阿拉伯數字、字母系統的起源

　　這支「海洋民族」不僅滅了西臺，更入侵埃及，削弱了埃及新王國的力量。

　　敘利亞和巴勒斯坦地區是位於西臺與埃及間的「通道」，上述兩國衰微後，此處成為「無主地帶」，因此有數個民族將勢力伸向其中。亞蘭人和腓尼基人擅長經商，跟遙遠的國度也有生意往來，這兩個民族的語言和文字因而遠遠傳播，成為現今各國語言和文字的起源。

　　亞蘭人是敘利亞的「內陸」民族。

亞蘭商人在內陸行大規模的商業貿易，他們所使用的語言，具有西亞「共通語言」的特性。**其文字正是現今阿拉伯文字、東南亞文字等、我們看起來「彎彎曲曲像毛毛蟲」的文字起源。**

另一方面，腓尼基人則是「海上」民族，在東地中海行商業貿易，在地中海各地建立起了大量的城市。

在這類腓尼基城市中最強大的，就是曾跟羅馬開戰的「迦太基」。**腓尼基文字傳播至希臘後，成為了歐美各國字母的起源。**

腓尼基文字的第一個字母念作「Aleph」，第二個字母則念作「Bet」。連著念就成了「Alephbet」。這些文字傳至希臘世界後，希臘字母的 α 成為「Alpha」，β 成為「Beta」，連著念就成了「Alphabeta」。

「Alephbet」和「Alphabeta」，正是「Alphabet」（字母）的語源。順帶一提，「Alphabet」的意涵就是「A 與 B」。

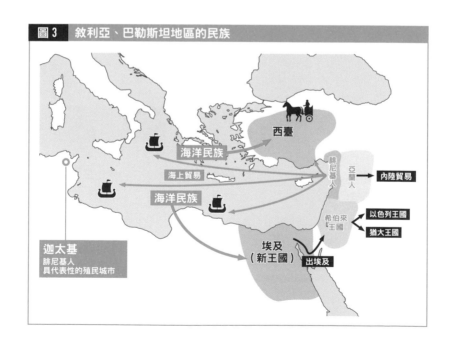

圖3　敘利亞、巴勒斯坦地區的民族

第1章 歐洲歷史

第2章 西亞及伊斯蘭 世界歷史

第3章 印度歷史

第4章 中國歷史

第5章 合而為一的 全球時代

第6章 革命的時代

第7章 帝國主義與世界大戰的時代

第8章 近代西亞、印度

第9章 近代中國

第10章 現代世界

接著要來談談在巴勒斯坦土地上建國的希伯來人。「希伯來人」就是**後來被稱為「猶太人」**的民族。

希伯來人生於巴勒斯坦地區，後因埃及人征服巴勒斯坦地區而被帶至埃及，受到奴隸般的對待。此時領袖**摩西**登場了。他避開埃及人的耳目，將猶太人集合起來逃出埃及，如同電影《十誡》最高潮的場面那般，「將紅海分開」後橫渡至西奈半島。後來猶太人自該處移往巴勒斯坦地區，建立了希伯來王國，而從埃及逃出，直到建立希伯來王國的一連串事件，稱為出埃及。希伯來王國在**大衛王**與所羅門王的時代迎向繁榮，隨後分裂。

北邊的以色列王國遭到亞述消滅，南邊的猶大王國則被加爾底亞人的新巴比倫王國所滅，希伯來人被帶往新巴比倫，當成奴隸驅使（巴比倫之囚）。

新巴比倫滅亡後，希伯來人雖暫時獲准返回巴勒斯坦地區，其後卻又連番遭到波斯阿契美尼德王朝、羅馬帝國、伊斯蘭勢力征服統治。「希伯來人所建立的希伯來國家」，一直到 20 世紀以色列建國之前，都未曾成真。

先是被埃及當成奴隸，隨後又遇「巴比倫之囚」。苦難不斷的希伯來人，後來所成立的民族宗教就是猶太教。

猶太教是遵從嚴格戒律的一神教，特徵是期待救世主降臨，認定猶太民眾是「神之選民」。直截了當地說，他們主張：「雖然現在遭遇了各種苦難，只要遵守戒律、相信唯一的神，救世主就會在末日時出現，『只』拯救猶太民眾。」**這般態度高傲的選民思想，導致猶太人不斷與形形色色的國家產生摩擦，遭受各種迫害。即使這種想法的起因，是他們所蒙受過的民族苦難。**

波斯帝國 因寬容政策而壯大

第1章 歐洲歷史

第2章 西亞及伊斯蘭 世界歷史

第3章 印度歷史

第4章 中國歷史

第5章 全球合而為一的時代

第6章 革命的時代

第7章 帝國主義與世界大戰的時代

第8章 近代西亞、印度

第9章 近代中國

第10章 現代世界

 強硬、殘忍兼具的征服活動

　　前面我們已經討論過美索不達米亞、埃及、敘利亞等各地區的小型國家。此篇則將談及，統一上述地區的巨大國家問世了。

　　那就是**將美索不達米亞、埃及、敘利亞、巴勒斯坦一併納入麾下的「西亞的統一帝國」**。

　　最初完成統一大業的，是亞述人。

　　亞述巴尼拔等國王的征服活動，帶來「西亞第一個統一帝國」的熠熠榮光。不過，**其統治方式卻殘酷得令人懼怕。**

　　他們採取壓迫政策，將試圖抵抗的國家徹底破壞殆盡，無情虐殺不服從統治的民族，最終引爆各地叛亂，導致國家一分為四，短命而終。

 「寬容政策」締造巨大帝國

　　從亞述分出來的四個國家，包括「埃及」、小亞細亞的「呂底亞」、美索不達米亞的「新巴比倫」、伊朗的「米底」。

　　其中呂底亞以打造出世界最古老的金屬貨幣而名留後世。**人類的「金錢」史就從這裡起始。**

　　而後波斯阿契美德王朝征服這四個國家，再次統一了西亞。

　　阿契美德王朝源起於波斯（伊朗）地區，不費須臾就統一了西亞，在第三代國王**大流士一世**的時代，建立了從印度西北部橫跨

至希臘東北部的大帝國。

亞述採取殘忍的「剛性」治術，最後短命消亡。

與亞述不同，**阿契美尼德王朝則走寬容路線，轄下的民族只要善盡納稅、從軍等義務，就能在當地自治。換句話說，這就是「懷柔」治術。**

阿契美尼德王朝在全國設省，設置總督作為行政首長，並藉由王之眼、王之耳等監督官，來監視總督是否善盡職責，或有不當之舉。他們也修建了名為王道的道路網，將巨大帝國治理得漸入佳境。

龐大的波斯帝國，也很熱衷於遠征，企圖將勢力伸入歐洲世界。雖在波希戰爭中敗給希臘，之後仍曾介入伯羅奔尼撒戰爭等戰役，積極對希臘擴張影響力。

話雖如此，波斯國內總督叛亂等情勢卻導致國力衰退，最後終因亞歷山大的東方遠征而滅亡。

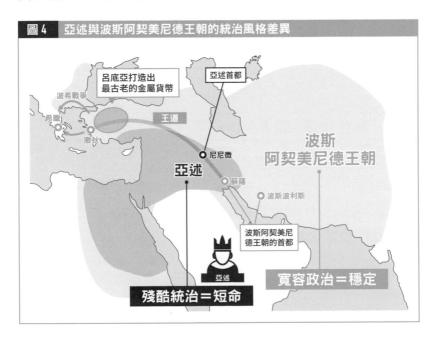

圖4　亞述與波斯阿契美尼德王朝的統治風格差異

呂底亞打造出最古老的金屬貨幣

亞述首都

波希戰爭

希臘

王道

雅典

尼尼微

亞述

蘇薩

波斯波利斯

波斯阿契美尼德王朝

波斯阿契美尼德王朝的首都

亞述

殘酷統治＝短命

寬容政治＝穩定

伊朗眾王朝 成為羅馬的「勁敵」

第1章 歐洲歷史

第2章 西亞及伊斯蘭世界歷史

第3章 印度歷史

第4章 中國歷史

第5章 合而為一的全球時代

第6章 革命的時代

第7章 帝國主義與世界大戰的時代

第8章 近代西亞、印度

第9章 近代中國

第10章 現代世界

 西亞的譜系

　　西亞巨大帝國之中，首先出現的是**亞歷山大帝國**，接著是從亞歷山大手中接下遼闊領土的**塞流卡斯王朝**，其後有伊朗游牧民族所建立的**安息帝國**，接著則由伊朗農民建國的**波斯薩珊王朝**繼承其後。

　　安息約莫與「羅馬共和時代」同時期，薩珊王朝則是位於「羅馬帝國」與「東羅馬帝國」（拜占庭帝國）東側的強國，**長年扮演羅馬的勁敵，持續相互對峙。**

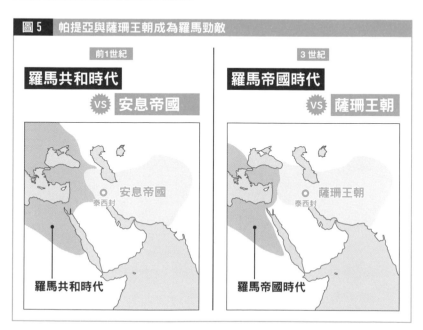

圖5　帕提亞與薩珊王朝成為羅馬勁敵

前1世紀	3世紀
羅馬共和時代 VS **安息帝國**	**羅馬帝國時代** VS **薩珊王朝**
安息帝國　泰西封 羅馬共和時代	薩珊王朝　泰西封 羅馬帝國時代

標榜「神前絕對平等」而急速成長的伊斯蘭教

 兩大帝國相爭，催生伊斯蘭教

接下來讓我們來看看，薩珊王朝和拜占庭帝國在 7 世紀前葉反覆對抗時的西亞局勢。

這兩大國的抗爭，引發了世界史中最重要的一個事件——後來的世界宗教，伊斯蘭教成立了。

如同下圖，7 世紀初葉的西亞地區，正是薩珊王朝和拜占庭帝國的對戰場域。這個時代的商人，為了避開戰場上的腥風血雨，曾經大幅繞道阿拉伯半島以進行貿易。

圖 6　西亞地區遭到孤立

君士坦丁堡

對戰地區
商人無法通行

拜占庭帝國

薩珊

薩珊王朝

拜占庭

泰西封

麥地那

促進阿拉伯半島
西岸的發展

商人繞道路線

麥加

就這樣，商人轉而前往阿拉伯半島紅海沿岸的城市，促進了**麥加**、**麥地那**等城市的經濟發展。

這番經濟發展有許多正面影響，卻也造成了「貧富差距擴大」。缺錢時大家雖然苦，至少相處融洽；**等到開始獲利，反倒招致了社會的分裂和對立。**

在這個狀態下，伊斯蘭教創始者**穆罕默德**自麥加躍上了舞臺。麥加的貧富差距導致對立，令穆罕默德傷透腦筋。某天，他在冥想時看見天使加百列，對他降示了「唯一真神阿拉」的種種教誨。

其後每當穆罕默德冥想時，就會獲得神的指導。他於是自覺為**先知**，決定將這些教誨，也就是將伊斯蘭教傳播於世。

 ## 伊斯蘭歷「元年」始於「聖遷」

穆罕默德的中心思想是**「唯一真神面前的絕對平等」**。

面對提倡「人人平等」的穆罕默德，苦於貧富差距的窮困者備受激勵，紛紛同意：「沒錯！就是這樣！」；富者則將穆罕默德的平等教義解讀成攻擊己方的危險思想，因此開始迫害穆罕默德（當時麥加的宗教是多神教，一神信仰的伊斯蘭教因而更難為人所接受）。

穆罕默德在麥加受到嚴重迫害，意識到自身危險而決定逃往**麥地那**，在當地傳播信仰。這次移動稱為「**聖遷**」（Hijra）；**在伊斯蘭的世界中，這是穆罕默德活動的「原點」，穆斯林於是將此年訂為伊斯蘭曆元年。**

穆罕默德在麥地那確保人身安全後養精蓄銳，這回主動攻入麥加，在征服麥加後將之定為聖地，一邊擴大信徒人數，成功將幾乎整個阿拉伯半島都納入勢力範圍。

第1章 歐洲歷史
第2章 西亞及伊斯蘭 世界歷史
第3章 印度歷史
第4章 中國歷史
第5章 合而為一的 全球時代
第6章 革命的時代
第7章 世界帝國主義與大戰的時代
第8章 印度 近代西亞、
第9章 近代中國
第10章 現代世界

伊斯蘭教吸引全球
四分之一人口的原因

 伊斯蘭教、基督教、猶太教皆是信仰「同一位神」

　　不少人對於穆罕默德所創立的伊斯蘭教，都持有「不能吃豬肉」、「必須齋戒」等片面認識。此外，在新聞上聽過「伊斯蘭激進派」的人，也會認為它是「有點可怕的宗教」。

　　不過，此宗教若是沒有它的魅力，自然就不可能吸引全球多達四分之一的信仰人口。伊斯蘭教為何能打動這麼多人的心呢？

　　如同前面所提過的，伊斯蘭教最大的教義，就是「在唯一真神前的絕對平等」。

　　伊斯蘭教信仰唯一絕對的神「阿拉」，不承認其他的神。這一點在同為一神教的基督教和猶太教也是一樣。說起來，基督教的「上帝」、猶太教的「耶和華」、伊斯蘭教的「阿拉」，全部都是「同一位神」。如果承認其他異教的神，「一神教」的前提就會崩潰。換句話說，這三個宗教都具有相同概念，互為「兄弟」。

　　此三宗教的差異，僅有傳授「神」之語言的人是僅有「摩西」，還是包括「耶穌」或「穆罕默德」這一點。

　　在伊斯蘭教中，穆罕默德是人類地位最高也是最後一位先知，他能將神的語言「完整」傳達，因此能夠成就「最真的宗教」。

　　猶太教身為「神之選民」，並不認可穆罕默德；基督教則將神跟耶穌同等視之——這些是兩者與伊斯蘭教的差異所在。

第1章 歐洲歷史

第2章 西亞及伊斯蘭世界歷史

第3章 印度歷史

第4章 中國歷史

第5章 全球時代 合而為一的

第6章 革命的時代

第7章 帝國主義與世界大戰的時代

第8章 近代西亞、

第9章 近代中國

第10章 現代世界

 ## 遵守古蘭經戒律，即代表全體平等

穆罕默德將神的啟示記錄下來，成為伊斯蘭教經典《古蘭經》，之中記載許多維持伊斯蘭教基本信仰與「信徒平等」所需遵守的規範。包括每天祈禱五次、齋戒、一生至少赴聖地麥加朝聖一次，或者不吃豬肉、不飲酒等。

遵守這般嚴格的規章，使信徒之間產生了聯結，也具有平等觀念。哪怕是「阿拉伯的石油大王」，在齋戒期間也必須跟大家一起斷食，平等觀念凌駕在貧富差距之上。

因此只要是穆斯林，不分人種、民族、貧富差異，都會受到「平等」的對待。不過，要完全遵守《古蘭經》是很辛苦的。尤其在現代社會中，要去奉行 1400 年前的教義，可說是極其困難。

基於此故，認為應該嚴格遵守教義的信徒，跟認為應配合現況調整的群眾，開始產生了對立。

稱為「基本教義派」、「激進派」的信徒，會對不嚴格遵守穆罕默德時代伊斯蘭教嚴格規範的穆斯林，以及想法跟伊斯蘭教相違背的人發動攻擊。

 ## 伊斯蘭世界扮演著文化交流的「橋樑」

伊斯蘭教家傳戶誦的西亞地區，恰巧位於歐洲、埃及、伊朗、印度各地的聯絡要道，在大唐、蒙古帝國的時代，也受到了中國文化的影響。伊斯蘭文化就這樣融合各地的文明，進一步提升，對今日的我們也帶來了大幅影響。

舉例而言，當印度的數學傳入伊斯蘭世界後，人們開始透過阿拉伯數字表達十進位法、零的概念等；中國的造紙技術傳向全球後，西亞地區也扮演了文化交流的橋梁。

阿拉伯人的國家 發展成「巨型帝國」

 ## 穆罕默德的「繼承人」大顯身手

　　穆罕默德死後，繼承其意志的宗教領袖稱為**哈里發**。這段期間，是由正統哈里發帶領伊斯蘭教的**正統哈里發時代**。正統哈里發的意思，是**由信徒選拔，「按正當程序選出的哈里發」**。歷任正統哈里發往往在傳教的同時展開征服行動，使伊斯蘭的勢力範圍大幅擴張。

 ## 伊斯蘭世界「最大」王朝誕生

　　伊斯蘭世界持續順利擴張，接著迎向一個重大的轉振點。

　　第四代正統哈里發阿里遭到不明人士暗殺後，敘利亞奧瑪雅家族的**穆阿維亞**自封哈里發，宣告奧瑪雅家族將代代成為哈里發，開創了**奧瑪雅王朝**。

　　此時，伊斯蘭分裂成了兩大宗派。 部分穆斯林反對奧瑪雅家族獨占哈里發之位，視流著穆罕默德血液的第四代正統哈里發阿里及其子孫為正統，稱為**什葉派**。

　　另一方面，多數的穆斯林則成為**遜尼派**，認可具有實力的穆阿維亞擔任哈里發。

 ## 奧瑪雅王朝「說」一套「做」一套

第1章 歐洲歷史

第2章 西亞及伊斯蘭世界歷史

第3章 印度歷史

第4章 中國歷史

第5章 合而為一的全球時代

第6章 革命的時代

第7章 帝國主義與世界大戰的時代

第8章 近代西亞、印度

第9章 近代中國

第10章 現代世界

　　奧瑪雅王朝進一步擴張正統哈里發的疆域，發展成橫跨伊朗至伊比利半島的超級大國。

　　奧瑪雅王朝甚至曾對歐洲的中堅勢力「法蘭克王國」發動攻擊，一路勢如破竹、勝利連連，直到圖爾戰役吃下敗仗為止。

　　話說回來，奧瑪雅王朝雖持續順利對外擴張，毀滅卻從內部誕生。**原因出在對阿拉伯人的優待政策。**

　　阿拉伯人是「阿拉伯半島上說著阿拉伯語的人」，他們形成了伊斯蘭勢力的核心。但在奧瑪雅王朝的時代，伊斯蘭的疆域從伊朗遠及歐洲，轄下包含了伊朗人、歐洲人等形形色色的民族。

　　奧瑪雅王朝會對這些征服地帶的民族課以人頭稅（Jizya）與土地稅（Kharaj）；阿拉伯人卻不需繳納這兩種稅。

　　為此，征服地帶的穆斯林開始猛烈反彈：「大家是因為神前眾人平等才接受伊斯蘭教，結果卻只有阿拉伯人享受特別待遇，這不公平！」最終，奧瑪雅王朝因而崩解。

圖7　奧瑪雅王朝的最大疆域

法蘭克王國

在圖爾戰役中敗北

拜占庭帝國

穆罕默德的諸正統繼承人

正統哈里發時代的伊斯蘭帝國

大馬士革

奧瑪雅王朝的最大疆域

以實力開闢世襲的巨大王朝

奧瑪雅王朝的首都

「安全的圓形城市」 巴格達開創繁榮盛世

 改革異族、異教徒的稅制

　　當人們對奧瑪雅王朝不平等稅制的不滿達到高峰時，阿拔斯家族的阿布·阿拔斯建立阿拔斯王朝，集結反對勢力打倒了奧瑪雅王朝，此事稱為「阿拔斯革命」。

　　阿拔斯王朝是因不滿奧瑪雅王朝的稅制而成立，因此當然也就開始著手消除民族間的稅制不平等。

　　首先，阿拔斯王朝決定，在帝國內無論穆斯林或異教徒、不論是任何民族，**全體人員都必須繳交土地稅；人頭稅則改為「只對異教徒收取的稅項」**。想在帝國內信仰基督教和猶太教的人，僅需另外繳稅，其信仰就會受到認可。

　　就算身為異族，只要是穆斯林也不必繳交人頭稅，這稱得上是條理相當明晰的稅制。就這樣，**稅制不平等的問題就此解決，阿拔斯王朝成功消解了民眾的不滿。**

 建設巴格達，伊斯蘭盛世的象徵城市

　　建國沒過多久，阿拔斯王朝就接觸了東方強國 —— 中國的唐朝。（編注：中國稱阿拔斯王朝為黑衣大食）

　　阿拔斯王朝在怛羅斯戰役中戰勝大唐，將大唐的造紙匠俘虜後帶回首都巴格達，**使得中國長年祕密守護的造紙技術傳向全世界。**

　　紙的傳播讓世界各地文化大幅發展，倘若沒有阿拔斯王朝，或

第1章 歐洲歷史

第2章 西亞及伊斯蘭世界歷史

第3章 印度歷史

第4章 中國歷史

第5章 合而為一的全球時代

第6章 革命的時代

第7章 帝國主義與世界大戰的時代

第8章 近代西亞、印度

第9章 近代中國

第10章 現代世界

許我們就不會擁有現今的文明水準了。

阿拔斯王朝第二代哈里發曼蘇爾，建設了俯瞰時呈「正圓形」的首都巴格達，也稱為「平安之都」（Madinat as-Salam）。如同其名，這是個稱頌繁榮與和平的大城市。

在第五代哈里發**哈倫‧拉施德**的時代，阿拔斯王朝迎向極盛期。首都巴格達的人口超過 100 萬人，跟大唐的長安並駕齊驅，成為世界的中心。

哈倫‧拉施德曾於漫畫《哆拉 A 夢》中登場：在電影《哆啦 A 夢：大雄的天方夜譚》之中，他被描繪成一位「心地溫柔的偉大國王」。此外他在伊斯蘭文學《一千零一夜》裡也是核心人物，從其氣魄，足以看出首都巴格達的繁榮程度。

至於伊比利半島，奧瑪雅王朝覆滅時逃過一劫的王族在此處建立了經常跟查理曼時代法蘭克王國發生戰鬥的後奧瑪雅王朝。

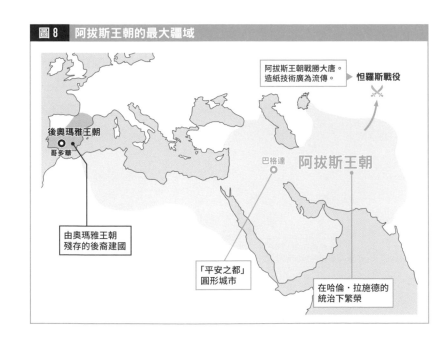

圖 8　阿拔斯王朝的最大疆域

阿拔斯王朝戰勝大唐。造紙技術廣為流傳。 → **怛羅斯戰役**

後奧瑪雅王朝
哥多華

巴格達　阿拔斯王朝

由奧瑪雅王朝殘存的後裔建國

「平安之都」圓形城市

在哈倫‧拉施德的統治下繁榮

伊斯蘭「戰國時代」降臨

 哈里發傀儡化

阿拔斯王朝在西元 8 至 9 世紀曾經享有盛大威勢，但且看下方 10 世紀時的地圖（圖 9），則已有潦倒之相。

阿拔斯王朝被伊朗的白益王朝、埃及的法提馬王朝這兩個什葉派國家東西包夾，勢力大幅衰微。

白益王朝占領阿拔斯王朝的首都巴格達後，奪走了阿拔斯王朝哈里發的統治權。

在這個時間點，阿拔斯王朝的哈里發仍然留存，卻已淪落成不

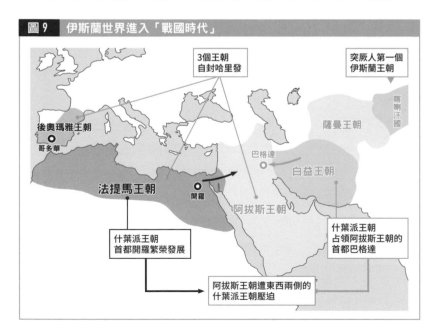

圖 9　伊斯蘭世界進入「戰國時代」

- 3個王朝自封哈里發
- 突厥人第一個伊斯蘭王朝
- 喀喇汗國
- 薩曼王朝
- 後奧瑪雅王朝　哥多華
- 巴格達
- 白益王朝
- 法提馬王朝　開羅
- 阿拔斯王朝
- 什葉派王朝首都開羅繁榮發展
- 什葉派王朝占領阿拔斯王朝的首都巴格達
- 阿拔斯王朝遭東西兩側的什葉派王朝壓迫

具實權的「裝飾性」角色。

另一方面，埃及的法提馬王朝從西側壓迫著阿拔斯王朝。他們建設了新首都開羅（意為「勝利之都」），主張「我等才是真正的哈里發！」與阿拔斯王朝的哈里發相爭不下。

法提馬王朝更在開羅設立了伊斯蘭教的高等教育學府艾資哈爾大學，逐步成為伊斯蘭教育的核心地帶。

「土耳其共和國」的起源並非「小亞細亞半島」

10世紀時另一個可觀的變化，就是突厥民族的第一個伊斯蘭國家「喀喇汗國」在中亞誕生了。

說起「突厥」，大家或許會聯想到現今位在小亞細亞半島上的「土耳其共和國」。不過真要說起來，突厥民族的誕生地點，應該是裏海東部的「突厥斯坦地區」。

突厥人的體格勇健，很能適應戰鬥，因此從8世紀前後，伊斯蘭世界也已開始僱用他們為成傭兵或奴隸兵。

到了10世紀，這批突厥人成立自家的王朝（喀喇汗國），接受了伊斯蘭教。藉此契機，各地突厥國家紛紛接著成立，也因此一直到16世紀，突厥人都是伊斯蘭世界的核心民族。

「自稱」哈里發，混亂相爭

在西邊，奧瑪雅王朝苟延殘喘的後代——後奧瑪雅王朝仍舊健在。由於後奧瑪雅王朝也自行擁立了哈里發，這個時代共有阿拔斯王朝、法提馬王朝、後奧瑪雅王朝的三位哈里發同時並立。

始於穆罕默德，由單一領袖領導大批信徒的傳統，在此時已然喪失。伊斯蘭世界日漸呈現「戰國時代」般的紛亂局面。

第1章 歐洲歷史

第2章 西亞及伊斯蘭世界歷史

第3章 印度歷史

第4章 中國歷史

第5章 合而為一的全球時代

第6章 革命的時代

第7章 帝國主義與世界大戰的時代

第8章 近代西亞、印度

第9章 近代中國

第10章 現代世界

突厥人終於
主宰伊斯蘭世界

 ## 突厥人王朝如群星躍起

伊斯蘭世界籠罩著戰國時代般的凶險氣氛，到了11世紀後半，風雲突變。

突厥裔的**塞爾柱土耳其**，一躍成為伊斯蘭世界的主要角色。

第一代的**圖赫里勒・貝格**（Tughril Beg，意為「鷹之君主」）將勢力範圍自中亞拓展至阿拉伯半島，占領了白益王朝所統治的巴格達。

圖赫里勒・貝格將阿拔斯王朝的哈里發，自什葉派的白益王朝中解放了出來。阿拔斯王朝的哈里發為了感念這番相助，將稱號「**蘇丹**」賜給了同樣信仰遜尼派的他。

「蘇丹」意為「統治者」，**宗教領袖哈里發賦予了他真實世界的統治權，藉以達到平定天下的效果。**

若以日本史為例，這個狀況就跟「天皇把真實世界的統治權賜給征夷大將軍，令其開闢幕府」相當接近。

塞爾柱土耳其的擴張，對歐洲世界也造成了偌大影響。

由於塞爾柱土耳其勢力日增，甚至獨占了聖地耶路撒冷，拜占庭帝國決定向西歐尋求援助。

羅馬教宗於是呼籲各國發動救援，號召了在第1章中也曾登場的**第一次十字軍東征**（參見 P.70）。

此後，在西亞成立的各種伊斯蘭王朝，便不斷與基督教國家派出的十字軍展開了耶路撒冷爭奪戰。

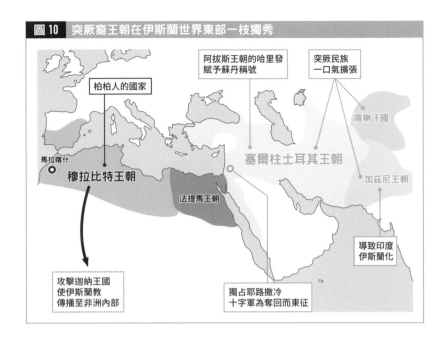

圖 10 突厥裔王朝在伊斯蘭世界東部一枝獨秀

阿拔斯王朝的哈里發賦予蘇丹稱號

突厥民族一口氣擴張

柏柏人的國家

喀喇汗國

馬拉喀什

塞爾柱土耳其王朝

穆拉比特王朝

加茲尼王朝

法提馬王朝

導致印度伊斯蘭化

攻擊迦納王國使伊斯蘭教傳播至非洲內部

獨占耶路撒冷十字軍為奪回而東征

第1章 歐洲歷史

第2章 西亞及伊斯蘭 世界歷史

第3章 印度歷史

第4章 中國歷史

第5章 合而為一的全球時代

第6章 革命的時代

第7章 世界帝國主義與大戰的時代

第8章 近代西亞、印度

第9章 近代中國

第10章 現代世界

 「柏柏人」成為北非的主角

現在我們將目光往西移。後奧瑪雅王朝滅亡後，柏柏人在北非至伊比利半島建立起的**穆拉比特王朝**，勢力不斷成長。

穆拉比特王朝對非洲內陸的迦納王國發動攻擊，使伊斯蘭教滲透至非洲內陸。

接著再將目光往東移，突厥裔王朝喀喇汗國仍在運作；此外，在阿富汗地區則有加茲尼王朝成立。

加茲尼王朝同樣有著突厥血統。該王朝的誕生，促成了伊斯蘭教往印度傳播。

從而，11 世紀伊斯蘭世界的東側有著塞爾柱土耳其、喀喇汗國、加茲尼王朝，可說處於突厥裔王朝獨占鰲頭的狀態。

「英雄中的英雄」薩拉丁與十字軍殊死鬥

 「英雄中的英雄」薩拉丁登場

在塞爾柱土耳其步向衰微、政權地方化後，12 世紀伊斯蘭的主導權移往了埃及的阿尤布王朝。

談起阿尤布王朝，就會想起人稱「**薩拉丁**」的代表性人物薩勒哈丁，以及第三次十字軍東征時，薩拉丁與英國的「獅心王」理查一世上演的殊死鬥。

率領十字軍的理查一世，曾毫不留情地處死無力支付贖金的伊斯蘭教俘虜；相對於此，薩拉丁卻將裝著錢的袋子悄悄交給受俘的基督教徒，放他們逃回遠方的家鄉，留下許多充滿人情味的小故事。

薩拉丁在戰場上具備激烈戰鬥的武勇，並且足智多謀，就連敵方的**十字軍士兵也稱他為真勇者，是英雄中的英雄。**

在阿尤布王朝的治理下，首都開羅一片繁華，取代了隨塞爾柱土耳其衰微的巴格達，成為伊斯蘭世界的核心。

談起現代的「開羅」，以郊外的金字塔最是引人矚目，但城裡其實尚有許多伊斯蘭時代的文化遺產，是被列入世界文化遺產的伊斯蘭城市。

 伊朗、印度、北非陸續建起王朝

此時突厥裔的花剌子模王朝，一時間自伊朗往中亞方向大興勢

第1章 歐洲歷史

第2章 西亞及伊斯蘭世界歷史

第3章 印度歷史

第4章 中國歷史

第5章 合而為一的全球時代

第6章 革命的時代

第7章 世界帝國主義與大戰的時代

第8章 近代西亞、印度

第9章 近代中國

第10章 現代世界

力。不過，這個王朝之所以留名後世，卻不是因為國力強盛，而是因為「滅亡得很慘」。

西元 13 世紀，成吉思汗領軍的蒙古帝國自東方擴張而來，終與花剌子模接壤。成吉思汗向花剌子模派遣通商使節，然而位於花剌子模邊境城鎮的總督，卻將通商使節殺得片甲不留。

多達 450 人的使節團慘遭殺害，使成吉思汗大為震怒，率兵遠征花剌子模，擄獲邊境城鎮那位殺害使節團的總督，以熔化的銀淋入其雙眼與雙耳，將之殺害。

花剌子模的首都撒馬爾罕遭到蒙古帝國徹底破壞與打劫，據說四分之三的人口皆遭虐殺。花剌子模相當諷刺地，竟因「被著名人物滅亡」而變得出名。

在此期間，印度有古爾王朝成立。相較於先前的加茲尼王朝，古爾王朝的疆域往印度一帶進一步擴張，使印度的伊斯蘭化大幅進展。在西方，則有跟穆拉比特王朝同屬柏柏人的穆瓦希德王朝興起，取代了穆拉比特王朝。

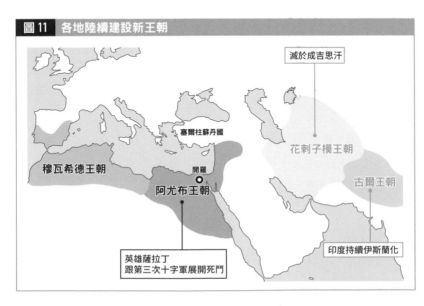

圖 11　各地陸續建設新王朝

滅於成吉思汗

塞爾柱蘇丹國

花剌子模王朝

穆瓦希德王朝

開羅

阿尤布王朝

古爾王朝

英雄薩拉丁跟第三次十字軍展開死鬥

印度持續伊斯蘭化

由突厥奴隸建國的兩大王朝

 「蒙古民族」成為主角

西元 13 世紀，成吉思汗等蒙古民族建構出一個大帝國，開創了「蒙古的世紀」。西亞一帶也有成吉思汗之孫旭烈兀所建立的伊兒汗國登場，身為蒙古帝國的一部分，擔綱統治西亞地區。

說起來伊兒汗國原本是蒙古裔國家，但**第七代大汗合贊決定改宗伊斯蘭教**，伊兒汗國因而成為伊斯蘭國家，政局穩定。

 突厥奴隸兵建立兩個王朝

在伊兒汗國的東西兩側，各有「馬穆魯克王朝」、「奴隸王朝」這兩個名稱特殊的國家成立。

埃及馬穆魯克王朝的「馬穆魯克」意為「突厥奴隸兵」，為出身奴隸階級的女性舍哲爾·杜爾率領馬木路克軍團在埃及樹立的政權。

舍哲爾·杜爾是伊斯蘭世界中少見的女性統治者。她大破路易九世所率領的第六次十字軍等，展現了優異的統帥能力。在第五代蘇丹拜巴爾的時期，馬穆魯克更是步入極盛期。

在遙遠東方的印度，則有名為奴隸王朝的國家誕生了。這個王朝同樣是由「突厥奴隸兵」在印度北部自立後所創建的王朝。

所以說，**「馬穆魯克王朝」和「奴隸王朝」都是「突厥奴隸兵主導建國的王朝」**。

「伊比利半島最後的堡壘」陷落

　　此外，還有另一個在伊比利半島上小據一角的伊斯蘭國家：**奈斯爾王朝**。這是繼奧瑪雅王朝、後奧瑪雅王朝、穆拉比特王朝、穆瓦希德王朝之後，伊比利半島上的最後一個伊斯蘭王朝。基督教諸國企圖奪回伊比利半島的收復失地運動，時常撼動該處的伊斯蘭王朝。**奈斯爾王朝是伊比利半島上伊斯蘭國家的「最後堡壘」**，長期忍受著基督教徒的猛烈攻擊。

　　然而，在伊莎貝拉和斐迪南聯姻下新成立的西班牙王國，終究攻向了奈斯爾王朝的首都格拉納達，使伊比利半島上的伊斯蘭國家灰飛煙滅。現今的西班牙是基督教國家，而西班牙南部之所以深受伊斯蘭文化影響，是因為此地曾被伊斯蘭國家統治過一段漫長的歷史。

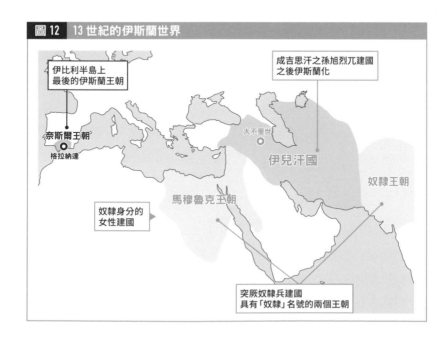

圖 12　13 世紀的伊斯蘭世界

伊比利半島上最後的伊斯蘭王朝

奈斯爾王朝
格拉納達

成吉思汗之孫旭烈兀建國之後伊斯蘭化

大不里世

伊兒汗國

奴隸王朝

奴隸身分的女性建國

馬穆魯克王朝

突厥奴隸兵建國具有「奴隸」名號的兩個王朝

第1章　歐洲歷史

第2章　世界歷史　西亞及伊斯蘭

第3章　印度歷史

第4章　中國歷史

第5章　合而為一的全球時代

第6章　革命的時代

第7章　世界大戰與帝國主義的時代

第8章　近代西亞、印度

第9章　近代中國

第10章　現代世界

軍事天才「猛漢」帖木兒登場

 身經百戰的最強國家

　　14世紀伊斯蘭世界的主角，再怎樣都離不開**帖木兒帝國**。建國者**帖木兒**從盜賊團首領當起，最終打造出一代大帝國，是一名軍事天才。據說年紀尚輕的他即使傷了右腳，手臂上也有道嚴重傷口，仍以「猛漢」之姿踏上戰場。就連後來發展成大帝國的鄂圖曼土耳其，也完全拿帖木兒沒轍，曾在安卡拉之戰潰敗至體無完膚，直逼滅亡。帖木兒後來在進攻中國明朝的途中病死，倘若真的發生對戰，相信他跟永樂皇帝（明成祖朱棣）必定會有一場「盛大對決」。

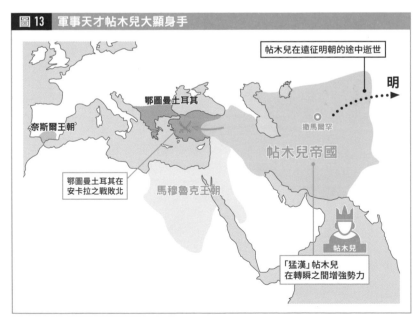

圖13　軍事天才帖木兒大顯身手

帖木兒在遠征明朝的途中逝世

明

鄂圖曼土耳其

奈斯爾王朝

撒馬爾罕

帖木兒帝國

鄂圖曼土耳其在安卡拉之戰敗北

馬穆魯克王朝

帖木兒

「猛漢」帖木兒在轉瞬之間增強勢力

突厥王朝確定版，
鄂圖曼土耳其的成立與擴張

第1章 歐洲歷史

第2章 西亞及伊斯蘭世界歷史

第3章 印度歷史

第4章 中國歷史

第5章 全球合而為一的時代

第6章 革命的時代

第7章 世界大戰與帝國主義的時代

第8章 近代西亞、印度

第9章 近代中國

第10章 現代世界

 ## 突厥民族國家「集大成」：鄂圖曼土耳其誕生

　　談起突厥人所建立的國家，西元 11 世紀的塞爾柱土耳其、13
世紀的「兩個奴隸王朝」皆是代表；15 ～ 16 世紀則有一巨大帝
國——**鄂圖曼土耳其**成長茁壯。

　　鄂圖曼土耳其的核心地區，是現今土耳其共和國所在的小亞細
亞半島，因此該地後來才會被稱為「土耳其」。至於現今的國家「土
耳其」，比起中亞的「突厥斯坦」地帶（編注：譯為「突厥人所居
之地」），更接近於小亞細亞半島。

 ## 何種「奇策」，得以攻陷固若金湯的都城？

　　由奧斯曼一世建國的鄂圖曼土耳其，初期曾因敗給帖木兒，一
度危在旦夕。縱然如此，到了 15 世紀中葉的「中興之祖」**穆罕默
德二世**的時代，鄂圖曼土耳其急速壯大，還成功攻入了拜占庭帝國
屹立超越千年的首都君士坦丁堡。

　　君士坦丁堡以堅強的防禦工事聞名，其狹長海灣入口的「要
塞」受到重重封鎖。然而穆罕默德二世卻未選擇從正面突破，反倒
率領多達 72 艘軍艦繞過山嶺，令船隻自陸地這側入侵海灣。

　　接著，他在海灣內部發動奇襲戰術，終於攻陷屹立不搖的君士
坦丁堡。拜占庭帝國覆滅之後，他將君士坦丁堡改稱**伊斯坦堡**，定
為首都。

緊接著，**塞利姆一世**滅了埃及的馬穆魯克王朝，**將麥加、麥地那納入國土，獲得了名義上「伊斯蘭霸主」的寶座。蘇萊曼一世**在位時，鄂圖曼土耳其邁向極盛時代。

蘇萊曼一世跟法國組成同盟，出兵包圍維也納，挑戰神聖羅馬帝國。但第一次圍攻維也納以失敗告終，帝國勢力從此開始走下坡。接著塞利姆二世在勒班陀海戰中，遭逢西班牙菲利普二世的西班牙海軍，吃下決定性的敗仗。鄂圖曼土耳其在 100 年後第二次圍攻維也納仍是失敗，國勢一蹶不振。

現在將目光移往伊朗，在帖木兒帝國滅亡後，薩法維王朝成立，以什葉派為國教。**直到現今，伊朗都是什葉派國家。**薩法維王朝建都伊斯法罕，當時，該處曾是各國人民內心憧憬的美麗都城。

圖 14　鄂圖曼土耳其的最大疆域

圍攻維也納失敗，其後步向衰微

君士坦丁堡陷落，拜占庭帝國滅亡

君士坦丁堡

鄂圖曼土耳其帝國

薩法維王朝

伊斯法罕

穆罕默德二世

穆罕默德二世、蘇萊曼一世開創極盛期

什葉派國家首都伊斯法罕繁榮發展

印度歷史

第3章　印度歷史 概述

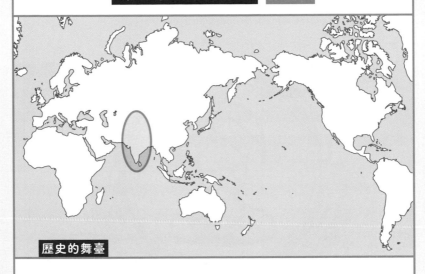

歷史的舞臺

多元民族、宗教、語言
百花齊放且兼容並蓄的印度

　　印度最大的特色，就是「多樣化但兼容並蓄」的價值觀。

　　印度的氣候，從喜馬拉雅山脈的高山，到幾乎零降雨的沙漠、世界少數的多雨地區、熱帶叢林，實在多彩多姿。此外，民族、宗教、語言、生活習慣也各有不同。

　　劃分身分階級的種姓制度、擁有諸多神祇與儀式的印度教、將各種宗教用於統治的印度王朝等，「多樣化」永遠是梳理印度歷史的關鍵之鑰。

印度古文明

阿利安人

小國分立

孔雀王朝

貴霜王朝

百乘王朝

笈多王朝

戒日王朝

分裂時代

加茲尼王朝

古爾王朝

奴隸王朝／德里蘇丹國

蒙兀兒帝國

第 1 章 歐洲歷史

第 2 章 西亞及伊斯蘭世界歷史

第 3 章 印度歷史

第 4 章 中國歷史

第 5 章 合而為一的全球時代

第 6 章 革命的時代

第 7 章 世界大戰與帝國主義的時代

第 8 章 近代西亞、印度

第 9 章 近代中國

第10章 現代世界

高度都市規畫，「印度的起源」

 超高度的都市規畫

印度古文明隸屬「四大古文明」，時間較兩河流域古文明、埃及文明稍晚一些。約 4600 年前，印度河的灌溉使人口聚集，文明因而興起。

印度河中游的旁遮普地區有哈拉帕遺址；下游的信德地區則有**摩亨佐達羅遺址。「信德」的地區名成為「印度」一詞的語源（「信德→希印德→印度」的音變過程）**。

印度古文明留有規模超越美索不達米亞和埃及的都市遺跡，除了壯麗的城堡、住宅、街道遺址，還有規畫完整的下水道網絡，在城市規畫方面成績斐然。其中留存至今的街道遺址井然有序，是由特定尺寸的磚頭堆砌而成。

 至今未能成功解讀的印度河文字

在印度古文明琳瑯滿目的出土文物當中，刻有印度河文字的印章尤其值得一書。印度河文字至今還未能辨讀，倘若未來有人辦到，或許會像解讀出古埃及文字的商博良、解讀出楔形文字的羅林森那般流芳青史。由於完整的「文章」並不多，線索幾近於零，目前在解讀工作上也已運用了人工智慧。

此外，**印度古文明的許多印章上都描繪著牛的模樣，一般認為「視牛為神獸」的印度教文化起源於此**。

深植印度的種姓制度始於此際

第1章 歐洲歷史

第2章 西亞及伊斯蘭世界歷史

第3章 印度歷史

第4章 中國歷史

第5章 合而為一的全球時代

第6章 革命的時代

第7章 帝國主義與世界大戰的時代

第8章 印度、近代西亞

第9章 近代中國

第10章 現代世界

 ## 阿利安人與達羅毗荼人

印度古文明衰微（原因眾說紛紜）後，**阿利安人**接棒，自西北部移入。

阿利安人是一支印歐民族，自中亞一帶來到印度西北部，開始在恆河流域定居下來。

他們在印度北部擴張，成就了印度文化。

另一方面，孕育出印度古文明的**達羅毗荼人**，則遷徙印度南部。

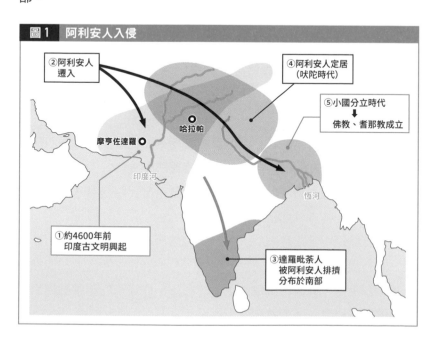

圖1　阿利安人入侵

②阿利安人遷入

④阿利安人定居（吠陀時代）

⑤小國分立時代
↓
佛教、耆那教成立

哈拉帕

摩亨佐達羅

印度河

恆河

①約4600年前
印度古文明興起

③達羅毗荼人被阿利安人排擠分布於南部

從「歌詞」一窺當時端緒

阿利安人開始在印度落地生根的時期，稱為吠陀時代。所謂吠陀，是該時代眾多宗教史料的統稱。

具體說來，《吠陀》是由敬神用「讚歌」的內容（歌詞）統合而成的一部「歌詞集」。阿利安人祈求繁榮和豐收，許願避禍無災，因而對神詠唱讚歌。歌詞集成了今日的文獻，其中以印度最古老的聖典《黎俱吠陀》最具代表性。

假使從現代算起 2500 年後的子孫，在調查 21 世紀的地層時，挖掘到了一間 CD 出租店。若能成功解讀店內的歌詞本，從歌詞之中，或許就可以知悉我們的生活型態、宗教觀等。前述的《吠陀》，已由聯合國教科文組織列為非物質文化遺產。

 ## 生產能力提升，助長階級差異

時至吠陀時代後期，人們開始學會使用鐵器，農業生產力因而有所提升。**生產力增強雖然可喜可賀，卻也衍生出將過剩農產物「占為己有」的人，以及「無力如此」的人，助長了經濟、身分階級差距的擴大。**

阿利安人社會中的身分制度稱為瓦爾納制度，大略分成四種身分：身居社會最高位階的祭司階級為婆羅門；貴族、武士等政治軍事上的支配階級為剎帝利；農民、工商業等庶民階級為吠舍；奴隸為首陀羅。上述身分即是「瓦爾納」（Varna）。

在瓦爾納中等級最高的婆羅門是婆羅門教的領袖，負責吟詠吠陀、執行儀式，是特別的角色。婆羅門教成為後來印度教的源頭。**瓦爾納制度中「婆羅門最偉大！」的思想，在後來的印度發展出了特有的階級概念——種姓制度。**

佛陀「悟道」誕生新宗教

第1章
歐洲歷史

第2章
西亞及伊斯蘭世界歷史

第3章
印度歷史

第4章
中國歷史

第5章
合而為一的全球時代

第6章
革命的時代

第7章
帝國主義與世界大戰的時代

第8章
印度近代西亞、

第9章
近代中國

第10章
現代世界

 ## 對婆羅門的批判聲浪漸強

　　到了西元前 7 至 5 世紀前後，恆河流域漸有國家一一成形。這個時代有大量國家興起，因此我稱之為「小國分立」時代。之中最具代表性的**摩揭陀國**、憍薩羅國等國家，世稱「十六大國」。

　　這個時期，有個社會問題正在持續升溫：民間對於執掌婆羅門教的眾婆羅門，批判聲浪日漸強烈。

　　「負責詠唱吠陀、主掌祭儀的我們最了不起！」婆羅門愛逞威風，導致民心漸離。民眾進而尋求新的信仰對象，以取代婆羅門教。

 ## 悟道的宗教，佛教誕生

　　此時登場的是**喬達摩‧悉達多**，也就是「**釋迦牟尼**」，或稱「佛陀」。他批判婆羅門教的權威主義，**主張個人行正道方能開悟，自生命的苦痛中「解脫」。**

　　釋迦牟尼生為王族，在捨棄宮廷生活後出家，以圖認真面對生、老、病、死等「生而為人的根源苦痛」。

　　接著他想通了：「人生的苦痛與空虛，都是來自煩惱，也就是因為有『欲望』。」因為有食欲，肚子餓了會痛苦；因為有性慾，無法滿足時會痛苦。因此，他展開了嚴格苦行以消滅欲望。不過，為了消除食欲而斷食，卻會導致肚子愈來愈餓，增生欲望。

　　止住鼻息，令身體痛苦到瀕臨死亡，對生命的執念會愈加膨

胈。在瀕臨死亡的苦行尾聲，他終於領悟到：「**愈想捨棄欲望、消滅欲望，欲望愈會將人束縛。要消滅『捨棄欲望的這層欲望』，就必須適度滿足欲望，但不求超過限度。**人所要做的，僅有遵循正道。」的這番想法，在剎帝利階層中廣為流傳，成為統治階層的精神寄託，使佛教的信仰逐漸成形。

 ## 對婆羅門的批判，還孕育出了另一個宗教

人們對於婆羅門教的批判，除了佛教外，還孕育出了另一個宗教：**耆那教**。

筏馱摩那（編注：即摩訶毘羅）創立這門宗教，主張應貫徹「完全尊重生命」（不殺生）和「無所有」等戒律。其「貫徹戒律」的概念，衍生出了耆那教特有的「苦行」。

相對於佛教「適度滿足欲望，但不求過度」的想法，**耆那教則認為「若要斷食，做到死亡才是理想」，在想法上更為「極端」。**

這種教義稱為「無所有」，說來不可思議，卻在吠舍階級，尤其是商人之間廣泛傳開。直到現代，在印度仍然有約 400 萬名信徒。這門宗教的前提是「無所有」，因而衍生了不可思議的現象，許多人「不使用金錢，最後成了大富翁」。

 ## 為改革婆羅門教而生，《奧義書》的哲學思想

婆羅門教這邊，也沒有默默承受批判。在婆羅門階級之中，亦有人對權威主義、揮金如土的眾婆羅門表達不滿。由婆羅門教內部改革所孕育出的一套想法，就是**《奧義書》的哲學思想**：呼籲眾婆羅門別只是行禮如儀地詠唱吠陀，更要尋求哲學性的思維，成為堂堂正正的宗教人士。

首度「統一」印度的巨大王朝

第1章
歐洲歷史

第2章
西亞及伊斯蘭世界歷史

第3章
印度歷史

第4章
中國歷史

第5章
合而為一的全球時代

第6章
革命的時代

第7章
世界大戰與帝國主義的時代

第8章
印度近代西亞、

第9章
近代中國

第10章
現代世界

 印度「第一個」統一王朝

在印度過往分散並立的國家中，終於出現了整合全土的「統一國家」。

一切始於版圖橫跨歐亞的「亞歷山大帝國」。

亞歷山大在東征中消滅波斯，其後兵臨印度；印度若繼續維持分裂狀態，恐將難以抗衡。產生危機感的國家於是開始結盟，攻擊、掌控弱小國家，一點一滴地團聚力量。在此之中，**旃陀羅笈多**嶄露了頭角。他擅長運用戰象，憑藉著強大的軍事能力，以「面」的形式統治印度，創立了「印度第一個統一國家」：**孔雀王朝**。第3代的**阿育王**繼續對外征戰，成功統一印度最南端以外的全土。

阿育王在整併國家時，活用了佛教的力量。 他奉佛教倫理「**法**」（Dharma）為治國理念，將「尊敬父母」、「珍惜萬物」等道德概念刻寫在石柱上（**阿育王柱**）、懸崖上（**磨崖**），欲使國家團結一心。

因此，只要循著石柱和磨崖的所在位置，就能了解孔雀王朝的統治疆域。

除此之外，阿育王也向錫蘭傳教；為了正確理解釋迦牟尼的教誨，他蒐集散佚於各地的文獻，舉辦「佛經集結」會議以編纂佛教經典，扮演著守護者的角色，協助佛教發展。

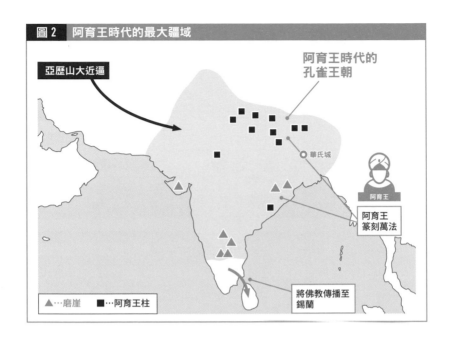

図2 阿育王時代的最大疆域

- 亞歷山大近逼
- 阿育王時代的孔雀王朝
- 華氏城
- 阿育王
- 阿育王篆刻萬法
- 將佛教傳播至錫蘭

▲⋯磨崖　■⋯阿育王柱

 東西文化交融處：犍陀羅地區

在孔雀王朝之後建立的，是**貴霜王朝**。孔雀王朝分崩離析後，伊朗裔的民族進入印度建國。

此時印度雖然是個統一的國家，國家的位置卻較靠北邊。**位置「偏北」是貴霜王朝最大的特徵。**北邊的突出地帶稱為「**犍陀羅地區**」。

犍陀羅地區的特徵是「東西交融」。此地帶位置偏北，因此**有貿易路線──也就是「絲路」通過。東西方的文化，換句話說，中國、波斯與希臘的文化因而傳入。**

「犍陀羅藝術」於此之中燦爛開花。佛像鼻梁挺立，或穿著具希臘風皺摺的衣物，可知受到希臘雕刻的強烈影響，各種藝術風格混雜共存。

貴霜王朝最有名的國王**是迦膩色迦王**。這位國王也以推廣佛教而聞名。

在迦膩色迦王的時代，**龍樹**創立了大乘佛教。在那之前，佛教的目標一直都是透過「個人悟道」而解脫；「大乘佛教」則主張透過佛教的力量解救眾生，成為日本、朝鮮、中國佛教的起源。

南印度成為東西海上貿易路線的中繼站

如同前述，貴霜王朝的位置「偏北」，因此**在印度南方，就形成了一塊「閒置空間」。**存在於該處的南印度國家，是為百乘王朝。

南印度在印度洋上是突出的地形，**該處恰巧位於該時代東西兩側的超級大國——**羅馬帝國與中國東漢海上貿易路線的中繼處，因而發揮功用，大為繁榮。

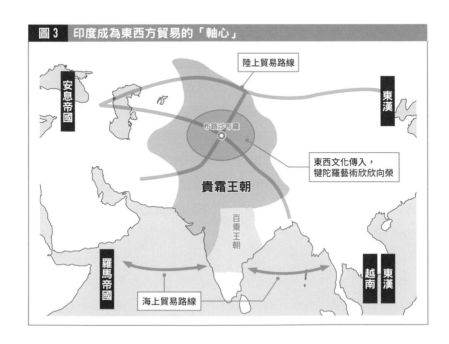

圖3　印度成為東西方貿易的「軸心」

第1章　歐洲歷史

第2章　西亞及伊斯蘭　世界歷史

第3章　印度歷史

第4章　中國歷史

第5章　合而為一的　全球時代

第6章　革命的時代

第7章　世界大戰與　帝國主義的時代

第8章　近代西亞、印度

第9章　近代中國

第10章　現代世界

印度教確立，印度古典文化綻放

 融合一切的「多神教」成立

貴霜王朝覆滅約 100 年後，笈多王朝成立。建國者名為**旃陀羅・笈多一世**，極盛期的國王則為**旃陀羅・笈多二世**。在這個時代，有別於貴霜王朝的笈多文化綻放異彩。

首先，宗教層面發生巨大變化：源自婆羅門教的印度教興起了。印度教是由原先的婆羅門教混合各種民間信仰而成。

其宗教世界中存在著**濕婆**（破壞、創造之神）、毗濕奴（維護世界之神）等，將當時民間所信仰的無數神祇（佛教的釋迦牟尼佛也被視為毗濕奴的化身）結合在一起。

由於在解釋上，釋迦牟尼佛也是印度教的神祇之一，是以佛教徒都可算是印度教徒。

印度教對該時代的《摩訶婆羅多》、《羅摩衍那》等文學作品做出宗教詮釋，並奉為聖典。此外，記述著瓦爾納，也就是各種階級義務的《摩奴法典》，也成為印度教徒的生活規範（上層階級有上層階級的規範，下層階級有下層階級的規範，這樣的概念在生活中扎根，亦成為印度階級差異難以消除的遠因）。

由於印度教僅將釋迦牟尼佛視為眾神的一員，因此佛教信仰在笈多王朝並未受到全面的推廣。不過僧侶在**那爛陀寺**研究佛教的教義，留下了**阿旃陀石窟**、**埃羅拉石窟**等「笈多樣式」的寺院與佛像等，佛教文化仍鼎盛發展。

三藏法師取經的「天竺」就在這裡！

笈多王朝遭異族入侵而瓦解後，國王**曷利沙伐彈那**（戒日王）統一了北印度，開創**戒日王朝**，但由於國家隨著曷利沙國王死亡而傾覆，成為了僅限一代的王朝。

使戒日王朝名聞遐邇的一位人物，就是中國的**玄奘**。他曾前往戒日王朝學習佛教。玄奘精通三種類別的佛典：探討佛教道德的《經》、談論釋迦牟尼佛教誨的《律》、詮釋經典的《論》，因而被冠上「三藏法師」的名號。

印度陷入長達 300 年的分裂狀態

戒日王朝滅亡後，印度陷入了約 300 年間的分裂狀態。

數個王朝生生滅滅，相互對抗。歷經分裂時代之後，最後才由伊斯蘭勢力重建了秩序。

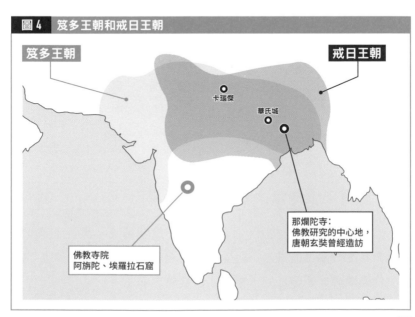

圖 4　笈多王朝和戒日王朝

笈多王朝

戒日王朝

卡瑙傑

華氏城

那爛陀寺：
佛教研究的中心地，
唐朝玄奘曾經造訪

佛教寺院
阿旃陀、埃羅拉石窟

第1章 歐洲歷史

第2章 西亞及伊斯蘭 世界歷史

第3章 印度歷史

第4章 中國歷史

第5章 合而為一的 全球時代

第6章 革命的時代

第7章 帝國主義與 世界大戰的時代

第8章 近代西亞、印度

第9章 近代中國

第10章 現代世界

印度教與伊斯蘭教的融合與分裂

 德里成為印度的重鎮

從本篇開始，印度的主角改換成伊斯蘭勢力。從 10 世紀至 11 世紀有加茲尼王朝、12 世紀有古爾王朝，伊斯蘭勢力逐漸自北印度流入。

13 世紀，原是突厥奴隸的艾貝克（Aibak）統一了幾乎整個北印度，開啟了奴隸王朝。從奴隸王朝開始約 300 年間，各王朝接連將首都設在德里，因此稱為德里蘇丹國時代。

 印度「最強」的伊斯蘭國家崛起

接著就是堪稱印度最強伊斯蘭王朝的蒙兀兒帝國。

開國之君巴布爾攻破德里蘇丹國最後的洛迪王朝，開創蒙兀兒帝國，此後統治印度超過 300 年。順帶一提，「蒙兀兒」就是「蒙古」。由於巴布爾流著蒙古人的血，使這個國家有了「蒙兀兒」的綽號。

 印度史上最偉大的「明君」阿克巴

伊斯蘭王朝蒙兀兒帝國在印度開闢了遼闊疆域，君主坐擁無窮的權力。歷任皇帝既身為伊斯蘭王朝的君主，自然想使全印度都能接受伊斯蘭教，宗教上的「摩擦」也就隨之而生。

伊斯蘭教是一神教，換句話說並不承認阿拉以外的神，倡導所有信徒皆平等。

另一方面，走過印度往昔的歷史脈絡，印度民眾向來都浸淫於印度教傳統的信仰之中。印度教是廣納各路神祇的多神教，與種姓制度，也就是階級概念密切結合。換言之，**伊斯蘭教和印度教一個是「平等的一神教」、一個是「劃分階級的多神教」，分別是兩種「全然相反的宗教」。**

對蒙兀兒帝國而言，隨著統治範圍擴張，兩派信徒水火不容的對立也隨之激化，釀成了令人相當頭痛的問題。

因此，第三代皇帝**阿克巴**，便企圖扮演兩派教徒的和事佬。信仰伊斯蘭教的他娶印度教徒為妻，**廢除伊斯蘭世界「對異教徒課徵人頭稅」的舊例**，實現了伊斯蘭教徒和印度教徒的稅制平等，致力促進宗教和諧。此外他也遷都**亞格拉**，提升帝國的中央集權程度。阿克巴促成宗教調和，並為國家帶來穩定，這項功績使他成為**印度史上最偉大的明君**。

 ## 皇帝建造「全球最美的陵墓」

第五代的沙賈漢是因「陵墓」而聞名的皇帝。沙賈漢因愛妻慕塔芝瑪哈之死深感悲痛，於是以白色大理石建造了「全球最美的陵墓」泰姬瑪哈陵。

沙賈漢原本打算在河的對岸以黑色大理石再建一座黑色的泰姬瑪哈陵（從航空照片可見，已確實劃設建築基地），但建造泰姬瑪哈陵的費用（據說在 22 年間持續僱用了兩萬名工匠）已使國家預算見底。接著，憂心家國未來的皇子奧朗則布發動政變，將父親監禁了起來。遭到兒子背叛的沙賈漢死後，棺木被放進泰姬瑪哈陵內，長眠於妻子身旁。

野心勃勃的奧朗則布不僅對父親發動叛變，踏上遠征之路，成功開闢出蒙兀兒帝國的最大疆域。

　　奧朗則布是一名熱情又虔誠的伊斯蘭教徒，因此他否決蒙兀兒帝國先前共容的宗教政策，嚴格統治跟伊斯蘭文化抱持相反思維的印度教徒。

　　他恢復印度教徒的人頭稅，使多神教徒在稅制上承受差別待遇，導致占印度人口將近九成的印度教徒齊聲反彈，各地叛亂頻起。

　　在奧朗則布的治世期間，英國控制了孟買、加爾各答，法國則支配昌德納加、朋迪治里等城市，印度開始殖民地化。「盛極必衰」，是對奧朗則布統治時代的一句貼切形容。

圖 5　蒙兀兒帝國的最大疆域

蒙兀兒帝國

自德里遷都阿格拉

德里

阿格拉

阿克巴的統治疆域

阿克巴

奧朗則布的最大疆域

奧朗則布

沙賈漢建設泰姬瑪哈陵

中國歷史

第4章　中國歷史　概述

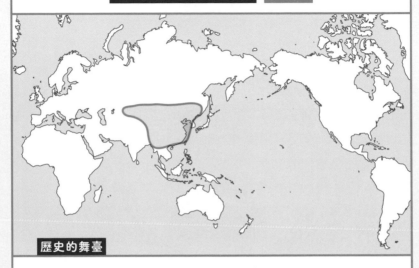

歷史的舞臺

中國歷史

受君主稟性影響甚鉅

　　中國史最重要的關鍵字，在於「君主的稟性」。

　　中國坐擁壯闊疆域與龐大人口，權力容易集於一人之手，君主的稟性經常直接反映在為政風格上。

　　基於此故，由優秀君主統治國家就穩定發展，出現愚蠢國君則國力衰微，這兩種劇碼，總在中國歷史中反覆上演。

　　諸如改革雷厲風行的君王、為政寬容的君王、愛美人不愛江山的君王，連其他國家都試圖仿效的明君等，類型相當多元。

| 長江文明 | 黃河文明 |

| | 商 |

| | 周 |

春秋、戰國時代

秦

西漢

東漢

| 吳 | 蜀 | 魏 |

晉

| 南朝 | 五胡十六國 |
| | 北魏 |

隋

唐

五代十國

| 北宋 | 遼 |

| 南宋 | 金 |

元

明

清

遭北方民族征服的朝代

兩條大河
孕育高度文明

 黃河文明與長江文明

北黃河，南長江，這兩條代表著中國的大河，孕育出古代文明，各朝代在漫漫時光中的興亡舞臺。

北部的黃河流域降雨量少，不適合栽植稻米，主要種植黍麥等耐旱作物。

南部的長江流域則氣候溫暖、降水量多，主要種植稻米。

前往中國旅行時，會發現北方主要食用麵類（小麥），南方則多會炊煮米飯；從飲食層面也能感受出中國南北的文化差異。

北方**黃河文明**的文化發展，分成兩個階段。

前半期的**仰韶文化**，使用名為**彩陶**的紅色素燒陶器；後半期的**龍山文化**，則使用名為**黑陶**的黑色高溫燒造陶器。

仰韶文化時期曾有零星分布的豎穴式半穴居，到了龍山文化的後半段，聚落開始成形，稱為**城邑**。

南方的**長江文明**，則發展出**河姆渡文化**與**良渚文化**。出土文物包括土器、祭儀用品，看得出已建構出國家的原型。

一邊是「河、女、母」的文化，一邊是「優良的渚（水中的小塊陸地）」的文化，想來必定是一塊結實豐碩的土地。

兩大王朝
「因耽溺美女而滅亡!?」

第1章
歐洲歷史

第2章
西亞及伊斯蘭世界歷史

第3章
印度歷史

第4章
中國歷史

第5章
全球合而為一的時代

第6章
革命的時代

第7章
世界大戰與帝國主義的時代

第8章
近代西亞、印度

第9章
近代中國

第10章
現代世界

商朝因暴君而滅亡

如同前述,黃河文明後期出現了大量的「城邑」,規模較大、具領導力量的城邑——粉墨登場。**商朝就是一個由「大邑」征服其他城邑所建立的王朝。**

有位學者在市面上販售的漢方藥材中,發現古老龜甲和動物骨頭的表面刻有未知文字(**甲骨文**),於是前往貨源尋覓,挖掘後,發現了商朝的都城遺址(**殷墟**)。

商朝對祭神極為熱切,人們將龜甲和動物的骨頭用作「**神權統治**」的道具,將這些物品燒出裂痕,根據裂開的樣貌來占卜吉凶,作為施政的依據。

此外,在這個中國歷史的初始階段,竟已出現極度精巧、連當代技術也難以重現的青銅器,這點同樣令人震驚。

商朝的最後君王紂王,是中國古籍中「暴君」的代表人物。

據說紂王沉溺於絕世美女姐己(他與姐己設宴時,在庭園中安排注滿酒的池子,並在所有樹上掛滿了肉,極盡奢侈之能事,即是「酒池肉林」一詞的由來),終因疏於政治而滅亡。

周朝:「大家族」般的統治方式

武王討伐商朝後所成立的朝代,是為周朝。**周朝分成隆盛一世的前半段,以及日漸衰弱的後半段;前者稱「西周」,後者則稱「東**

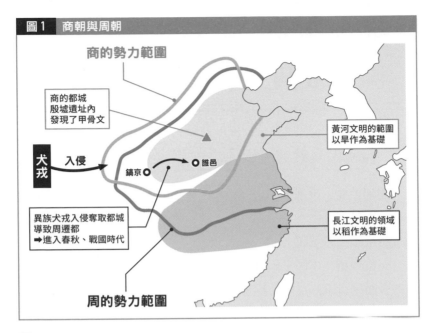

圖1　商朝與周朝

商的勢力範圍

商的都城
殷墟遺址內
發現了甲骨文

黃河文明的範圍
以旱作為基礎

犬戎　入侵

鎬京○　　○雒邑

異族犬戎入侵奪取都城
導致周遷都
➡進入春秋、戰國時代

長江文明的領域
以稻作為基礎

周的勢力範圍

周」。

　　西周的王朝採取名為封建制的統治體系，將土地分封給家臣，賦予地方統治權。這跟前述歐洲的封建制相同，但**周朝的特徵是講求血緣親疏**。

　　國君會派任血脈相連的人物擔任統治地方的諸侯；諸侯也一樣，會將手中領土分配給具有血緣關係的家臣（編注：卿大夫、士），令其治理。換句話說，**國家是由擁有共同祖先的「大家族」一同治理**。這樣的血緣團體稱為「**宗族**」，人們相當重視用以增強聯繫的「宗法」制度。

　　西周同樣因君王耽於美色而逐步衰微，之後遭異族入侵奪去了都城。因為商朝和周朝的亡國故事，後世因而有了「傾國」美女這個說法。

　　「統治者沉溺於美色，疏忽國政，導致國家滅亡」，這個模式在隨後的中國歷史上也將反覆出現。

綿延 500 年，中國史上最大戰亂時代

第1章 歐洲歷史

第2章 西亞及伊斯蘭世界歷史

第3章 印度歷史

第4章 中國歷史

第5章 合而為一的全球時代

第6章 革命的時代

第7章 世界帝國主義與大戰的時代

第8章 近代西亞、印度

第9章 近代中國

第10章 現代世界

 打著君王名號相爭的春秋時代

西周末年由於都城鎬京遭異族犬戎攻陷，遷都東邊的雒邑，因此稱為「東周」，為中國長達 500 年的戰亂時代「**春秋戰國**」揭開了序幕。

春秋時代，各方諸侯尚且尊重「正統」的周天子，因此打著「守護周王室不被異族侵略」的名義，**處於拐彎抹角的戰亂狀態，「透過戰事決定最有能力守護周王室的人（霸主）」。**尊重周天子、抵抗異族的行為理念稱為「**尊王攘夷**」，這個口號在日本也曾出現過，意思是驅趕外國勢力、守護朝廷。在「霸主」中實力最堅強的齊桓公、晉文公等人，世稱「春秋五霸」。

 情勢生變，爭奪中國最高寶座

由春秋進入戰國時代的轉捩點，局勢有了三個變化。

第一個變化，是「**以下犯上的局勢**」。春秋時代勢力最強大的晉國遭到家臣篡奪後，分裂成**韓**、**趙**、**魏**這三個國家；**下位者打倒上位者，弱肉強食的氣氛持續蔓延。**

第二個變化，是開始「使用**鐵製農具**」，農業生產力因而大幅增加。民間一直以來所使用的青銅器農具，容易缺角或折斷，本來就不適合農業用途。

生產力躍進也使農產品的爭奪越發白熱化。農業不再使用的青

銅器，可以轉作何種用途呢？那也就是第三個變化，「**青銅貨幣誕生**」。青銅有著黃金般的光澤，最適合當成貨幣。從那之後，人們以銅錢累積財富，爭奪行為愈演愈烈。

 ## 秦從亂戰中脫穎而出

春秋時代，諸侯尚且尊重周王室，頂多只會爭執彼此的排序。然而進入戰國時代，周天子威嚴盡失，諸侯開始排除周王朝，爭奪起真正老大的寶座。韓、魏、趙、秦、楚、齊、燕等七個強國是人稱「**戰國七雄**」的強大諸侯，各國致力於富國強兵，目標一統天下。

其中突圍而出的最強國家，是秦國。秦在七雄中位於最西方，由於騎兵精良、使用高流通性的圓形貨幣，並且採用法家思想、依法統治，聲勢步步登頂，搶下了戰國時代多方混戰的勝利寶座。

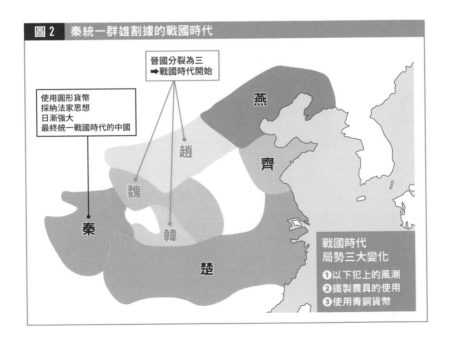

圖2　秦統一群雄割據的戰國時代

晉國分裂為三
➡戰國時代開始

使用圓形貨幣
採納法家思想
日漸強大
最終統一戰國時代的中國

燕

趙

齊

魏

秦

韓

楚

戰國時代
局勢三大變化
❶以下犯上的風潮
❷鐵製農具的使用
❸使用青銅貨幣

擔任君王「智囊團」的眾思想家

第1章 歐洲歷史

第2章 西亞及伊斯蘭世界歷史

第3章 印度歷史

第4章 中國歷史

第5章 合而為一的全球時代

第6章 革命的時代

第7章 帝國主義與世界大戰的時代

第8章 近代西亞、印度

第9章 近代中國

第10章 現代世界

霸王的智多星：諸子百家登場

　　春秋、戰國時代出現了多如繁星的思想家（**諸子百家**）。**各國君王會將思想家延攬到國內，尋求整合國家、成為強國的建議。**眾統治者除了「戰勝的方法」，更會詢問「如何才能讓君王的指示傳遍全國？」抑或是「該如何增進臣子的團隊合作？」等團隊經營訣竅。思想家就是「指導統治者團隊經營之道」的一群人。

諸子百家① 儒家以「階級關係」鞏固國家

　　談起諸子百家的代表，自是**孔子**所創始的「**儒家**」。**他們的基本概念是「建立主從關係可使國家穩定」**，主張只要透過父子、師生、君臣等主從關係建立秩序，國家就能穩定發展。

　　為此，孔子重視的是，**君王以「德」治理（德治）、家臣行為守「禮」（禮法）。**儒教思想在江戶時代引進日本，日本的學校教育也受此強烈影響，因而講求「老師將書教好」、「學生敬重老師，在行為中展現禮節」。

　　儒家隨後誕生了孟子、荀子這兩位思想家。**孟子**倡導人心本善的**性善說**，**「君主若行善政，臣子受到感化，自然必會守禮」**；相對於此，**荀子**則倡導人心本惡的**性惡說**，他認為**「人會自然守禮的想法太過天真。一開始就必須先令其遵從禮法，其後君主才會有德」**，主張應先從整頓規範著手。

諸子百家② 法家主張守法最重要

以荀子的想法往下推演，就會得出「**君主不論行善政或行惡政，想要維持社會秩序，就必須要有『規範』，也就是要讓眾人守法**」的概念。**商鞅**、**韓非**、**李斯**都主張「法」的重要性，因而被稱為「**法家**」。尤其效力於秦國的商鞅，更助秦國成為法治國家，國力成長茁壯。

 ## 諸子百家③ 墨家認為沒有差別的「愛」最重要

墨子所主導的**墨家**，對倡導國家必須建立「主從關係」秩序的儒家展開批判。**墨家提倡沒有差別、平等的愛（稱為「兼愛」），反對儒家將主從關係（在人的身分和立場套上階級）視為統治手段的想法。**

 ## 諸子百家④ 道家主張順其自然才是好

老子和**莊子**認為**自然無為**才是最好，他們批判禮法、道德等儒家的人為秩序。道家思想其後與各類思想結合，成為了民間宗教**道教**的起源。

除此之外，諸子百家還包括了論述外交政策、幫助國家彼此結盟、煽動國家彼此對立的**縱橫家**（蘇秦、張儀）；探討致勝方式的**兵家**（吳子、孫子）；透過「陰」與「陽」論述人類社會各種現象的**陰陽家**（鄒衍）；論述農業技術的**農家**（許行）；倡導邏輯學的**名家**（公孫龍）等。各國君主皆會向上述諸子百家尋求建議，以圖壯大國家勢力。

首度「統一」中國的 始皇帝

第1章 歐洲歷史

第2章 西亞及伊斯蘭世界歷史

第3章 印度歷史

第4章 中國歷史

第5章 合而為一的全球時代

第6章 革命的時代

第7章 帝國主義與世界大戰的時代

第8章 近代西亞、印度

第9章 近代中國

第10章 現代世界

中國「首位」皇帝：始皇帝

在春秋、戰國漫長的戰亂過後，秦國的**始皇帝**統一中國全境，造就了**南到北一體，「中國第一個統一朝代」。**

始皇帝並不是從一開始就叫做「皇帝」。秦王名「政」，他滅掉「戰國七雄」的其餘六國，在統一天下後才自稱皇帝。

中國從此時開始，即產生了「中國南北合為一體，由把持大權的皇帝治理」的國家體制。

想要「一統」中國！

始皇帝在都城**咸陽**建造巨大宮殿「阿房宮」後展開了統治。

其統治方式甚有「始」皇帝的風範，施政著重在整合向來零零碎碎的中國。

舉例而言，在戰國時代，七雄曾分頭打造各自的貨幣、文字、重量及長度單位，甚至連車輪的寬度都不同。始皇帝將貨幣統一定為「半兩錢」，文字則定為「小篆」。除此之外，**他嘗試透過非血緣的官僚制，也就是「公務員」的組織來治理中國，施行全國分郡、郡中分縣的郡縣制，構築起了皇帝命令足以施行全國的中央集權國家。**

接著，他為了提防北方民族，將戰國時期各國自行建造的長城連接起來，修築成**萬里長城**。

活埋儒士毫不留情

　　始皇帝跟秦國先王秦孝公一樣，採納了**法家**的思想。他任命法家的**李斯**擔任丞相（職位最高的大臣），採行嚴格的法治主義。

　　另一方面，他極力打壓儒家，燒毀儒家書籍（**焚書**），將儒生埋入坑裡殺害（**坑儒**）。**法家的基本理念是「不論君主是何種人物，法就是法」；儒家的理念則是「臣子要對君王盡禮，但君王也必須用心於善政」。簡單說來，儒家就等同於對君王主張著：「君王也必須好好統治才行！」**這等同於對皇帝的批判，觸怒了始皇帝，因而遭受迫害。

 ## 激進改革引發民眾抗拒

　　始皇帝的施政將中國合而為一，奠定了中國此後的基礎；但這般猛烈的改革，自然也引發了社會的反感。

　　建造長城、道路等土木工程必須動用大量人力，使得民眾苦不堪言，再加上繳稅哪怕只要稍遲了點，就會受到法律的處罰。始皇帝的統治方式，使民眾的不滿逐步升溫。

　　終於在民怨四起下，**陳勝、吳廣之亂**爆發了。

　　這是一場被動員戍守長城的農民所發起的叛變。

圖3　始皇帝的中央集權制

始皇帝

直接任命官吏，像左膀右臂般統治全國！

任命

郡　郡守　縣　縣　縣

第1章
歐洲歷史

第2章
西亞及伊斯蘭世界歷史

第3章
印度歷史

第4章
中國歷史

第5章
合而為一的全球時代

第6章
革命的時代

第7章
帝國主義與世界大戰的時代

第8章
近代西亞、印度

第9章
近代中國

第10章
現代世界

當時農民們因大雨耽擱了軍人召集報到的時日，秦朝法律規定：遲到者處以死罪，陳勝和吳廣於是認為「反正都是死罪，不如起來反抗！」因而興兵造反。最初團隊約有 900 人，一個月後就增長至數萬人的規模。不過，由於這場叛變缺乏規畫，陳勝和吳廣又發生內訌，最終遭到鎮壓。

這場叛亂終究開了先例，促使對秦朝不滿的人士開始接連興兵。**項羽、劉邦**等名垂後世的大人物逐一興起，最終將秦朝逼向滅亡。

其後，項羽和劉邦展開激烈競爭，具人望優勢的劉邦打敗具武勇優勢的項羽，共計達 400 年的漢朝揭開序幕。秦朝就這樣在短短 15 年內灰飛煙滅。

始皇帝急躁的改革使秦朝短命告終，漢朝則活用了秦所創建的政治體系和社會體制，成了「長命的王朝」。

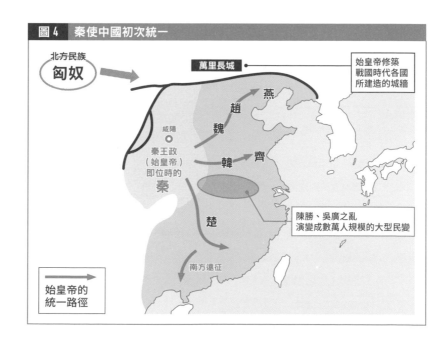

圖4　秦使中國初次統一

北方民族
匈奴

萬里長城

始皇帝修築戰國時代各國所建造的城牆

燕
趙
魏
齊
韓
楚

咸陽
秦王政（始皇帝）即位時的秦

陳勝、吳廣之亂演變成數萬人規模的大型民變

南方遠征

始皇帝的統一路徑

中國的代表性王朝，「漢字」、「漢文」、「漢民族」流傳萬世

 「放任」地方統治，反而引發叛亂

劉邦戰勝項羽後以長安為都，建立了漢朝。

劉邦生為農民，雖曾一度淪為盜賊，卻藉著人品坐上皇帝之位。當時的國名為「漢」，之後漢朝曾暫時消滅，隨後回歸，因此前半期的漢朝稱為「西漢」。劉邦也被稱為「**漢高祖**」，意為「開創『漢』這個偉大王朝的人物」。

秦朝因激進的中央集權招致叛亂，漢高祖記取這番教訓，採取

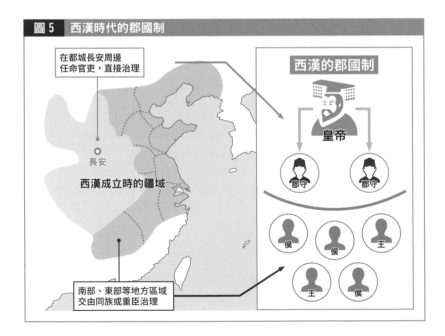

圖 5　西漢時代的郡國制

在都城長安周邊
任命官吏，直接治理

長安

西漢成立時的疆域

南部、東部等地方區域
交由同族或重臣治理

西漢的郡國制

皇帝

郡守　　郡守

侯　　侯　　王

王　　侯

第1章
歐洲歷史

第2章
西亞及伊斯蘭
世界歷史

第3章
印度歷史

第4章
中國歷史

第5章
全球合而為一的時代

第6章
革命的時代

第7章
世界大戰的時代
帝國主義與

第8章
近代西亞、印度

第9章
近代中國

第10章
現代世界

郡國並行制，令官僚制僅限於都城周圍，地方上則「放任」宗親及有功績的重臣去治理。

不過，在高祖死後，「受任」統治地方的重臣、地方上的「諸侯」掀起了叛亂（七國之亂），導致西漢剝奪地方諸侯的權限，逐漸成為實質的中央集權國家。

西漢黃金時期：武帝的時代

西漢的黃金時期，出現在第七代君王漢武帝在位時期。

漢武帝能力優異且野心勃勃，如同「武」這個名號，他征服越南、朝鮮，成功擴張統治疆域，並與北方的游牧民族匈奴展開激戰。

匈奴是漢朝最大的敵人，曾經多次入侵至萬里長城內側，就連建國英雄劉邦也都曾敗給匈奴。

武帝為了打贏匈奴，使出了「撒手鐧」。他派出使者張騫，試圖與遙遠中亞的大月氏組成同盟，藉以夾擊匈奴。

當張騫意氣昂揚地從長安出發時，一切尚且安好，但他隨即被匈奴捕捉，遭拘留長達 11 年。

匈奴王欣賞張騫的為人，他重用張騫，不僅除其死罪，甚至賜妻（連小孩也生了）。

不過，張騫可沒有忘記自身肩負的使命。他找到機會逃出匈奴的領地（雖然老婆很可憐），幾經努力後，抵達了大月氏所在之處。

由於大月氏過去也曾因匈奴吃了不少苦，本以為要和他們聯手絕對不成問題。怎知大月氏早已成為富庶的貿易國家，對匈奴喪失了復仇之意，同盟協議因而破局。

失意的張騫隨後返漢，結果命塞時乖，再一次遭到匈奴捕捉，還好隨後再找機會逃走，終於平安回到漢朝的國土。

漢朝雖然沒能跟大月氏結成同盟，張騫從西域帶回的情報，卻

促成了漢武帝往西方擴張勢力的想法。

　　武帝對國內政治同樣不遺餘力。他將鹽、鐵、酒收歸國營專賣，提升了國庫收益，並發行新貨幣。他覺得應該「透過儒學的主從關係建立國家秩序」，於是將儒學設為官學，向眾官吏推廣儒學之道，當成治國理念。

 ## 宦官使政治逐漸腐敗

　　武帝死後，宦官和外戚開始插手政事，導致西漢日漸衰微。「宦官」是一群「生殖能力遭到剝奪的男人」（以免與皇后或眾女官發生「男女情事」），負責照料皇帝的私生活。

　　宦官認為「既然無法留下後代，不如趁活著的時候享盡權力、奢侈度日」，於是藉著在皇帝身旁的優勢，開始干涉政治。

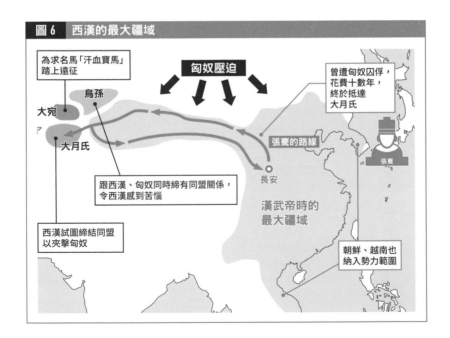

圖 6　西漢的最大疆域

為求名馬「汗血寶馬」踏上遠征

匈奴壓迫

烏孫

大宛

大月氏

曾遭匈奴囚俘，花費十數年，終於抵達大月氏

張騫的路線

張騫

跟西漢、匈奴同時締有同盟關係，令西漢感到苦惱

長安

西漢試圖締結同盟以夾擊匈奴

漢武帝時的最大疆域

朝鮮、越南也納入勢力範圍

東方大帝國崛起，與西方羅馬帝國並駕齊驅

第1章 歐洲歷史

第2章 西亞及伊斯蘭世界歷史

第3章 印度歷史

第4章 中國歷史

第5章 合而為一的全球時代

第6章 革命的時代

第7章 帝國主義與世界大戰的時代

第8章 近代西亞、

第9章 近代中國

第10章 現代世界

 ## 雖「新」仍「舊」？西漢與東漢間的王朝

西漢衰敗後，**王莽**篡奪了帝位，創建「新朝」，但理想上卻跟國名相反，反而嚮往著昔日的「周」王朝。

新朝採行牽強的復古政治，不論在政治或經濟上，都企圖回歸1000 年前的狀態，因而隨即引爆叛亂，僅維持了短短 15 年。王莽所想做的事情，若以現代日本為例，就好比政治人物企圖強逼社會回到 1000 年前的平安時代那般。如此想來，便可明白王莽的施政為何折翼。

 ## 東漢成為「東方」大帝國

讓新朝覆滅的叛亂，稱為**赤眉之亂**。

與這場亂事同一時間，漢朝的子孫**劉秀**也東山再起。他生性不愛出頭，據說臣子曾兩度懇請他即位稱帝，但他一概拒絕，直到第三次才終於頷首，坐上王位。

他所建立的王朝史稱為**東漢**，並捨棄因戰亂而荒廢的長安，定都**洛陽**。光武帝劉秀注重內政，對戰爭深惡痛絕，甚至禁止眾人在他面前提到「戰爭」一詞。在他的經營下，國家迎向繁榮盛世。

東漢時期，東西方分別存在著「東漢王朝」與「羅馬帝國」這兩大帝國；兩國間的交流，使位居其間的國家也隨之繁榮，是為該時代的特徵。

東漢的西域都護（統轄西方各國事物的職位）班超曾派遣部下甘英前往羅馬帝國，試圖建立外交關係，羅馬皇帝奧里略同樣派遣使者前來。接著日本也派使者前往東漢，獲授了「漢倭奴國王」的金印。

不過，東漢終究步上了西漢的後塵，遭到宦官與外戚所把持。

東漢的皇帝個個年幼，宦官和外戚可輕而易舉地在背後動手腳操弄政治（關於即位年齡，漢光武帝之後的漢明帝是在30歲即位，但隨後卻都是些年幼的皇帝，年齡分別為：19歲、10歲、0歲、13歲、10歲、2歲、7歲、14歲、12歲、8歲）。

幕前的「官吏」因此起而批判幕後的「宦官」，進而引發了「黨錮之禍」事件。

各地叛亂接二連三，宗教組織太平道所主導的黃巾之亂，帶動群雄崛起，邁入了「三國」的戰亂時代。

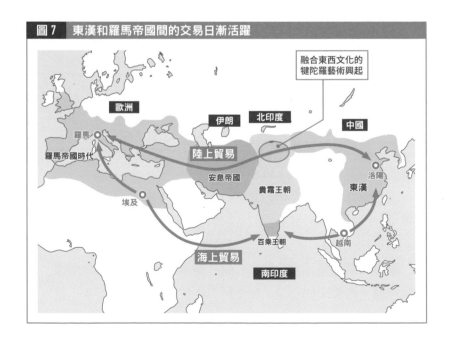

圖7　東漢和羅馬帝國間的交易日漸活躍

融合東西文化的犍陀羅藝術興起

歐洲　伊朗　北印度　中國

羅馬　陸上貿易

羅馬帝國時代

安息帝國　洛陽

東漢

埃及　貴霜王朝

百乘王朝　越南

海上貿易

南印度

劉備、曹操、孫權 爭天下的三國時代

第1章 歐洲歷史

第2章 西亞及伊斯蘭世界歷史

第3章 印度歷史

第4章 中國歷史

第5章 合而為一的全球時代

第6章 革命的時代

第7章 帝國主義與世界大戰的時代

第8章 近代西亞、

第9章 近代中國

第10章 現代世界

 三國時代

從這裡開始，就進入了在歷史迷間熱門程度堪比日本史戰國與幕末時代的「三國時代」。

小說、漫畫、遊戲中的三國題材，皆是以明朝小說《三國演義》為腳本，小說中某些部分跟史實有所出入，但仍激發了許多人對中國史的興趣。

東漢末期的黃巾之亂引發戰事，各地群雄揭竿而起。

在群雄中嶄露頭角的，包括了擁有華北的**曹操**、擁有四川的**劉備**、持有江東的**孫權**這三人。就國力關係而言，約是曹操7、劉備1、孫權2的比例，曹操的國力具有絕對優勢。

在如此不利的情況下，劉備仰賴著軍師諸葛亮、關羽、張飛等豪傑的支持，向戰力超群的魏國發動戰爭，這是小說《三國演義》最大的魅力所在。

其間，劉備和孫權的聯軍在「赤壁之戰」大破曹操軍的場景，成為整部故事的高潮，在電影《赤壁》中也可窺見一斑。

 「三國」中無人得勝

曹操之子**曹丕**獲得東漢獻帝禪讓帝位（雖然對方不是自願的），建立了「**魏**」王朝；**劉備**為了與之對抗，同樣自稱皇帝，建立「**蜀**」國；**孫權**也即位為帝，建立「**吳**」國，形成三國鼎立的「三

147

國時代」。不過這次對戰的最終勝利者，卻不是三國中的任何一方——魏國臣子**司馬炎**在篡奪魏國後建立**晉**朝，再次統一了中國。

 ## 三國時代，民眾「生靈塗炭」

三國時代有英雄豪傑互爭天下，對現代的我們而言，是個魅力十足的有趣時代。

不過，對於連遭動員參戰的百姓而言，根本是場惡夢。東漢末期的中國人口原有 5500 萬人以上，進入戰亂、疫病蔓延的三國時代後，中國全境淪為戰場，人口銳減至 800 萬人。

當然，這 4700 萬人應該並非全員死亡，因亂世而無法掌握的人數，應該也被計入了死者之列。即使如此，我們還是可以了解到，這對百姓而言曾是多麼痛苦的時代。

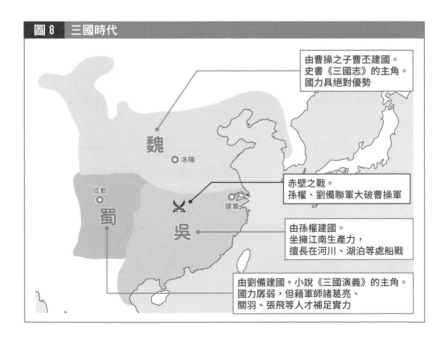

圖 8　三國時代

由曹操之子曹丕建國。史書《三國志》的主角。國力具絕對優勢

赤壁之戰。孫權、劉備聯軍大破曹操軍

由孫權建國。坐擁江南生產力，擅長在河川、湖泊等處船戰

由劉備建國。小說《三國演義》的主角。國力屢弱，但藉軍師諸葛亮、關羽、張飛等人才補足實力

魏　○洛陽
蜀　○成都
吳　○建業

異族接連入侵，晉朝南北分裂

第1章 歐洲歷史

第2章 西亞及伊斯蘭世界歷史

第3章 印度歷史

第4章 中國歷史

第5章 合而為一的全球時代

第6章 革命的時代

第7章 世界大戰與帝國主義的時代

第8章 近代西亞、印度

第9章 近代中國

第10章 現代世界

 晉朝在彈指間覆滅

晉朝在終結三國時代後建國，但僅約 50 年就短命消亡。原因是司馬炎在奪得天下後變得墮落，怠於治理國家，因此在他死後，馬上就爆發了皇族爭奪權位的**八王之亂**，最終導致「萬里長城」關鍵的防守產生疏漏，異族入侵，王朝傾覆。

從這裡開始，中國進入了一段南北分裂的「南北朝時代」。

 中國「第一個」異族王朝成立

南北朝的「北」朝，由稱為「五胡」的「匈奴」、「鮮卑」、「羯」、「羌」、「氐」這五個異族接連建國，**五胡十六國時代**來臨。「萬里長城」已然失去意義，異族相爭蔓延至長江流域，建國、滅亡此起彼落，局面混亂至極。

後來穩定華北混亂局勢的人，同樣也是異族鮮卑族。拓跋氏一族建立了**北魏**這個國家，統一華北。這是異族侵入中國後正式建構王朝的第一例。在名留後世的兩位皇帝之中，太武帝以排斥佛教、尊奉民間宗教道教而為人所知。

另一方面，孝文帝為了改變鮮卑族在漢族眼中「野蠻人」的習性，決定推行「漢化」。

孝文帝將都城自北方的平城遷至黃河流域的洛陽，服裝、語言都強制仿效漢族。另外，他也保護了佛教。孝文帝憧憬漢族文化，

捨棄了自家民族的認同感，但並不受到原本北方鮮卑族人的認同，在他死後不久，北魏便形成分裂局面。

 ## 晉朝遺族在南方建立王朝

晉朝因異族入侵而滅亡，但倖存的王族**司馬睿**逃向南方，重建了晉朝，史稱**東晉**，先前的晉朝則稱「西晉」。其後依序建立「**宋**」、「**齊**」、「**梁**」、「**陳**」立朝。

一般來說中國「北方採低生產力的旱作」、「南方採高生產力的稻作」。因此，**南朝各國可說是「盡享好處」**，在長江流域豐盈生產力的撐腰之下，**發展出了繁榮的貴族文化。**

東晉的**王羲之**成就楷書、行書、草書三種書法字體，以「書聖」名號廣為人知，也在日本遠近馳名。

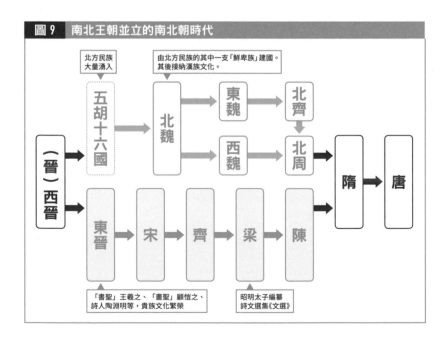

圖9　南北王朝並立的南北朝時代

北方民族大量湧入

由北方民族的其中一支「鮮卑族」建國。其後接納漢族文化。

五胡十六國 → 北魏 → 東魏 → 北齊
　　　　　　　　　→ 西魏 → 北周

（晉）西晉 → 五胡十六國
（晉）西晉 → 東晉 → 宋 → 齊 → 梁 → 陳

北周 → 隋 → 唐
陳 → 隋

「書聖」王羲之、「畫聖」顧愷之、詩人陶淵明等，貴族文化繁榮

昭明太子編纂詩文選集《文選》

隋朝兩位皇帝 「備受厭惡」但很優秀

第1章 歐洲歷史

第2章 西亞及伊斯蘭 世界歷史

第3章 印度歷史

第4章 中國歷史

第5章 合而為一的 全球時代

第6章 革命的時代

第7章 世界大戰與 帝國主義的時代

第8章 近代西亞、 印度

第9章 近代中國

第10章 現代世界

 久違的統一國家

隋朝收拾了南北朝時代的混亂局勢。在日本史當中，隋朝正是聖德太子派出「遣隋使」前往的王朝。這是中國史上扮演最大要角的朝代，政績包括制定律令、建設「大運河」等。隋朝縱使名聲響亮，皇帝卻只有文帝和煬帝兩人，是個僅僅 37 年的短命朝代。

第二代皇帝「荒誕的土木工程、遠征高句麗失敗」，更是朝代縮短壽命的原因所在，但拜此所賜，其後唐朝才擁有了穩固的基礎，得以長治久安。

 首代皇帝是奮發積極的「工作狂」

隋的開國皇帝**文帝**成功統一了中國。

他定都**長安**，終結了中國自西晉滅亡以來長達 300 年的分裂狀態。文帝的政績極為重要，為後續的長命朝代「唐」打穩了基礎。他在 40 歲時登基，經驗豐富且「積極有為」，是個天一亮就開始開會的超級工作狂。他過度投入工作，因此似乎不受部下景仰，但他仍重新扶起遭戰事踐踏至荒蕪的中國，留下了燦然功績。文帝最初所執行的改革，是結合**均田制**、**租庸調制**、**府兵制**的經營模式。

均田制是「將土地分給民眾，死後繳回的制度」；租庸調制是「令均田農民繳交穀物、布、勞動等三種稅的制度」；府兵制是「向均田農民徵兵的制度」。「**提供土地，令收受者盡到繳稅、當兵的**

義務」，文帝將先前北朝各國曾經實施的制度統合成如此明確的制度，運用在他的統治之中。

此外，文帝獎勵學問，舉辦科舉考試以評選人才為官。自漢朝以後，中國向來採用重視裙帶關係的推薦制；文帝則排斥裙帶與權力關係，改行靠實力說話的考試制度。

第二代皇帝：中國史上最大暴君

隋的第二代皇帝，是中國史上赫赫有名的最強「暴君」煬帝。煬帝是隨後唐朝為他所取的諡號。太陽的「陽」意味著「明亮」、「溫暖」等正面意涵；相對於此，「煬」這個字則有著「火烤殆盡」、「曝曬」等較為負面的意涵。從這樣的諡號，可以深切感受出這名暴君的暴戾程度。

大運河的建設，是煬帝「暴政」的代表。**「要是能連接黃河跟長江，應該會很方便吧。」**從前的皇帝應該亦有過此種想法，但實際為之必須花費龐大的預算和人力，因此沒有任何皇帝真正踏出那一步。煬帝卻將這個想法付諸實行，算是令人佩服。

但其代價卻是花費了龐大的國家預算，就連女性和小孩都遭到動員，承受殘酷的勞役，導致民間怨聲載道。

此外，煬帝也出兵遠征東北方的國家高句麗，為了運送兵力和物資，這次換從黃河流域挖掘運河，連接至北京附近。此次開鑿的運河長度，足以匹敵黃河長江間的那次，相信花費的金錢和勞役都相當可觀。煬帝投入如此成本，起兵高句麗遠征，卻大敗而返。接著各地開始叛亂頻生，隋朝因而滅亡。隋朝所建設的大運河，加劇了民眾不滿，導致政權短命消亡；但這條運河卻受到後續朝代的大幅活用，成為了物流的大動脈。後世的皇帝們，可能必須好好地感謝隋煬帝。

圖10　隋朝兩位皇帝扎穩唐朝基礎

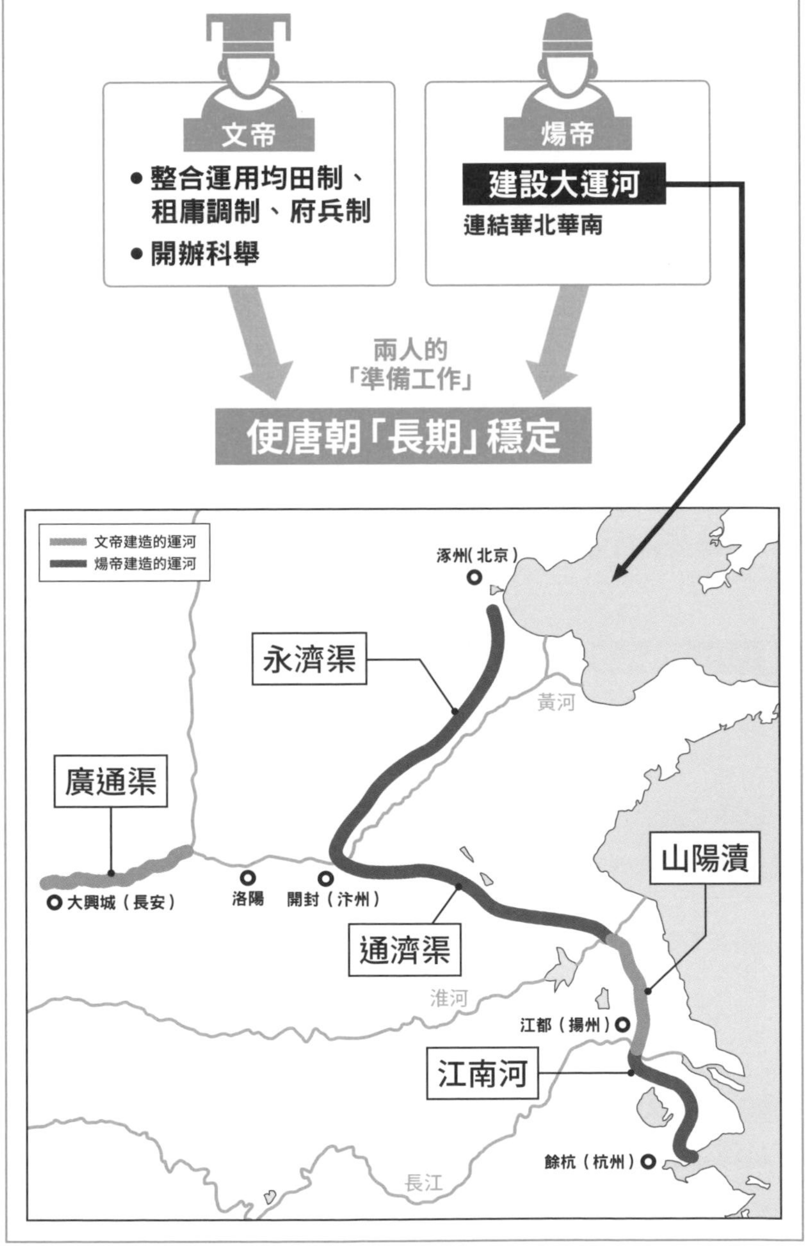

文帝

- 整合運用均田制、
  租庸調制、府兵制
- 開辦科舉

煬帝

建設大運河

連結華北華南

兩人的
「準備工作」

使唐朝「長期」穩定

文帝建造的運河
煬帝建造的運河

涿州(北京)

永濟渠

黃河

廣通渠

大興城（長安）　洛陽　開封（汴州）

通濟渠

山陽瀆

淮河

江都（揚州）

江南河

餘杭（杭州）

長江

第1章　歐洲歷史

第2章　西亞及伊斯蘭世界歷史

第3章　印度歷史

第4章　中國歷史

第5章　合而為一的全球時代

第6章　革命的時代

第7章　世界帝國主義與大戰的時代

第8章　近代西亞、印度

第9章　近代中國

第10章　現代世界

隋朝的後繼國家，大唐迎向空前繁榮

 大唐全面活用「隋朝遺澤」

接下來的唐朝，在日本以曾派「遣唐使」前往而為人所知。唐朝跟隋朝血脈相連，**繼承了政治體制、大運河等前朝遺產，可說是隋「無庸置疑」的「後繼國家」**。它不僅是單純的後繼國家，更茁壯強大，建構起長達約 300 年的穩定政權，疆土遼闊，甚至征服了東亞大部分的國家。

大唐的開國皇帝是隋煬帝的表兄弟**李淵**，他在隋末亂世中得天

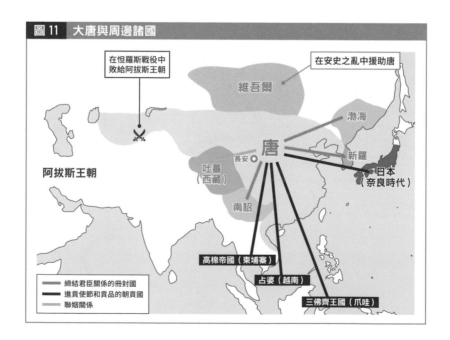

圖 11　大唐與周邊諸國

在怛羅斯戰役中敗給阿拔斯王朝

在安史之亂中援助唐

維吾爾

渤海

阿拔斯王朝

唐

長安

吐蕃（西藏）

新羅

日本（奈良時代）

南詔

高棉帝國（東埔寨）

占婆（越南）

三佛齊王國（爪哇）

—— 締結君臣關係的冊封國
—— 進貢使節和貢品的朝貢國
—— 聯姻關係

第 1 章 歐洲歷史

第 2 章 世界亞歷史及伊斯蘭

第 3 章 印度歷史

第 4 章 中國歷史

第 5 章 合而為一的全球時代

第 6 章 革命的時代

第 7 章 世界大戰的時代帝國主義與

第 8 章 印度、近代西亞、

第 9 章 近代中國

第 10 章 現代世界

下，也被稱為「唐高祖」。

第二任皇帝**李世民**人稱「唐太宗」。他穩定統治，為唐前期繁榮奠下基礎（**貞觀之治**）。其後，第三代皇帝唐高宗征服高句麗，使唐朝疆域達到最大。

 ## 大唐的政治體制，連日本也視為榜樣

大唐不僅坐擁「隋的遺澤」，**還設立了完成度極高的官僚系統，成為鄰近國家的模範**。日本也曾數度透過遣唐使，前去學習大唐的典章制度。

唐朝的官僚制度相當優秀，堪作周邊各國的典範；首先，中央政府部署了中央最高機關「**三省**」與行政機關「**六部**」（三省六部）。

所謂「三省」，包括製作皇帝命令文書（詔旨）的中書省；負責審議詔旨，決定是否執行的**門下省**；在確定施行後負責實踐詔旨的**尚書省**這三個機構。

其中，**門下省擁有偌大的權力，就算皇帝下詔，也必須在此處通過方可實行**。世家貴族，也就是上層階級的整個氏族都進入了門下省，處於獨占狀態。

在三省之中，負責施行詔旨的尚書省底下還部署了「六部」。掌管官吏任免的「吏部」、掌管戶籍和稅制的「戶部」、掌管教育和外交的「禮部」、掌管軍事的「兵部」、司掌司法的「刑部」、掌管土木工程的「工部」，**功能等同於現代政府的行政機關**。

另外，土地和兵役制度方面，唐朝將隋朝所完成的均田制、租庸調制、府兵制三制合一、搭配運用，透過刑法的律與行政法的令來統治國家（律令制）。

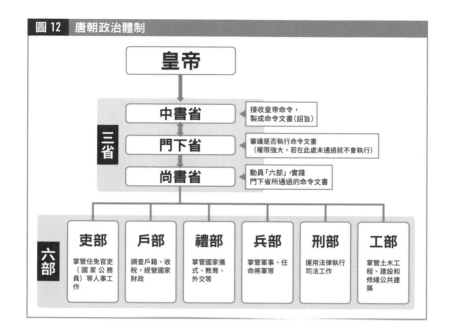

圖 12　唐朝政治體制

皇帝

中書省 — 接收皇帝命令，製成命令文書(詔旨)

門下省 — 審議是否執行命令文書(權限強大，若在此處未通過就不會執行)

尚書省 — 動員「六部」，實踐門下省所通過的命令文書

三省

六部

吏部	戶部	禮部	兵部	刑部	工部
掌管任免官吏（國家公務員）等人事工作	調查戶籍、收稅，經營國家財政	掌管國家儀式、教育、外交等	掌管軍事、任命將軍等	運用法律執行司法工作	掌管土木工程、建設和修繕公共建築

 被母親奪權、遭妻子殺害的悲慘皇帝

　　唐朝雖擁有如此優秀的官僚系統與遼闊領土，進入中葉後，聲勢就開始每況愈下。

　　國勢衰微的原因，在於第三代皇帝高宗的皇后武氏。

　　武后以漸進方式奪取丈夫的權力，終於在高宗死後，將兒子中宗、睿宗拉下皇帝寶座，自行稱帝。

　　她改國號為周，自稱「**聖神皇帝**」。**在中國史上，她是第一位也是最後一位的女皇帝，世稱武則天。**

　　武則天在位 15 年後，中宗終於重返帝位，唐朝於焉復活；然而這一次，他卻遭到皇后韋后下毒殺害。

　　中宗不僅被母親奪走帝位，還慘遭妻子毒殺，實是一位多災多難的皇帝。不僅如此，武則天當皇帝的能力比中宗還要強，後世對

他的評價也很嚴厲，認為「當初要是中宗沒有失去帝位，唐應該會更早滅亡」，讓人不禁覺得有點可憐。

武則天和韋后所掀起的混亂，合稱「**武韋之禍**」。

 ## 土地與兵役制度崩壞

唐朝中葉的另一個社會變化，就是最初甚為順利的**「均田制、租庸調制、府兵制」的「三制合一」逐步崩壞。**

「均田制」是指將國家所持的官田均分給民眾，待死後再行歸還的「公地公民」原則。

然而，世家貴族和大寺院卻逐漸「兼併」這些土地，將之納為個人所有。民眾發現與其繳稅給國家，當個佃農繳田租給貴族和寺院負擔更輕，於是紛紛投靠貴族和寺院，放棄了國家所配給的土地。**就這樣，貴族和寺院的私有地，也就是「莊園」逐步成長，均田制因而瓦解。**無法守住稅收的唐朝，改採不論戶籍、而就實際所持土地與財產來課稅的制度（**兩稅法**），曾經綁在一起的均田制和租庸調制就此分家。

「府兵制」也是一樣，由於此制原是利用均田制農民的戶籍來徵兵，均田制解體後，也就無以為繼。為此，雖改採募兵制，卻進一步加重了唐朝的衰弱程度。假使募到的兵力全都士氣高昂，願意「為國效命捐軀」倒還好，但實際上募得的，卻都是些「沒工作也沒土地，萬不得已才想到來當兵」，**動機不足，軍心也很渙散的「劣質兵力」。**

要統帥這樣一批士兵，光有普通的領導能力並不足夠。需要的是在戰場上經過千錘百鍊，如「大哥」一般，足以鎮住士氣的人物。因此，唐朝任命獻身戍守邊境的武人和異族將軍擔任「**節度使**」一職，由這些將士率領募得的兵力，執行地方上的防禦。府兵制既已

第1章 歐洲歷史

第2章 西亞及伊斯蘭世界歷史

第3章 印度歷史

第4章 中國歷史

第5章 合而為一的全球時代

第6章 革命的時代

第7章 世界帝國主義與大戰的時代

第8章 近代西亞、印度

第9章 近代中國

第10章 現代世界

瓦解，這番處置對唐自身算是相當諷刺。此外「大哥」般的人物底下，常跟隨著一批地痞般的「小弟」，乃是世間常情。不知不覺間，**節度使成為地方上「真正的老大」，對唐朝發動叛變**，並開始互爭勢力範圍。

就這樣，曾是唐朝脊梁的均田制、租庸調制、府兵制全盤盡廢。大唐已是強弩之末，衰微漸至。

 ## 第六代皇帝沉溺於擁有絕世美貌的「自家媳婦」

前述的「武韋之禍」過後，首謀者韋后遭到殺害，之後**玄宗**皇帝即位。玄宗有識才慧眼，不論家世而按實力挑選大臣，拜此所賜，為唐迎來了繁盛時期（**開元之治**）。

不過，仁政為人讚頌的玄宗，卻因一位女性的出現而斷送前程。這位女性，正是日本人心中的「世界三大美女」之一**楊貴妃**。楊貴妃曾是玄宗兒子的妻室，玄宗初見楊貴妃，就將她從兒子身邊搶來當老婆，隨即耽溺於楊貴妃，全然不理朝政。

楊貴妃的家族漸漸掌握實權、獨占高位，使政局掀起大亂。不僅如此，同一時期更發生了**怛羅斯戰役**，大唐敗給伊斯蘭勢力阿拔斯王朝，頓失在中亞一帶的影響力。此後，唐朝更加仰賴戍守邊境的「地方大哥」節度使，節度使則掀起了一場大叛亂（**安史之亂**）。

曾經備受玄宗信任、擔任三大地區節度使的**安祿山**舉旗造反，企圖剷除楊貴妃一族。此亂長達八年，天下風雲變色，就連首都長安都遭到攻陷，玄宗也拋下長安奔逃而去。

士兵們將安史之亂的原因怪罪在楊貴妃身上，玄宗為安撫士兵不滿的情緒，忍痛令楊貴妃自盡。

就這樣，玄宗「前半仁政，後半惡政」，成了一位毀譽參半的皇帝。

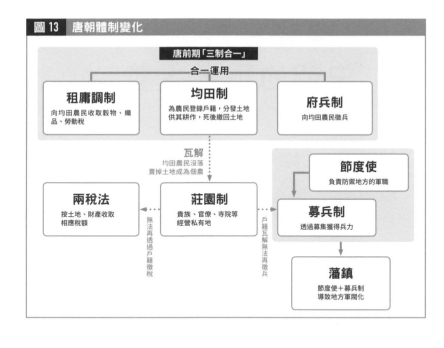

圖 13　唐朝體制變化

唐前期「三制合一」

合一運用

租庸調制	均田制	府兵制
向均田農民收取穀物、織品、勞動稅	為農民登錄戶籍，分發土地供其耕作，死後繳回土地	向均田農民徵兵

瓦解
均田農民沒落
賣掉土地成為佃農

節度使
負責防禦地方的軍職

兩稅法	莊園制	募兵制
按土地、財產收取相應稅額	貴族、官僚、寺院等經營私有地	透過募集獲得兵力

無法再透過戶籍徵稅

戶籍瓦解無法再徵兵

藩鎮
節度使＋募兵制
導致地方軍閥化

第1章 歐洲歷史
第2章 西亞及伊斯蘭世界歷史
第3章 印度歷史
第4章 中國歷史
第5章 合而為一的全球時代
第6章 革命的時代
第7章 世界帝國主義與大戰的時代
第8章 近代西亞、
第9章 近代中國
第10章 現代世界

唐朝滅亡，邁入「以武力說話」的時代

　　安史之亂是節度使過度壯大勢力，直至動搖唐朝國事的象徵性事件。

　　安史之亂過後，節度使變成名為「藩鎮」的地方政權，完全不理會中央的管理。

　　即使如此，唐朝在玄宗後仍延續了多達 16 位皇帝，可想見其基盤實在穩固。唐朝末年，黃巢舉兵叛亂，節度使朱全忠篡位自立，唐朝覆滅。接下來，就是稱為**五代十國**的戰亂時代。

　　在此期間，中國北方曾有五個短命朝代生生滅滅，南方則環繞著長江流域，誕生了 10 個軍事政權。這種種情事，都是唐末所遺留下來的「節度使」完全獨立、陷入相爭割據所致。

　　像這樣「以武力說話的時代」，稱為「黷武政治」。

「用錢買和平」，
宋朝的現實主義

 備受愛戴的開國皇帝

　　趙匡胤在平定五代十國的混亂後，建立了宋。他原本沒有當皇帝的意願，某天晚上卻被弟弟突然叫醒，半強迫地穿上皇帝的黃袍，其弟表示「如果哥哥不願當皇帝，我就殺了哥哥後自殺」，強迫趙匡胤成為天子。接著，他被弟弟帶至士兵面前，等候多時的大批官吏與士兵，開始向趙匡胤稱頌吾皇萬歲。無路可退的趙匡胤，只得點頭成為皇帝。從這段故事，可以看出趙匡胤的無欲無求，以及備受崇敬的人望，而他的統治方式，同樣很有他（跟過往皇帝稍有不同）的為人風格。

　　首先，他將節度使以「武」治國的風格改為「文」，推行以學問治理國家的「文治政體」；他在科舉中增加殿試（由皇帝面試）的關卡，藉以擢用更優秀的官吏。

　　此外，他認為從唐末期到五代十國間的混亂，問題就出在節度使成為「地方老大」，因而**廢除節度使**，並強化皇帝的直屬禁衛軍，配置了精銳部隊。

 貫徹「超・現實主義」的政治走向

　　由於廢除節度使，將軍隊召集至皇帝跟前，全國各地的軍事力量當然也就減弱了。尤其原先戍守邊境的節度使一離開崗位，就不再能夠防止異族入侵。

特別是在北宋的時代，北方民族契丹族的王朝「遼」也開始滲透到萬里長城內側，以強勢武力侵擾宋朝。

接著，宋朝採用了出人意表的手段，來處理北方民族的問題——**「用錢買和平」**。

在第三任皇帝宋真宗的時期，大宋與遼國締結「**澶淵之盟**」，以每年贈送絹 20 萬匹（約可製作 40 萬人衣物的量）、銀 10 萬兩（約 3 噸）的條件，約定遼不再攻宋。

宋朝也跟北方民族西夏締結相同的協定，最終，為了跟異族「買和平」的花費，多達每年絹 43 萬匹、銀 7 噸。

宋朝認為「不善戰事也沒關係，和平用錢買即可」，是個跟中國以往全然迥異的「現實主義」朝代。

宋朝在治理方面，或許也反映出了開國者趙匡胤的為人，相當懷柔，打造了民眾得以自由生活的國家。都城**開封**的店家一間間營業至深夜，呈現出了空前的熙攘歡騰。

圖 14　北宋用「金錢」迴避戰爭

契丹族國家。
北宋每年贈予銀與絹
「買和平」

遼

萬里長城

西夏

萬里長城內側的
「燕雲十六州」也屬於遼

○開封

北宋

趙匡胤

黨項族國家。
北宋同樣每年贈予
銀與絹

第 1 章 歐洲歷史

第 2 章 西亞及伊斯蘭 世界歷史

第 3 章 印度歷史

第 4 章 中國歷史

第 5 章 合而為一的 全球時代

第 6 章 革命的時代

第 7 章 世界大戰的時代 帝國主義與

第 8 章 近代西亞、印度

第 9 章 近代中國

第 10 章 現代世界

財政困難引發滅亡危機

不過，**這般「用錢買和平」的政策，對財政卻造成了極大的負擔。一段時間過後，宋朝便陷入了財政難關。**

為了改善財政困難並富國強兵，王安石提出推動新法改革，但不喜變化的地主和商人群起反對，導致新法派和舊法派發生爭執。

在這樣的情勢下，**徽宗**即位成為皇帝。他是個一流的藝術家，當皇帝卻不及格；不僅不顧政局，**還為打造理想的庭園與書畫花錢如流水。甚至為了發展藝術而課加重稅**，導致民變四起（其中一場民反，就是小說《水滸傳》的背景「宋江之亂」）。

 ## 北宋的滅亡輕若鴻毛，新敵人出現

北宋的滅亡輕若鴻毛。位於遼國北方的女真族國家「金」誕生後，轉瞬間就併吞遼國，且兵至北宋，擄走了皇帝一家。此事件稱為靖康之變。宋朝至此看似已完全覆滅，但仍一息猶存。

徽宗之子**高宗**在金的攻擊中勉力逃出，被金軍四處追趕長達八年，隨後以臨安為都建國，成立「**南宋**」。

 ## 岳飛和秦檜，誰的判斷才正確？

中國北部遭金國奪去，南宋內部意見分裂，包括「與金國奮戰到底，奪回中國北部！」的主戰派，以及「非也，就算跟金國戰鬥也沒有勝算，應該避免戰爭！」的主和派。

主戰派的岳飛，曾數度率兵打贏金兵，廣受民眾愛戴；但害怕展開全面戰爭的秦檜，卻為岳飛套上謀反罪名，將之殺害。

接著就如同北宋王朝，南宋也採取了「用錢買和平」的政策，

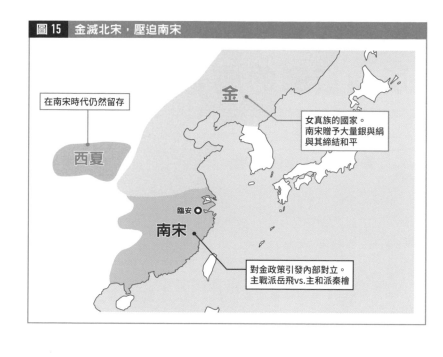

第1章
歐洲歷史

第2章
西亞及伊斯蘭
世界歷史

第3章
印度歷史

第4章
中國歷史

第5章
合而為一的
全球時代

第6章
革命的時代

第7章
世界帝國主義與
大戰的時代

第8章
近代
西亞、印度

第9章
近代中國

第10章
現代世界

圖15　金滅北宋，壓迫南宋

金

在南宋時代仍然留存

西夏

女真族的國家。
南宋贈予大量銀與絹
與其締結和平

臨安

南宋

對金政策引發內部對立。
主戰派岳飛vs.主和派秦檜

每年獻上大量金銀與絹，以求不受攻擊。

　　因此，在中國史上，岳飛被定位成「為國家奮戰到最後一刻的英雄」，秦檜則留下了「賣國小人」的形象。現今在杭州（南宋都城臨安舊地）有著秦檜夫婦鎖著枷鎖的石像，850多年過去了，民眾至今仍會對秦檜像施以棒擊、出聲責罵。

　　不過，南宋較北宋豐足，因而得以穩定地建設國家。其原因在於中國的地理條件「北部缺乏生產力，南部生產力高而豐饒」。缺乏生產力的中國北方，所需資源向來是由南方來補齊；如今由於南北分裂，南宋因而「獨占」了富饒的南部土地。

橫掃亞洲，所向披靡的成吉思汗旋風

 「蒼狼」成吉思汗登場

　　南宋與金國和平共處，使中國暫時處於穩定狀態，然而在金的北方，又有新的變化發生——**成吉思汗**登場了。成吉思汗，**名鐵木真**，他統一了蒙古高原的各個民族，在部族會議（**庫力臺大會**）中被推舉為大汗，成為「成吉思汗」。

　　他以 1000 人為單位重組游牧士兵，士兵平時跟家人一同游牧，戰時則成為軍事組織。他活用此種**結合游牧與軍事的「千戶制」**，獲得了強大的軍事力量。

　　成吉思汗被視為蒙古民族祖先「蒼狼」的化身，他滅了中亞的

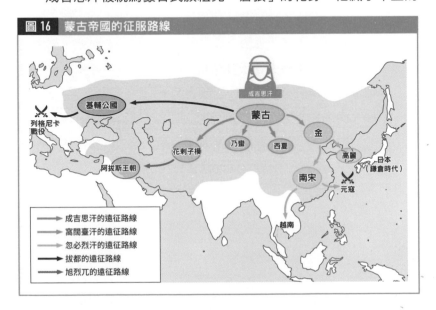

圖16　蒙古帝國的征服路線

基輔公國

列格尼卡戰役

花剌子模　乃蠻　西夏　　金　　高麗　　日本（鎌倉時代）

阿拔斯王朝　　　　　　　　　南宋　　元寇

越南

成吉思汗

蒙古

→ 成吉思汗的遠征路線
→ 窩闊臺汗的遠征路線
→ 忽必烈汗的遠征路線
→ 拔都的遠征路線
→ 旭烈兀的遠征路線

第1章 歐洲歷史

第2章 西亞及伊斯蘭世界歷史

第3章 印度歷史

第4章 中國歷史

第5章 合而為一的全球時代

第6章 革命的時代

第7章 世界大戰的時代與帝國主義

第8章 近代西亞、印度

第9章 近代中國

第10章 現代世界

乃蠻部落、伊朗的**花剌子模**、中國西北方的**西夏**，轉瞬間建構了一個大帝國。他對不戰而降的國家給予寬大對待，若是稍有抵抗，則會毫不留情地虐殺；成吉思汗就像這樣，似乎是寬容與冷酷兼具的人物。

 ## 成吉思汗優秀的子子孫孫

蒙古帝國後來透過成吉思汗優秀的兒孫，有了更進一步的發展。三男**窩闊臺**，以成吉思汗繼承人的身分當上大汗，他征服金國，在蒙古的土地上建設首都**哈拉和林**。

接著，成吉思汗優秀的三個孫子接棒擴張蒙古帝國，建造了史無前例的巨大帝國。長男之子**拔都**，據說繼承了成吉思汗的攻擊力、殘虐性，在俄羅斯地區征服基輔公國，壓境歐洲，在**列格尼卡戰役**中大破德國與波蘭聯軍。蒙古軍的殺戮大戰，使德國人為之震驚，叫喊道「簡直就是屍體山（Wahlstatt）！」該詞因而成為此戰役的德語稱呼（Schlacht bei Wahlstatt）。

忽必烈與**旭烈兀**兄弟，是成吉思汗四男拖雷之子。旭烈兀往西亞一帶發展，滅亡**阿拔斯王朝**。忽必烈其後承繼大汗之位，成為**忽必烈汗**，在中國建立了元，接著滅亡南宋並使高麗臣服，甚至曾經進攻日本。

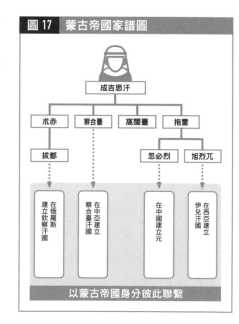

圖17 蒙古帝國家譜圖

成吉思汗

朮赤 — 察合臺 — 窩闊臺 — 拖雷

拔都

忽必烈 — 旭烈兀

在俄羅斯建立欽察汗國

在中亞建立察合臺汗國

在中國建立元

在西亞建立伊兒汗國

以蒙古帝國身分彼此聯繫

蒙古帝國分隔成四部分

　　蒙古帝國以傾覆歐亞大陸之姿拓展疆土，僅由一位「大汗」統治，終於變得有些困難。因此，從窩闊臺汗的時代開始，蒙古帝國逐漸分隔開來，演變成中國「元」、中亞「**察合臺汗國**」、西亞「**伊兒汗國**」、俄羅斯「**欽察汗國**」的四分狀態。此狀態並非「分裂」，頂多只算「分隔」，因此元朝皇帝仍保有些微的領袖勢力。

 ## 「元寇」不只出現在日本

　　蒙古帝國各自分隔後，**元朝**統治了中國地區。這個國家始於**忽必烈汗**遷都北京，將國名訂為大元。大元曾派軍前往日本。這也就是日本史中的元寇。忽必烈汗在征服高麗，並滅亡南宋後，曾經兩度攻向日本，第一次稱為**文永之役**，第二次為**弘安之役**。不過，遠征軍的船隻皆在暴風雨中沉沒，兩次皆以撤退作收。

　　「元寇」除了覬覦日本，也曾經出現在越南。跟日本的元寇幾乎是同一時期，越南的陳朝也擊退了大元的軍隊。在越南亦留有大元艦隊因暴風雨沉船的繪畫，看來忽必烈汗是個在天氣方面運氣相當差的人物。從此時期開始，蒙古帝國的擴張逐漸來到極限。

 ## 蒙古帝國盛於東西交流

　　蒙古帝國分隔成大元與三個汗國，但畢竟都是兄弟、堂親所成立的國家，因此並未相互敵對。

　　這些國家以大元為領袖，就像聯合國度一般，只要進入蒙古帝國的範圍，從西亞、俄羅斯到中國，都可以安全往返。

　　旅遊家**馬可・波羅**就是在此時自西亞抵達中國，在為忽必烈汗

效力 17 年後，返回故鄉威尼斯，撰寫了**《馬可‧波羅遊記》**（即所謂的《東方見聞錄》）。

另外，雖然知名度無法匹敵，移動距離卻勝過馬可‧波羅的穆斯林大旅行家**伊本‧巴杜達**，則著述了**《伊本‧巴杜達遊記》**。自此開始，宋朝所發展出的三大發明「**羅盤、印刷術、火藥**」經由伊兒汗國傳往西亞，並逐步遠播至歐洲。

 推行「蒙古至上！」的治理方式

元朝是蒙古人的國度，不同於過往由漢族所主導的國家，並未採用科舉、儒教等制度。元朝的特徵是「蒙古至上主義」；**蒙古人位居統治核心，獨占了主要官職。**在蒙古人之下依「地位」排序，分別是西亞裔民族「色目人」，其次是稱為「漢人」的金國遺民，最後是稱為「南人」的南宋轄下人民。至此，過去一路獨占官僚體系的文人儒士階層就此沒落。

 「沒錢去搶就好了！」使大元邁向滅亡

大元的滅亡，起於一件令人意外的事──一切就從眾皇帝「瘋狂改信」佛教支派「**藏傳佛教**」開始。

藏傳佛教是一支擁有特別多裝飾性寺院的宗教，皇帝們花大錢建立豪華的寺院，沉湎在宗教儀式之中。豪華寺院導致大元的財政狀況惡化，因而**開始濫發稱為「交鈔」的紙幣，終於引發通貨膨脹，為大元的經濟引起一場大混亂。**

原本乖乖接受統治的漢族，趁著人仰馬翻之際揭竿起義，史稱「紅巾之亂」。領銜叛變的朱元璋在占領大都（今北京）後建立明朝，為元朝降下終幕。

第 1 章　歐洲歷史

第 2 章　西亞及伊斯蘭世界歷史

第 3 章　印度歷史

第 4 章　**中國歷史**

第 5 章　合而為一的全球時代

第 6 章　革命的時代

第 7 章　世界大戰與帝國主義的時代

第 8 章　近代西亞、印度

第 9 章　近代中國

第 10 章　現代世界

祕密警察與宦官弄權，暗潮洶湧的「黑暗時代」

 開國皇帝「能力最強，但人品最差？」

在**紅巾之亂**中登場的**朱元璋**扳倒了元朝，建國開拓新王朝。朱元璋來自於飢寒交迫的貧苦農民階級，在紅巾之亂甫爆發時，他即刻投身其中，發揮統帥能力，攻占了南京一帶。接著他自封皇帝，國號為「明」。

其後，他攻陷元朝的都城大都（今北京）。大元逃往北方，自此被稱為「北元」。就這樣，中國久違的漢族國家站穩了腳步。

朱元璋將年號定為「洪武」，並制定「一世一元」制度，在自身擔任皇帝的期間不再變更國號。明太祖朱元璋將年號定為「洪武」，因而也被稱為**「洪武帝」**。往後皇帝自定的年號，同樣也會變成他們的稱呼。

洪武帝再怎麼說，都是自力從一介貧農翻身當上皇帝的人物，其才能自然非比尋常。他欲自行操持這個新建的國家，因而**廢除中樞省，使六部歸於皇帝直轄**。

若以日本為例，洪武帝便像是將總務大臣、財務大臣、文部科學大臣、防衛大臣、法務大臣、國土交通大臣等**多種大臣的職權集於一身，直接對各部會下達命令**。光是能夠採行這種統治方式，便可看出洪武帝非凡的才能。

此外，由於洪武帝本是貧苦的農民，**他的農民政策也在歷任中國皇帝之中顯得出類拔萃**。首先，他將農民分成以 110 戶為單位的維安與徵稅單位，整理戶籍的「**黃冊**」與土地登記的「**魚鱗圖**

第 1 章 歐洲歷史

第 2 章 西亞及伊斯蘭世界歷史

第 3 章 印度歷史

第 4 章 中國歷史

第 5 章 合而為一的全球時代

第 6 章 革命的時代

第 7 章 世界大戰與帝國主義的時代

第 8 章 近代西亞、印度

第 9 章 近代中國

第 10 章 現代世界

冊」，掌握了全國數量龐大的農民資料。接著，他將儒教道德化為簡單易懂的六句口號，令全體農民配合學習，成功將其「馴服」。

如此這般，洪武帝作為皇帝有著超群才能，卻因農民出身，畢生懷抱自卑感，他極度猜疑，性格相當灰暗，將立下功績的家臣視為威脅自身地位的勁敵捉拿起來，令祕密警察（錦衣衛）拷問或處以死刑，曾多次展開數萬人規模的肅清行動。

據說當時眾官僚都深深懼怕某天會被判處死刑，因此離家時總會向妻子訣別，平安返家時則舉家喜悅。洪武帝之所以選擇由皇帝直掌六部、打造強硬的獨裁體制，或許都跟他好猜疑的性格有關。

動輒處刑數萬人；透過間諜和祕密警察隨時監視朝臣；皇帝坐擁強大的獨裁權力，在檯面下卻備受宦官操弄⋯⋯王朝稱為「明」，實際上卻是一個「黑暗」的時代。

第三代邁入黃金時期

明成祖**永樂帝**在拉下明朝第二任皇帝惠帝（**靖難之變**）後就任第三代皇帝，開創了大明黃金時期。這番榮景，可說應大大歸功於初代明太祖所打下的堅實基礎。

如同秦始皇、隋煬帝那般，「統治者行強力改革，長期的穩定政權緊隨而至」，這個模式在明太祖及隨後的大明朝中，同樣可見一斑。不過，成祖本身也是一位文武兼備的皇帝。

成祖設置了**內閣大學士**（皇帝祕書官）的職位，為皇帝的諮詢對象，用以取代中書省，輔佐皇帝為政。明太祖將六部納由皇帝直轄，但皇帝必須一個人過目和批示所有文件，負擔其實相當沉重。

因此，內閣開始代替皇帝處理重要案件以外的事務，權限日益強大。**日本、中國的行政機關稱為「內閣」，就是源自此處。**

成祖為了應付蒙古軍的威脅，將都城自南京遷至北京，發動五

次遠征大破蒙古。此外,他將李氏統治的朝鮮納為屬國,並且兼併越南。

　　他亦令身為伊斯蘭教徒的宦官**鄭和**率領 62 艘共 2 萬 8000 人的大規模艦隊,遠征爪哇、中南半島,一路航向印度洋、波斯灣,乃至非洲東岸。**鄭和下西洋**成功將 10 多個國家納為藩屬國,各國之國王、部落家長、家族成員都被帶回明朝成為臣子。

　　明朝禁止民眾行海上貿易,但會接受藩屬國作為進貢的貿易物品,並將回禮的品項送往屬國(朝貢貿易)。

　　大明與日本足利義滿間的「明日貿易」,同樣是日本居於下位的朝貢貿易形式,足利義滿本身亦向大明皇帝自稱「家臣」。

「北虜南倭」之苦

　　在永樂帝之後,明朝受盡了北虜南倭的折磨。「北虜」是指北

圖 18　鄭和下西洋

瓦剌
韃靼
北京
(順天府)
遷都
明
永樂年間的
最大疆域
南京
(應天府)
帖木兒王朝
德里蘇丹國
鄭和
鄭和的航海路線
62艘全長120m
九桅巨大船隻的大船團。
成員多達
2萬8000人

第 1 章 歐洲歷史

第 2 章 西亞及伊斯蘭 世界歷史

第 3 章 印度歷史

第 4 章 中國歷史

第 5 章 合而為一的 全球時代

第 6 章 革命的時代

第 7 章 世界帝國主義與 大戰的時代

第 8 章 印度 近代西亞、

第 9 章 近代中國

第 10 章 現代世界

方蒙古後裔，「南倭」則指在中國南方沿岸作亂的海賊「倭寇」。

「北虜」的問題尤其頭痛，在蒙古裔民族**瓦剌**對北方造成威脅後，第六任皇帝明英宗（**正統帝**）率 50 萬大軍御駕親征北伐瓦剌，卻在名為「土木堡」的地區遭瓦剌圍擊，自身淪為俘虜（**土木堡之變**）。皇帝在戰場上遭俘相當罕見，雖然其後獲釋，仍舊留下了極度不光彩的歷史紀錄。

不過，此事件也使明朝重新看待萬里長城的價值。

從那之後，**明朝皇帝逐漸改造、增建萬里長城，最後成為了我們今日所見，雄偉的磚砌長城。**

北方民族其後亦曾數度入侵，蒙古裔民族韃靼甚至曾經兵臨北京。

 ## 第十四代皇帝是「繭居族」

第十四代皇帝明神宗**萬曆**君臨天下長達 47 年。隨後的清朝雖然也有在位更長久的皇帝，但若以截至該時間點的中國歷史來看，神宗的在位期間僅次於漢武帝（54 年），在整段中國史上更是名列前五。

更令人震驚的是，神宗「怠政」長達 30 年，未曾上朝。他何止怠政，從 26 歲到 56 歲死去的 30 年間，與臣子會面的次數更僅有寥寥五次，根本稱得上是一位「繭居族」皇帝。

萬曆帝甫即位時還算頗有抱負，他重用命**張居正**為輔佐職，與這位極其優秀的臣子一同厲行改革，施行以銀兩為稅收的**一條鞭法**。透過嚴查逃漏稅項、追回應繳稅金，使得財政穩定，成果斐然。

不過，張居正最終卻也想靠自身的優秀才能「左右皇帝」。

張居正從萬曆皇帝還是皇太子的時期就已擔任其師，因此在萬曆即位後，他仍要求皇帝拿出「像樣的態度」，諸如「此事該這樣

辦」、「彼事不可那樣辦」，事事出言干涉。

萬曆皇帝在 10 歲時即位為帝，而張居正坐擁權力約莫 10 年，因此從萬曆 10 歲至 20 歲間，張居正一直「喋喋不休」地教育著他。青年皇帝的氣勢因而凋萎，也是可想見的情況。

自繭居不出之後，萬曆皇帝大肆沉溺女色，不曾回首操持政局。

在他「怠政」的這段時期，明朝曾數度捲入戰亂之中。其中當豐臣秀吉出兵朝鮮時，朝鮮曾前來求援，大明因而被迫與日本展開長期戰爭。

軍事費用飛騰令財政面臨難關，為了確保內帑充足，只好向民眾收礦稅銀以支援國庫，而大部分錢財卻又落入了宦官的口袋，惡性循環之下，明朝的衰微已成定局。

 ## 大明皇帝自殺與明朝末日

在此情況之下，各地民變頻發。其中最大一場叛亂，就是**李自成之亂**。李自成占領北京，逼迫明朝皇帝自殺後自封為皇帝。

不過，此時北方已有**女真族**建立了新的國家**滿清**，他們越過萬里長城，直驅北京。李自成遭清軍步步進逼，最終自殺。

就這樣，明朝滅亡，清朝的新時代開始了。

「明君」連連的清朝

第1章 歐洲歷史

第2章 西亞及伊斯蘭世界歷史

第3章 印度歷史

第4章 中國歷史

第5章 合而為一的全球時代

第6章 革命的時代

第7章 帝國主義與世界大戰的時代

第8章 近代西亞、印度

第9章 近代中國

第10章 現代世界

優秀皇帝開創清朝的繁榮盛世

取代明朝統治中國的**清朝**，並不是漢族國家，而是由通古斯裔**女真族**征服漢族所形成的國家。

北方民族所建立的國家通常無法長久存續，但清卻發展成長期穩定的政權，統治中國約達 300 年。

「外來者」得以樹立起長期穩定的政權，有幾個原因，但關鍵在於**「自清建國後連續出現了多達 6 位中國史上難得的明君」**。在**皇帝優劣左右國勢興衰的中國史**上，清朝可以說是極其幸運。

第一任皇帝創建「劃分旗色」的軍隊

清的開國皇帝是**努爾哈赤**，但當時尚未以「清」自稱。他在統一通古斯裔女真族的各部落後自號為「大金」。因此在清成立以前，這個國家曾被稱為**後金**。

努爾哈赤特別值得一提的政績，是為軍隊「劃分旗色」。他將軍隊大致分成八隊，配以紅、白、藍、黃等不同的旗色。此制度稱為**八旗制**。

舉例而言，在小學運動會中，當老師喊道：「紅隊，集合！」紅隊就會迅速匯聚起來。同樣，**為軍隊劃分旗色，按顏色下達命令，除了動員時方便，在戰場上也能避免混亂。**以現代人的角度來看或許會覺得理所當然，但在當時，這卻是極具開創性的有效政策。

第二任皇帝改國號為「清」

第二任皇帝**皇太極**將國號「金」改為「清」。對漢族而言，「金」是在南宋時代奪走中國北方，具有屈辱記憶的國號，因此往中國內部發展之際，皇太極決定改換名稱，以求讓漢族更願意接受統治。

另外，他也將「女真族」的「女真」改成「滿洲」。自此開始，中國東北部便稱為「滿洲」。

接著他出兵朝鮮亦獲勝利，和對方談定接續明朝，將朝鮮納為藩屬。在皇太極的時代，疆域大幅擴張，超越了過去金國時的範圍。

 ## 第三任皇帝往中國國內發展

在第三代順治皇帝的時代，滿洲人終於越過萬里長城，一口氣湧入中國境內，討伐了剛剛打倒明朝的李自成。

在打贏李自成後，清國獲得了正當的繼承地位：**「雖然身為異族，卻打倒李自成，為明朝報了仇，是明朝正式的後繼國家。」**

清朝採行「恩威並施」的統治路線，一面施行「嚴格」統治，強制全體漢人男性遵從滿人的辮髮風俗（將後方頭髮結成辮子，周圍則剃光的髮型）習俗等；另一方面，亦並行「懷柔」政策，直接續用中國內部的明朝官吏，提供與滿洲族官吏無異的地位，並且改革了明末的重稅。

 ## 第四代皇帝，人稱中國史上的至上「明君」

接著第四代的**康熙皇帝**，在中國皇帝史上寫下 61 年的最長在位期間，人稱**中國歷代第一明君**。康熙備受俄羅斯彼得一世的尊

第1章 歐洲歷史

第2章 西亞及伊斯蘭

第3章 印度歷史

第4章 中國歷史

第5章 全球時代的合而為一的

第6章 革命的時代

第7章 世界帝國主義大戰與的時代

第8章 近代西亞、印度

第9章 近代中國

第10章 現代世界

敬,還曾收過法國「太陽王」路易十四如粉絲般的來信,無疑是一位「明君中的明君」。

康熙派兵征服臺灣,並在轉瞬間鎮壓了中國南部的叛變。據說即使身在陣中,他仍會每天過目並批示多達 300 份公文,同時不間斷地閱讀。康熙往蒙古一帶拓展勢力,國境與俄羅斯碰頭,因此與俄羅斯的彼得一世締結《尼布楚條約》,訂定雙方的勢力範圍。

在內政方面,除了「多次」減稅,亦實施按土地課稅的**攤丁入地**。此外還推動改革,「**在減少稅額的同時,透過確實徵收稅項,避免產生損失**」。減稅到了最後,稅收反而有所增加,獲取正面的循環。在學問領域,康熙制定今日漢字字典的起源《康熙字典》,自身也因勤於求取儒學、天文學、地理學等全面的教養,甚至認真到咯血的程度。

另一方面,康熙也不忘自己是狩獵民族後代的身分;據說一輩子共獵得老虎 135 頭、熊與豹 30 頭、狼 96 頭。這種種故事,雖

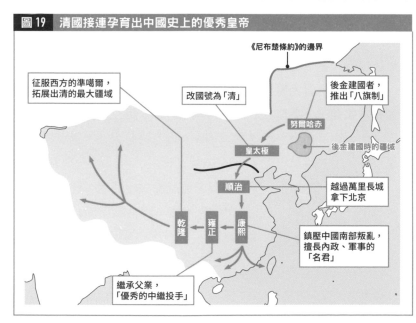

圖 19　清國接連孕育出中國史上的優秀皇帝

征服西方的準噶爾,拓展出清的最大疆域

改國號為「清」

《尼布楚條約》的邊界

後金建國者,推出「八旗制」

努爾哈赤

後金建國時的疆域

皇太極

順治

越過萬里長城拿下北京

乾隆　雍正　康熙

鎮壓中國南部叛亂,擅長內政、軍事的「名君」

繼承父業,「優秀的中繼投手」

然稍有「加油添醋」的可能性，但從康熙帝流傳後世的個人信件和文件中，仍能一窺他肩負強烈責任感、慈悲為懷又有能力的皇帝形象。

第五代「中繼角色」大放異彩

第五代的**雍正皇帝**雖然稍有冷酷之處，同樣能力優異且心正意誠。他在位 13 年，雖然稍短了些，卻也繼承了明君父王的為政風範，包括設置皇帝輔佐機關（**軍機處**）等「稍加改進」的政策，充分發揮「優秀中繼投手」的能力，將國家傳承給了其後的乾隆帝。

第六代的皇帝，開拓了最大疆域

第六代**乾隆皇帝**採取積極擴張領土的策略，接續人稱「康熙、雍正、乾隆」三朝盛世。他畢生投身戰爭，包括討伐北方民族**準噶爾**等，發動過 10 次成功的大遠征，自稱「十全老人」。大清的疆域最終倍增，在乾隆時期到達最大範圍。

乾隆的另一番大事業，即是《四庫全書》的編纂工作，企圖將中國每本書籍──共計達 3 萬 6384 冊納為一個「全集」。不過在乾隆時代，大清在攀上顛峰期的同時，衰退也已開始。過度遠征的惡果反噬，財政逐漸出現了問題。

在乾隆時代的尾聲，英國為要求通商而派出使者，將印度產的鴉片攜至了中國國內。乾隆辭世 45 年後，鴉片戰爭開打，海外勢力逐漸將中國推上半殖民地化之路。

第 5 章

合而為一的
全球時代

第 5 章 合而為一的全球時代　概述

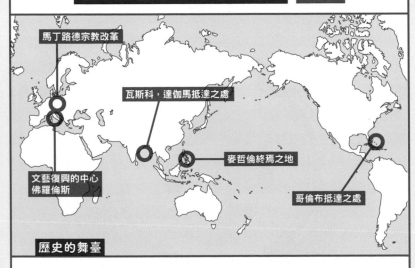

馬丁路德宗教改革

瓦斯科‧達伽馬抵達之處

麥哲倫終焉之地

文藝復興的中心
佛羅倫斯

哥倫布抵達之處

歷史的舞臺

歐洲、西亞、印度、中國
合而為一的時代揭幕

　　從此章開始，歐洲、西亞、印度、中國這四大地區將合而為一，發展出相互影響的「世界史」。

　　歐洲諸國爭先恐後航向大西洋，為取得殖民地而相爭，貿易活動日益活絡。

　　次外，歐洲世界在歷經大航海時代、文藝復興、宗教改革等歷程後建立起主權國家體制，認為「國王是君臨國家的至高存在」。包括菲利普二世、伊莉莎白一世、路易十四等人，在世界史留名的王者逐一誕生。

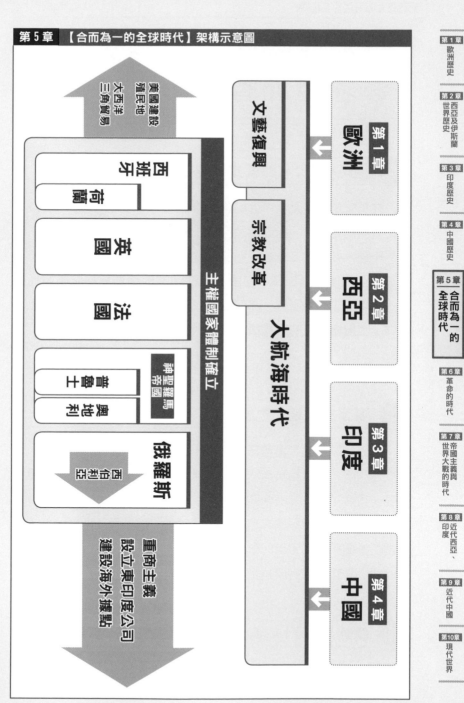

大航海時代

文藝復興

宗教改革

主權國家體制確立

西班牙
荷蘭

英國

法國

神聖羅馬帝國
普魯士
奧地利

俄羅斯
西伯利亞

美國建設殖民地
大西洋三角貿易

重商主義
設立東印度公司
建設海外據點

第1章 歐洲

第2章 西亞

第3章 印度

第4章 中國

歐洲諸國往大西洋發展，尋求亞洲香料

「陸路不行，那就走海路！」

在第一章所談及、中世紀歐洲的混亂告一段落後，歐洲的飲食文化有如百花盛開，對亞洲香料的需求大為擴張。

不過，如同第二章曾提過的，歐洲諸國的「宿敵」鄂圖曼土耳其在西亞地區日漸成長，**從歐洲通往亞洲的陸地貿易路線因而斷絕。是以，「陸路不行，那就走海路！」歐洲各國於是紛紛揚帆大西洋，試圖搶下新的貿易路線**，全球合而為一的大航海時代就此展開。

葡萄牙開闢「東方航線」

首先打頭陣的是**葡萄牙**。葡萄牙採取南行繞過非洲的航路，目標前往印度。怕暈船而無法出海、卻具有「航海王子」稱號的**亨利王子**，派遣了探險隊前往非洲西岸。

接著，**狄亞士**抵達非洲南端的**好望角**，開拓通往印度的航線中繼站；**達伽馬**抵達印度的**卡利刻特**，雖然痛失三分之二的船員，終於將朝思暮想的香料成功帶回歐洲。

偶然「發現」美洲大陸

大約在狄亞士抵達好望角之際，有人向西班牙女王伊莎貝拉提

出了劃時代的主張：「**不必繞過非洲，只要往西橫跨大西洋，就能到達印度。**」他就是來自義大利熱那亞的探險家**哥倫布**。哥倫布的主張受到採納，他挑戰橫跨大西洋，經過兩個月以上看不見陸地的惶惶航行，抵達了位於現今西印度群島「巴哈馬群島」的聖薩爾瓦多島。**哥倫布畢生都以為，自己所抵達的新大陸就是「印度」。**

眾航海家追隨哥倫布的步伐

「哥倫布發現陸地了！」這個消息在當時造成衝擊，引發了空前絕後的西航熱潮。**卡博托**抵達現今的加拿大後，葡萄牙人**卡布拉爾**在前往印度的途中遇難，偶然漂流至巴西，宣告該地成為葡萄牙領地。另外，義大利的**亞美利哥・韋斯普奇**（Amerigo Vespucci）輾轉抵達南美海岸線，發現這塊陸地不斷向南延伸，根本不可能是亞洲。**他證明了該處是塊「新大陸」，新大陸因而以他命名，取做「亞美利加」（America）。**

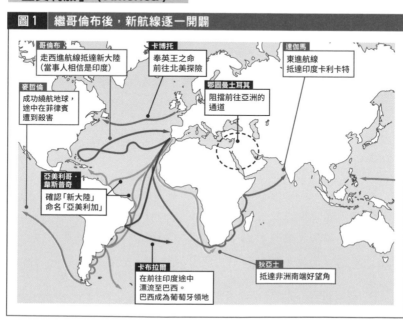

圖1　繼哥倫布後，新航線逐一開闢

哥倫布
走西進航線抵達新大陸
（當事人相信是印度）

卡博托
奉英王之命
前往北美探險

達伽馬
東進航線
抵達印度卡利卡特

麥哲倫
成功繞航地球，
途中在菲律賓
遭到殺害

鄂圖曼土耳其
阻擋前往亞洲的
通道

亞美利哥・
韋斯普奇
確認「新大陸」
命名「亞美利加」

卡布拉爾
在前往印度途中
漂流至巴西。
巴西成為葡萄牙領地。

狄亞士
抵達非洲南端好望角

第1章　歐洲歷史
第2章　西亞及伊斯蘭世界歷史
第3章　印度歷史
第4章　中國歷史
第5章　合而為一的全球時代
第6章　革命的時代
第7章　帝國主義與世界大戰的時代
第8章　近代西亞、印度
第9章　近代中國
第10章　現代世界

歐洲串聯新大陸，「歐美世界」成形

 成功繞世界一圈

環遊世界一圈的時刻終於到來。**麥哲倫**奉西班牙國王卡洛斯一世之命揚帆啟程，通過南美南端的「麥哲倫海峽」，長達三個月未見陸地，終於橫越太平洋（食物已經用盡，據說連長蟲的餅乾和腐敗的水都用來果腹）靠岸上陸，將該地以西班牙皇太子菲利普二世命名，稱為「菲律賓」。

不過，麥哲倫一行人卻在菲律賓遭到當地住民襲擊殺害，最終由麥哲倫倖存的手下率領船隊回到西班牙，因此實際上航行世界一周的人，應是「麥哲倫的部下」才對。不過麥哲倫在年輕時就曾取道東進航線抵達東南亞，因此獲得了航行世界一周的榮譽。

 新大陸的商品傳向全世界

在眾航海家的活動下，全球逐漸合而為一，拉開了「世界史」的序幕。大航海時代的歐洲從「環繞著地中海的世界」，轉變為**經大西洋連向新大陸的「歐美世界」**。

此外，**人們也從新大陸運出大量的白銀，使歐洲的銀價大幅崩盤，導致「通貨膨脹」**。不僅如此，馬鈴薯、番茄、辣椒、菸草、可可、玉米等**新大陸原生物產在歐洲各地傳開，最終變成全球的必需品**（番茄成為義大利餐點不可或缺的食材；辣椒大量用於韓國料理等處；菸草成為了全球的消遣用品）。

第1章 歐洲歷史

第2章 西亞及伊斯蘭世界歷史

第3章 印度歷史

第4章 中國歷史

第5章 合而為一的全球時代

第6章 革命的時代

第7章 帝國主義與世界大戰的時代

第8章 近代西亞、印度

第9章 近代中國

第10章 現代世界

歐洲展開征服行動

西班牙和葡萄牙的航海活動，目的不單是開闢航線，更伴隨著擴張領土的野心。葡萄牙占領了印度的**果亞**、馬來半島的**麻六甲**，並向中國明朝取得**澳門**的居住權。

西班牙在菲律賓建設**馬尼拉**後，派遣**科爾特斯**和**皮薩羅**前往已證實擁有遍地銀礦的新大陸。前者征服墨西哥的**阿茲特克帝國**，後者則征服安地斯山區的**印加帝國**；原住民被當成奴隸從事挖礦工作，開始遭受殘酷的壓榨。

此外在同一時期，值得驚訝的是，葡萄牙跟西班牙竟與彼此定下「全球一人一半」的約定。兩國在地球儀上畫線，簽訂**《托爾德西里亞斯條約》**：新大陸為西班牙領土，亞洲則為葡萄牙領土。就這樣，在大航海時代，歐洲各國跨出了征服世界的第一步。

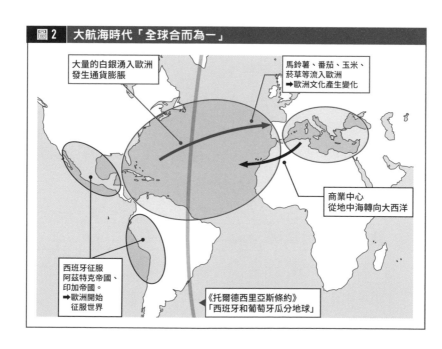

圖2　大航海時代「全球合而為一」

大量的白銀湧入歐洲
發生通貨膨脹

馬鈴薯、番茄、玉米、菸草等流入歐洲
➡歐洲文化產生變化

商業中心
從地中海轉向大西洋

西班牙征服
阿茲特克帝國、
印加帝國
➡歐洲開始
征服世界

《托爾德西里亞斯條約》
「西班牙和葡萄牙瓜分地球」

藝術作品自「神的觀點」降至「人的觀點」

 ## 藝術的多樣化

大航海時代的同一時期，歐洲還發生了兩個變化：「文藝復興」與「宗教改革」。歐洲世界自十字軍東征後，天主教會的絕對權威已產生動搖。此番搖擺在文化、宗教這兩個層面上，都催生出了決定性的變化。

首先，文化層面的變化是**「文藝復興」**。大航海時代之前，基督教曾是中世紀歐洲的文化核心。由於中世紀是戰亂、疾病連連的混亂時期，人們因而無比重視「向神祈禱以獲得庇護」。**為此，包括學問、繪畫、建築，一切種種都環繞著「神」，擁有「一致」的樣貌。**

然而，當中世紀的混亂暫告段落，商業復甦促進城市興起，富有者增加，開始大量製作足以反映興趣、具有個性的藝術作品。「神」仍舊是核心動機，但**藝術中不再只有「神」，更加入了以「人」為本的多元化觀點。**「文藝復興」的意涵，即是要**喚醒歐洲在接觸基督教文化前的希臘、羅馬文化。**

 ## 義大利文藝復興

義大利的城市，是最早掀起文藝復興浪潮之處。北義大利因扮演了十字軍物資途經處而繁榮發展，其中**佛羅倫斯**（佛羅倫斯）的城市貴族**梅迪奇家族**，對藝術家尤其多有庇護。

最初推開義大利文藝復興門扉的人，是詩人**但丁**。

但丁的主要作品《神曲》，特徵是並未使用拉丁語，而是以當時義大利人所說的「方言」托斯卡納語來撰寫。**主旨雖然是神，卻使用了日常對話所會使用的語言，使登場人物的人情味大幅增加。**此外，**薄伽丘**在故事《十日談》中（以相當肉慾的方式）描繪了「人」的愛慾與失戀，透過文學呈現「人的心靈」。**愛慾，即是「人的觀點」。**

文藝復興繪畫的特徵是「透視法」。在那之前的中世紀繪畫，向來完全無視遠近關係。在表現基督教「神的榮光」之際，跟基督、瑪莉亞相關的物體畫得很大，其他東西則極度縮小，或者遭到省略。不過，**從文藝復興時期開始，人們開始根據「人的觀點」寫實描繪，近處的物體比較大、遠處的物體比較小。**

首先，**喬托**將立體物件加進繪畫當中，**波提且利**則描繪基督教以外的多神教神祇。接著，「文藝復興三傑」登場，開闢了文藝復興的輝煌時期：**達文西**畫出《最後的晚餐》、《蒙娜麗莎的微笑》；**米開朗基羅**畫出《最後的審判》；**拉斐爾**則畫出《雅典學院》。洋溢著寫實感的名畫輩出，但每一幅的**「寫實性」**皆是來自「從人看起來會是如何」的**「人類視線」**觀點。建築方面，羅馬天主教的大本營**聖彼得大教堂**同樣廣為人知。

文藝復興傳至各國，文化多元發展

始於義大利、「從神本到人本」的文藝復興，也在歐洲遍地開花。法蘭德斯地區的**伊拉斯莫斯**批判教會；**布勒哲爾**以繪畫呈現「**農民生活**」；英國的**莎士比亞**以戲劇「刻畫人物的性格」；德國的**霍爾班**描繪「**人物肖像畫**」等，過往在「神本」世界中絕不可能存在的多元文化燦爛盛放。

第1章 歐洲歷史
第2章 西亞及伊斯蘭世界歷史
第3章 印度歷史
第4章 中國歷史
第5章 合而為一的全球時代
第6章 革命的時代
第7章 帝國主義與世界大戰的時代
第8章 近代西亞、印度
第9章 近代中國
第10章 現代世界

批判天主教，
新教派陸續誕生

 ## 宗教改革衍生新教派

　　跟文藝復興同時出現的另一大變化，即是**宗教改革**。天主教會曾在中世紀匯聚無與倫比的信仰能量，相對地，財富和權力集中也導致聖職買賣、神職人員墮落等腐敗情形越趨惡化。宗教改革的浪潮對此發出批判，並衍生出了新的基督教派。因宗教改革而問世的**基督新教，源自對過往基督教的抗議（Protestatio），因而也被稱為「抗議教派」。**

 ## 以《九十五條論綱》批判教會

　　宗教改革的波瀾，首先從德國掀起。出身梅迪奇家族的教宗**利奧十世**，為籌措在羅馬建造聖彼得大教堂的資金而販售**贖罪券**，聲稱「買了贖罪券，即使曾經犯罪，靈魂也能受到救贖（得以前往天國）」。

　　德國（神聖羅馬帝國）尤其傾力於販售贖罪券。當時德國在政治上尚未統一，不少諸侯皆對羅馬教宗言聽計從，因而成為**天主教會贖罪券的「重點販售地區」。**

　　面對為所欲為的天主教會，德國威丁堡的**馬丁・路德**說出了「不」。他在教堂的大門貼出一篇名為《九十五條論綱》的文章，質疑贖罪券，並對天主教會的腐敗與墮落展開批判。該文中不乏嚴厲措辭，「出售贖罪券的人，應承受永恆的罪責。」

羅馬教宗利奧十世的天主教會受到批判，神聖羅馬帝國皇帝**查理五世**則發現國內出現抨擊教會的「危險人物」；兩人相繼決定開除路德的教籍、將之逐出神聖羅馬帝國，並且派出追兵暗殺。

在追兵步步逼近路德時，**薩克森選帝侯腓特烈三世**出手解圍。他讓路德看起來像是突然「遭人擄走」，實際是讓他化名隱居他處。

腓特烈自身也是神聖羅馬帝國諸侯的一員，即使以他的身分，藏匿路德仍是相當危險的行為。接著，路德就隱身於腓特烈的庇護之下，投入《新約聖經》的德譯工作。**在那之前的聖經皆是以拉丁語寫成，一般民眾無法閱讀。路德期望人人都能讀懂聖經，因而將之譯成德語。**

在這些活動的影響下，神聖羅馬帝國的諸侯當中，對於天主教、帝國行事風格有所批判的路德派諸侯漸趨增加，慢慢開始脫離帝國，或對帝國發動戰爭。神聖羅馬帝國皇帝查理五世為了避免帝國分裂，終於同意與路德派妥協，在《奧古斯堡和約》中認可了諸侯的信仰自由。

喀爾文教派倡導「發財致富也是好事」

跟在德國之後，瑞士也發生了宗教改革。瑞士的宗教改革是由**喀爾文**掀起，他也跟路德一樣，對天主教展開批判。此外他更主張「預選說」，認為**靈魂是否能夠得救，上帝早已決定。**

「預選說」認為命運無法改變，人生在世時不論做了好事或壞事，能否前往天堂，其實早就底定。「那我們到底能不能抵達天堂呢？」面對民眾的疑問，喀爾文主張，**「只要認真工作，獲得『勤勉付出的甜美回報』，逐漸累積財富，就是一種『受到救贖的證明』」。**換句話說，他倡導**只要勤奮工作，「發財致富也是對的」。**

過去人們總認為賺錢是「私利私慾」的行為，在世間形象不甚

第1章 歐洲歷史

第2章 西亞及伊斯蘭世界歷史

第3章 印度歷史

第4章 中國歷史

第5章 全球合而為一的時代

第6章 革命的時代

第7章 帝國主義與世界大戰的時代

第8章 近代西亞、印度

第9章 近代中國

第10章 現代世界

良好的工商業者，因而相當支持喀爾文這番「賺錢是好事」的想法。喀爾文教派於是在工商業興盛的英國、法國西部地區急速擴張。

英國宗教改革，起於國王的兒女私情

英國宗教改革的情況，跟德國、瑞士稍有不同，其動機完全是出自英國國王的「兒女私情」。

英王**亨利八世**渴望男丁，王后凱薩琳卻一直沒能生下男孩。為此，亨利八世逐漸冷落凱薩琳，欲與情人安·寶琳成婚。他向教廷訴請離婚，但教宗不允許。

於是，他為了離婚而脫離天主教會，創立新教派「**英國國教**」促使國會通過《至尊法案》，宣布由英王擔任教會最高領袖。。

在這部別稱《國王至上法》的法律之下，**由英王擔任宗教領袖的基督新教派誕生，亨利八世如願離婚了。**

不過，安·寶琳在婚後同樣沒能生下男孩，亨利八世因而再度離婚，甚至還處死了安·寶琳。最終，亨利八世一共換過六位妻子，之中有兩位遭到處刑。

在此番背景下成立的英國國教，說起來就是亨利八世為了離婚所創建的教派，因此諸如禮拜、儀式規範等，大多處於模稜兩可的狀態。因此在亨利八世死後，其子嗣愛德華六世、**伊莉莎白一世**皆曾追加教義。尤其伊莉莎白一世所制定的《禮拜式統一令》，明確訂定了禮拜和儀式的規範，英國國教終於站穩腳步。

天主教會的反擊

天主教會遭路德與喀爾文批判腐敗、墮落，**不願默默承受攻擊，決定反擊**。其所採取的行動，稱為天主教改革運動。

第1章 歐洲歷史

第2章 西亞歷史及伊斯蘭

第3章 印度歷史

第4章 中國歷史

第5章 合而為一的全球時代

第6章 革命的時代

第7章 帝國主義與世界大戰的時代

第8章 近代西亞、印度

第9章 近代中國

第10章 現代世界

圖3　基督教會的變遷

```
猶太教 ┈┈┈ 耶穌 ─┬─────────── 羅馬公教 ────────────── 天主教
              │        ↑中世紀分裂        ┌─ 路德教派 ┐
              │                  宗教改革 ▸├─ 喀爾文教派├ 新教
              │                           └─ 英國國教  ┘
              │
              ├─────────── 希臘正教 ─┬─ 希臘正教    ┐
              │                      ├─ 俄羅斯正教  ├ 東正教
              │                      └─ 塞爾維亞正教┘
              │
              └┈┈ 亞流教派、涅斯多留派 ┈┈┈ 保加利亞正教等
```

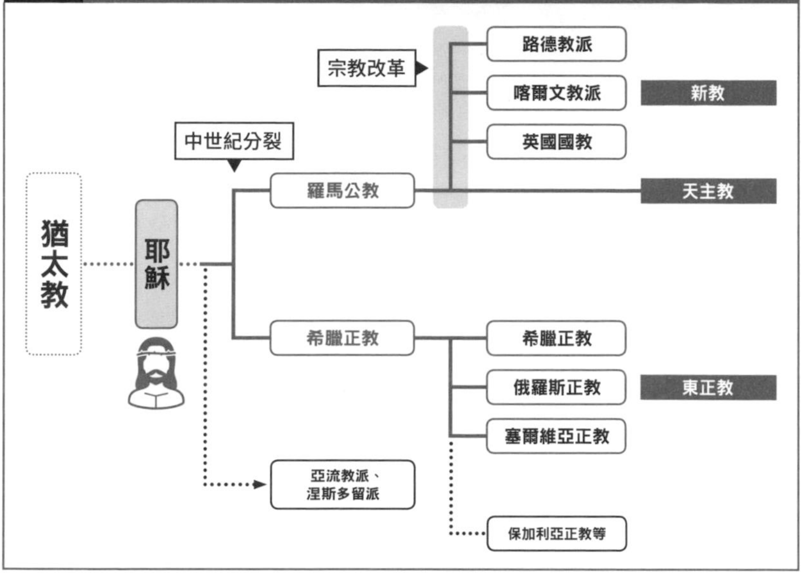

　　天主教會召開宗教會議（**特倫特大公會議**）以「鎮壓」宗教改革，最終加強了宗教審判，頻繁「處決女巫」，將異端逐一處刑。這般迫害行為，引發眾新教支持者猛烈抵抗，導致歐洲各地掀起多起**宗教戰爭**。

　　但在展開迫害的同時，天主教會也推行了形象改造活動──透過**耶穌會**在全球各地傳教，藉以明示「天主教也有做好事」。沙勿略神父赴日傳教就是其中一例。

戰爭擴大規模，「國家既有型態」隨之變化

 「適合戰爭的國家出現了！」

在大航海時代、宗教改革的同一時期，歐洲各國的「國家型態」開始產生了變化。

中世紀末期，法國、英國、西班牙、神聖羅馬帝國等「大國」紛紛登場，爆發了百年戰爭等激烈的戰事。接著，**由國王發揮領導能力，舉國出動以求戰勝的需求開始出現。**在這之前，中世紀「封建國家」的結構曾是「可以效忠多位君主，透過土地授受建立成契約關係的集合體」。因此，**國境曖昧不明，國王們「就算發動戰爭，也不曉得會有多少諸侯和騎士趕赴戰場」，這個問題向來存在。**

後來，為了轉型成「能夠舉國上下投入戰爭的國家」，新型態的**主權國家**誕生，取代了封建國家。主權國家是由「掌權者」統治，**全體國民都必須服從掌權者的決定。主權所涉及的範圍——亦即國境——變得更加明確，不再與他國主權重疊。**

在「主權國家」，「掌權者」可以動員全國的戰力，也可以在全國各個角落徵稅、施行法律。**就這樣，一旦發生戰爭，「能夠全國一心迎戰」的結構建立。**

在 15 世紀後段直至 16 世紀的**義大利戰爭**期間，主權國家的結構尤有發展。這是法王瓦盧瓦家族與神聖羅馬帝國哈布斯堡家族相爭達 60 年的戰事，戰亂漫長綿延，形塑出的概念即是「主權國家＝適合戰爭的國家」。

現今的日本，當然也是一個「國民主權」的「主權國家」。日

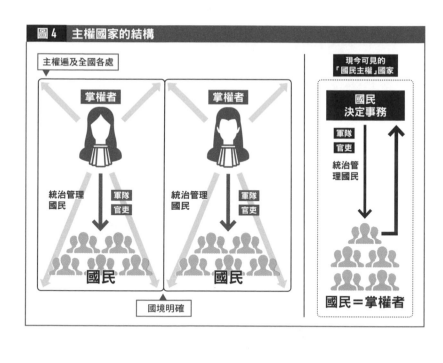

圖4　主權國家的結構

主權遍及全國各處

掌權者

統治管理國民　軍隊官吏

國民

掌權者

統治管理國民　軍隊官吏

國民

國境明確

現今可見的「國民主權」國家

國民決定事務

軍隊官吏

統治管理國民

國民＝掌權者

第1章 歐洲歷史

第2章 西亞及伊斯蘭世界歷史

第3章 印度歷史

第4章 中國歷史

第5章 合而為一的全球時代

第6章 革命的時代

第7章 帝國主義與世界大戰的時代

第8章 近代西亞、印度

第9章 近代中國

第10章 現代世界

本主權的涵蓋範圍，跟外國主權的涵蓋範圍不會重疊；國民「在選舉中選拔議員」，以多數決決定國家應有的模樣，且全體國民都會遵從議會的決定。議會一旦決定某樣事務，任誰也不可違逆。「透過國民所決定的事務統治管理國民」，就是「民權」。

　　不過在本章中，「民權」的國家尚未登場。此處的掌權者幾乎都是「國王」，以「王權」驅動國民趕赴戰場，繳納稅金也是為了維持國王的威望。

　　就像這樣，**「王權」是君主把持絕對權力的專制主義**。從此時起有段時間，這些國王在歷史舞台上大幅活躍。

「小國」荷蘭
成為西班牙的絆腳石

 ## 卡洛斯一世君臨德國和西班牙

　　在大航海時代中，**西班牙**一舉成為全球的最大亮點。神聖羅馬帝國皇帝，也就是長期據有德國皇帝寶座的**哈布斯堡家族**，透過巧妙的聯姻政策，取得了西班牙的王位。西班牙哈布斯堡家族的**卡洛斯一世**自此站穩腳步，在即位西班牙國王後，更依照著哈布斯堡家族的傳統，被選為神聖羅馬帝國皇帝，稱為**查理五世**。在此，「**兼任西班牙國王與神聖羅馬帝國皇帝（德王）**」的雙重國王誕生了。他正是那位令麥哲倫航行世界一周的西班牙國王，同時也是壓迫馬丁·路德的那位德國皇帝。

 ## 菲利普二世實現「日不落帝國」

　　卡洛斯一世死後，哈布斯堡家族分家，分為神聖羅馬帝國分支與西班牙分支。其後，**菲利普二世**繼承了西班牙王位。這位國王正是「菲律賓」命名的由來，他因娶鄰國葡萄牙的公主為妻，進一步兼任葡萄牙國王。此際，**西班牙原有殖民地加上葡萄牙的殖民地，結合成了一個超級大國，「西班牙在地球上的領土，隨時都有某處正沐浴著陽光」**，「日不落帝國」成真，菲利普二世的榮光遍布全球。

第1章 歐洲歷史
第2章 西亞及伊斯蘭世界歷史
第3章 印度歷史
第4章 中國歷史
第5章 合而為一的全球時代
第6章 革命的時代
第7章 世界帝國主義的時代大戰的時代
第8章 近代西亞、印度
第9章 近代中國
第10章 現代世界

圖5　世界帝國西班牙與「小石頭」荷蘭

荷蘭獨立，使西班牙開始衰退

西班牙

菲律賓

墨西哥

盧安達　莫三比克

秘魯

巴西

西班牙領土

菲利普二世時代的西班牙＝「日不落帝國」
西班牙在地球上的領土，永遠有某處正沐浴著陽光

荷蘭「乞丐兵」使西班牙由盛轉衰

　　不過，**登峰造極的「世界帝國」西班牙，卻被荷蘭這樣一個「小石頭」般的國家給絆了一跤，國力開始衰退。**荷蘭當時曾是西班牙領地，喀爾文教派日漸興盛，身為熱切天主教信徒的菲利普二世因而強制施行天主教，禁止荷蘭新教的信仰。荷蘭民眾苦於宗教逼迫與重稅，**奧蘭治親王威廉一世**於是領導反抗，**荷蘭獨立戰爭**爆發。

　　荷蘭挺身挑戰全球第一大國，路途險阻坎坷。對集全球財富於一身、穿戴著華美盔甲的西班牙士兵而言，窮國荷蘭的裝備，就像是頭戴木桶、手持魚叉當作武器那般簡陋，因而為之取了「乞丐兵」這個綽號。不過，荷蘭持續抵抗超過 20 年之久，最終勝過西班牙，成功獨立為「**尼德蘭七省聯合共和國**」。因長年戰爭而疲弊交加的西班牙，開始步向衰微；荷蘭則在成功獨立後創設東印度公司，取代西班牙成為世界貿易龍頭，迎向「榮耀的十七世紀」。

跨越混亂，英國確立議會政治

 備受國民愛戴的伊莉莎白一世

亨利八世以成立英國國教留名，其女**伊莉莎白一世**，則是英國君主專制的頂點人物。她擊破西班牙國王菲利普二世所引以為傲的「無敵艦隊」，從此一舉成名。伊莉莎白一世在**無敵艦隊之役**將西班牙逼至兵疲馬困，接著以**英國東印度公司**取代西班牙，步上了世界帝國的康莊大道。

伊莉莎白一世推出重商主義政策，保護羊毛產業，將毛織品銷往全球，使英國獲得了長足的發展。國民對這位王者敬愛不已，稱她為「好女王貝絲」。

但這位女王的私生活並不幸福。伊莉莎白一世之母，就是被父親亨利八世處死的安‧寶琳；姊姊瑪麗一世更曾將伊莉莎白一世長期監禁於倫敦塔內。這樣的家庭環境，使得伊莉莎白一世終生對婚姻敬謝不敏，一概拒絕各國國王和國內貴族的求婚。她終身未婚，因而有「童貞女王」（The Virgin Queen）之稱。

 斯圖亞特王朝成立與英國的混亂

伊莉莎白一世死後，新一波混亂席捲而來。**沒有丈夫的伊莉莎白，自然也就沒有子女，因此都鐸王朝就在她這代絕了後。**被找來當英國新任國王的人，同樣來自英格蘭，卻是北部的蘇格蘭國王**詹姆士一世**。

詹姆士一世以兼任英格蘭國王的形式登基，成立新的王室「**斯圖亞特王朝**」。奉行獨裁統治，倡導「**君權神授**」，亦即「國王的權力是神所賦予，絕對不可動搖」。其子**查理一世**同樣獨裁為政，父子皆壓制天主教及喀爾文教派（在英國稱為「清教」）發展，強制全民信仰英國國教。

查理一世罔顧議會，想要隨心所欲地增稅，議會因而提出《**權利請願書**》，要求「課稅請經議會同意，方能為之」，但查理一世卻嫌囉唆，下令解散議會。從那之後有 10 年時間，議會都未曾重啟，直到蘇格蘭爆發大規模叛變之際，查理一世欲向人民籌措經費，需要取得議會的首肯，才召開議會。

想當然耳，議會相當反彈：「**先把我們解散，需要錢的時候才召集我們，未免太任性妄為！**」議會迅速破局（**短期議會**），但查理一世需要新財源以支付軍費，於是又一次召集議會（**長期議會**）。**國王與議會持續對立，導致貴族分裂，形成支持國王的保王黨，以及支持議會的議會派。**

 ## 英國也有過「無王時代」

接下來**克倫威爾**這號人物，從議會派躍上了舞臺。喀爾文教派（清教）向來因為遭詹姆士一世和查理一世的壓迫而抱有不滿，克倫威爾當上領袖後編組「**鐵騎軍**」擊敗保王黨，逼查理一世投降，隨後將之公開處決。這場由克倫威爾等人掀起的革命，是由清教徒主導，因而稱為**清教徒革命**。

清教徒革命過後，英國邁向沒有國王的「共和政體」時代。當然，領袖也就是克倫威爾。克倫威爾所統治的英國**征服愛爾蘭**，將之納為英國領地；並藉由《**航海法**》（不允許荷蘭船隻在英國及其殖民地經商）挑釁貿易競爭對手荷蘭，還發動了**英荷戰爭**擊潰荷

第 1 章 歐洲歷史

第 2 章 西亞及伊斯蘭世界歷史

第 3 章 印度歷史

第 4 章 中國歷史

第 5 章 合而為一的全球時代

第 6 章 革命的時代

第 7 章 世界帝國主義與大戰的時代

第 8 章 近代西亞、印度

第 9 章 近代中國

第 10 章 現代世界

蘭。此次勝利使英國取代荷蘭，成為全球貿易市場的霸主。自此時起，克倫威爾開始顯露本性。他自行創設並就任「護國公」一職，在解散議會後展開獨裁，將護國公改為終身職，企圖畢生坐穩權力寶座。

 ## 比起獨裁者，國王反倒更好？

打倒獨裁國王的克倫威爾，竟然成為一名獨裁者，這番演變令國民大為衝擊，反對聲浪相當強烈：「說穿了，你也只是自己想當國王而已嘛！」「與其這樣，國王還比較好一點！」

克倫威爾死後，其子承其衣缽，但無力平息國民的反抗，逼不得已只好亡命法國。斯圖亞特王朝的國王接著捲土重來，查理二世從法國被迎入了英國，史稱「王政復辟」。只是這位國王又跟議會產生對立，似有解散議會、重啟獨裁的企圖；其弟詹姆士二世更是再次解散了議會。

 ## 從外國迎入國王好了！

國王無視議會、行事獨裁，即使改為共和政體也有獨裁者出現，在這樣的惡性循環之下，英國議會也展開深思。**為了杜絕獨裁，「不如從海外招來國王，以尊重議會為條件，令其登上王位」**。決定方向後，議會寫信給詹姆士二世的長女瑪麗二世與女婿荷蘭總督威廉三世，邀請他們一同坐上王位。

威廉三世旋即率領荷蘭軍登陸英國，幾乎所有貴族都與詹姆斯二世劃清界線。身陷孤立狀態的詹姆士二世亡命法國，將英國拱手讓給威廉三世。議會對即位的**威廉三世**和**瑪麗二世**提出《權利宣言》，宣告議會地位高於國王。雙王一同簽署，並向國民發表《權

第1章
歐洲歷史

第2章
西亞及伊斯蘭

第3章
印度歷史

第4章
中國歷史

第5章
合而為一的全球時代

第6章
革命的時代

第7章
帝國主義與世界大戰的時代

第8章
近代西亞、印度

第9章
近代中國

第10章
現代世界

利法案》，確立了**議會位階高於國王**的規範。這場革命沒有稱得上戰鬥的衝突，也幾乎沒有死者，因此世稱**光榮革命**。

不會說英語的英國國王

威廉三世死後，詹姆士二世之女，**安妮**登基。安妮女王最大的政績，是使英格蘭與蘇格蘭合併（兩國議會合而為一），成立了**大不列顛王國**。安妮女王之子皆在幼年亡歿，因此在安妮死後，流著斯圖亞特家族血脈的合法繼承人全數消失，斯圖亞特王朝自此斷絕。

此時，議會同樣決定從外國迎回國王，德國漢諾威家族具有英國皇室血統的**喬治一世**成為新國王。這位國王不會說英語，因此想當然耳，便**將國政交給了議會。英國議會較國王優越的狀態，進一步受到了鞏固。**

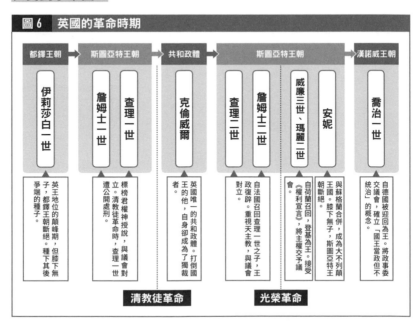

圖 6　英國的革命時期

都鐸王朝	斯圖亞特王朝		共和政體	斯圖亞特王朝				漢諾威王朝
伊利莎白一世	詹姆士二世	查理一世	克倫威爾	查理二世	詹姆士二世	威廉三世、瑪麗二世	安妮	喬治一世
英王地位的顛峰期，都鐸王朝斷絕。種下其後爭端的種子，但膝下無子	標榜君權神授說，與議會對立。清教徒革命時，查理一世遭公開處刑。		英國唯一的共和政體。打倒國王的他，自身卻成為了獨裁者。	自法國召回，登基為王。重視天主教，與議會對立	自荷蘭召回，登基為王。膝下無子，斯圖亞特王朝斷絕。	與蘇格蘭合併，成為大不列顛王國。接受《權利宣言》，將主權交予議會。		自德國被迎回成為國王。將政事委交議會，確立「國王當政但不統治」的概念。

清教徒革命　　　　**光榮革命**

法蘭西榮光，
路易十四與凡爾賽宮

 ## 宗教改革浪潮抵達法國

在法國，始自百年戰爭的**瓦盧瓦王朝**持續擁有王位。

宗教改革的浪潮終於抵達法國，**信仰天主教的貴族與信仰喀爾文教派的貴族分裂，爆發「胡格諾戰爭」（法國宗教戰爭）**（「胡格諾」是喀爾文教派在法國的名稱）。

內戰漸漸泥淖化，並曾發生「**聖巴托羅繆日大屠殺**」等多起屠殺事件。

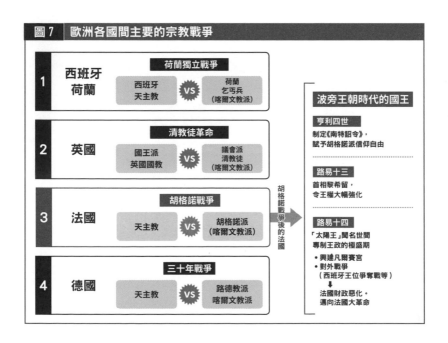

圖 7　歐洲各國間主要的宗教戰爭

| | **西班牙荷蘭** | 荷蘭獨立戰爭 |
| 1 | | 西班牙天主教 VS 荷蘭乞丐兵（喀爾文教派） |

| | **英國** | 清教徒革命 |
| 2 | | 國王派英國國教 VS 議會派清教徒（喀爾文教派） |

| | **法國** | 胡格諾戰爭 |
| 3 | | 天主教 VS 胡格諾派（喀爾文教派） |

| | **德國** | 三十年戰爭 |
| 4 | | 天主教 VS 路德教派喀爾文教派 |

胡格諾戰爭後的法國 →

波旁王朝時代的國王

亨利四世
制定《南特詔令》，
賦予胡格諾派信仰自由

路易十三
首相黎希留，
令王權大幅強化

路易十四
「太陽王」聞名世間
專制王政的極盛期
• 興建凡爾賽宮
• 對外戰爭
（西班牙王位爭奪戰等）
↓
法國財政惡化。
邁向法國大革命

內戰終結，波旁王朝起步

此時，人稱「賢明王亨利」的**亨利四世**登場了。

由於瓦盧瓦家族遭到暗殺而絕後，法國於是自其分支波旁家族迎來了這號人物。但亨利四世身任新教胡格諾派領袖，卻要繼承代代都是天主教的法國王室，使得**天主教派的貴族猛烈反對**。

不過，亨利四世靠著傑出的制衡手腕解決了紛爭。他先捨棄胡格諾派後改宗天主教，接著認可了胡格諾派的信仰自由（**《南特詔令》**）。亨利四世加入天主教陣營，同時也賦予胡格諾派信仰的自由，讓兩邊的面子都掛得住。他將胡格諾戰爭導向尾聲，致力於復興因戰亂而荒廢的法國。

對貴族「封口」

波旁王朝的第二任國王是**路易十三**。路易十三時代的宰相**黎希留**為了進一步增強王權，試圖削減貴族的勢力。**他喊停「三級會議」，封住貴族們叨叨絮絮的嘴，策劃著要使國王成為舉國最高位的掌權者。**

法蘭西榮光的象徵：太陽王

其後**路易十四**在 5 歲登基時尚且年幼，無法親理朝政，宰相**馬薩林**因而代其為政。

馬薩林也跟黎希留一樣，希望能削弱貴族權限、強化國王權力；但貴族亦掀起**投石黨運動**以圖維持原狀。一時之間，幾乎演變成路易十四與馬薩林必須亡命天涯的大叛亂，最終因貴族內部分裂而受到鎮壓。

第1章 歐洲歷史

第2章 西亞及伊斯蘭 世界歷史

第3章 印度歷史

第4章 中國歷史

第5章 全球時代 合而為一的

第6章 革命的時代

第7章 世界大戰的時代 帝國主義與

第8章 印度 近代西亞、

第9章 近代中國

第10章 現代世界

這場叛亂，對於在馬薩林死後開始親臨朝政的年輕路易十四而言，產生了無比的助益。再怎麼說，**貴族是自行掀起叛亂，其後遭到鎮壓，因此路易十四是在沒有煩人貴族干涉下，展開了統治。**

「太陽王」路易十四表明「朕即國家」（我就是法國！），並如同此言，實現了君主專制的極盛期。

首先，路易十四為確保足以支撐專制王政的財源，擢用了**柯爾貝爾**為財務大臣，採取重商主義政策，保護國內產業並振興貿易。接著，他毫不惋惜地將這份收益投入建造壯麗的**凡爾賽宮**，以及發動對外戰爭。

史上再也沒有哪號人物，如同路易十四這般積極對外征戰。不過，路易十四有著「好戰者的戰爭執著」，就算初戰告捷也不懂得「見好就收」，常在拉長戰爭的過程中導致戰況惡化，最終再以不利的條件談和。

其中一場具代表性的戰爭，就是路易十四晚年時的「西班牙王位爭奪戰」。**路易十四抓準西班牙哈布斯堡家族斷嗣的機會，試圖安插孫子菲利普成為西班牙國王。周遭各國心想哪能稱心如意，因而對法國發動集中攻擊，釀成了長達 12 年的大型戰爭。**

路易十四傾盡全國力量，煞費工夫才將菲利普成功安插進西班牙王室，登基為**菲利普五世**，其代價卻是在講和條約《烏得勒支條約》中喪失了美洲殖民地，成為實際利益反倒減少的「高價」戰爭。

此外，路易十四在晚年時廢除了《南特詔令》，**禁止人民信仰新教的胡格諾派（喀爾文教派）**。或許路易十四認為法國的王者就該是天主教「正統派」的國王，他祭出政策，「新教必須改宗，否則就得放逐國外」。不過**胡格諾派大多數從事工商業，工商業者流亡國外，最終導致國內經濟停滯。**

由於建造凡爾賽宮、接二連三對外戰爭勞民傷財、工商業者又流向海外，**路易十四在晚年時財政困難，隨後引發了法國大革命。**

使德國全境荒廢的三十年戰爭

第1章 歐洲歷史

第2章 西亞及伊斯蘭世界歷史

第3章 印度歷史

第4章 中國歷史

第5章 合而為一的全球時代

第6章 革命的時代

第7章 世界帝國主義與大戰的時代

第8章 近代西亞、印度

第9章 近代中國

第10章 現代世界

 德國人口銳減至三分之一

就像荷蘭獨立戰爭、英國清教徒革命、法國胡格諾戰爭那般，新教與天主教對立的宗教改革浪潮，同樣也波及了德國（神聖羅馬帝國）。

皇帝**查理五世**在與路德妥協的《奧古斯堡和約》之中，允許了**諸侯在其所屬地區可決定要信仰天主教或路德教派**。換句話說，多達 300 位諸侯，皆可自由選擇天主教或路德教派。

在這之後，究竟發生了什麼情況呢？某位諸侯屬於天主教，另一位諸侯又是路德教派，德國的宗教狀態變得雜亂無章。

為和解而生的《奧古斯堡和約》，反使國內產生了分裂。相鄰的諸侯反目成仇，引爆了 17 世紀最大的戰亂**三十年戰爭**。

天主教和路德教派的諸侯打成一團，混戰遲遲無法分出高下。前者藉助西班牙的力量，後者則向同為新教國家的丹麥、瑞典，甚至天主教國家法國借力，演變成席捲全歐洲的大型戰爭。據說這場嚴重的戰亂，終致德國人口剩下三分之一。

三十年戰爭後，各方簽訂《西發里亞和約》決議停戰，但在這樣浩大的爭端過後，不論再怎麼努力，神聖羅馬帝國都已無法再整合為一。皇帝允許諸侯成為獨立國家，令信仰邁向自由。

《西發里亞和約》就如同「**帝國的死亡證明**」。此後，「神聖羅馬帝國」的名號和皇帝雖仍存在，實際上卻跟解體無異。

「新興國家」與「老將」激烈衝突！

三十年戰爭過後，德國境內有兩個國家嶄露頭角，那就是**普魯士**和**奧地利**。

普魯士是在三十年戰爭後成立的年輕國家。在人稱「士兵國王」的**腓特烈‧威廉一世**治理下，普魯士增強軍備、力求節約，甚有德國人的風格，是一個質樸剛毅的國家。其子是世稱「腓特烈大帝」的**腓特烈二世**，聰明過人且富有軍事才能，在藝術和學問方面亦是一流人物。

另一方面，哈布斯堡家族的**奧地利**，則是神聖羅馬皇帝代代輩出的歐洲第一名門。在神聖羅馬帝國因三十年戰爭解體之後，哈布斯堡家族成為神聖羅馬帝國最大的諸侯，專心經營自身的國家。

「新興國家」普魯士與「老將」奧地利，這對勁敵隨後引爆了兩回合的激烈衝突。

衝突第一回合，**瑪麗亞‧德蕾莎**即位為奧地利女王，**普魯士的腓特烈二世不認同女性繼承王位，因而對奧地利宣戰**，引發奧地利王位爭奪戰。普魯士找來法國，奧地利則找來英國，各擁靠山大動干戈，最終由普魯士得勝。

腓特烈二世雖同意由瑪麗亞‧德蕾莎繼承奧地利，卻自奧地利奪取了有著密集煤田的大型工業地帶**西利西亞地區**。

瑪麗亞‧德蕾莎亟欲奪回這塊豐腴的土地，因而**跟已經持續對立 300 多年的「宿敵」法國結成了同盟**，跌破歐洲諸國的眼鏡，只為與普魯士對抗。

同一時期，普魯士也在抵抗著來自北方俄羅斯的威脅，因而與英國締結同盟關係，外交關係正巧「狀態互換」。這些外交方針的轉換，史稱**外交革命**。

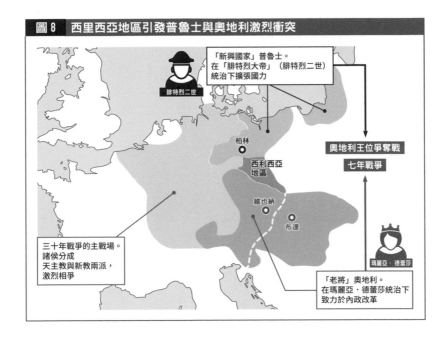

圖8　西里西亞地區引發普魯士與奧地利激烈衝突

腓特列二世

「新興國家」普魯士。
在「腓特烈大帝」（腓特烈二世）
統治下擴張國力

奧地利王位爭奪戰
七年戰爭

柏林

西利西亞
地區

維也納

布達

三十年戰爭的主戰場。
諸侯分成
天主教與新教兩派，
激烈相爭

「老將」奧地利。
在瑪麗亞・德蕾莎統治下
致力於內政改革

瑪麗亞・德蕾莎

第1章　歐洲歷史

第2章　西亞及伊斯蘭世界歷史

第3章　印度歷史

第4章　中國歷史

第5章　合而為一的全球時代

第6章　革命的時代

第7章　世界帝國主義與大戰的時代

第8章　近代西亞、印度

第9章　近代中國

第10章　現代世界

報仇雪恥，戰線擴及全球

　　試圖奪回西利西亞地區的奧地利及同盟國法國，對上嘗試防堵的普魯士及英國，報仇雪恥的時刻終於到來。衝突第二回合展開，是為**七年戰爭**。**戰線不僅出現在歐洲，甚至延燒到英法間彼此爭奪的美洲和印度，往全球擴張。**

　　一時之間，奧地利曾似勝利在望，但最終仍由普魯士得勝，奧地利並未如願奪回西利西亞地區。

德國女王
成為俄羅斯專制君主

 「重返獨立」，邁向大國之路

在這個時代，「北方之熊」俄羅斯終於有了動作。自基輔公國開始，俄羅斯成了蒙古帝國的一部分，但在莫斯科大公國成立後，俄羅斯如願重返獨立，開始往西伯利亞擴張領土，走上大國之路。

 俄羅斯並未掀起宗教戰爭

從 17 世紀初至 20 世紀統治著俄羅斯的**羅曼諾夫王朝**，由於受到俄羅斯正教會的強烈影響，**並未如他國那般，經歷宗教戰爭將國家撕裂成兩半的事態。**

因此，皇帝（俄語為「沙皇」）得以行君主專制（沙皇專制），不論在政治和宗教方面，都以強大力量統治著俄國。

在眾沙皇中最有名的一位，就是被稱為「彼得大帝」的**彼得一世**。他主張「想贏過其他國家，就必須發展西洋化與近代化」，並派遣使節團前往荷蘭、英國等處，走遍當時的先進國家以吸收技術。不僅如此，他本人甚至用化名混進使節團中，曾在荷蘭東印度公司的造船廠當船匠工作了 4 個月，學習造船技術。如此孜孜不倦推進近代化的結果，使俄國軍隊變得強大，在**北方大戰**中擊敗了瑞典軍。彼得大帝在自瑞典奪來的波羅的海沿岸領土建設新城市**聖彼得堡**，將大本營一口氣拉近歐洲。俄國這股歐洲新興勢力，也在人們心中留下了印象。

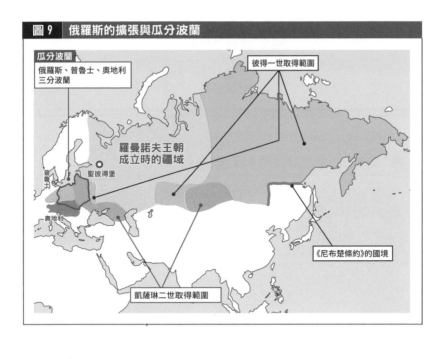

圖9　俄羅斯的擴張與瓜分波蘭

瓜分波蘭
俄羅斯、普魯士、奧地利
三分波蘭

彼得一世取得範圍

羅曼諾夫王朝
成立時的疆域

普魯士

聖彼得堡

奧地利

《尼布楚條約》的國境

凱薩琳二世取得範圍

第1章 歐洲歷史
第2章 西亞及伊斯蘭世界歷史
第3章 印度歷史
第4章 中國歷史
第5章 合而為一的全球時代
第6章 革命的時代
第7章 帝國主義與世界大戰的時代
第8章 近代西亞、印度
第9章 近代中國
第10章 現代世界

廣受國民歡迎的德裔俄國沙皇

　　女皇**凱薩琳大帝**，是與彼得一世齊名的俄國沙皇代表。她生為德國貴族之女，是個徹頭徹尾的德國人。

　　最初她嫁給俄國沙皇當王妃，但對於懦弱無能的丈夫感到不滿，於是發動政變自立為王，是位女中豪傑。

　　智勇雙全的女皇誕生時，國民和教會雙雙歡迎，為女皇即位深感欣喜，從此處也可窺見這位人物之不凡所在。

　　沙皇凱薩琳大帝發揮傑出的領袖風範，在軍事方面取得烏克蘭與**克里米亞半島**，往俄羅斯殷切盼望的溫暖南方發展；外交方面，她煽動普魯士、奧地利強取波蘭領土，三國聯手掠奪並瓜分了波蘭領土（**瓜分波蘭**）。因此，波蘭曾暫時從地圖上失去蹤跡。

歐洲加速
控制全球

 葡萄牙、西班牙揚旗全球

如同前面篇幅所見，自大航海時代開始，歐洲各國便頻繁往海外發展，將全球串聯成一體。不過，**如此「全球化」的發展實為歐洲支配力量的擴張行動，具有強烈的「單向」性質。**

最早揚旗全球的葡萄牙，在印度的果亞、中國的澳門建立據點，以大型船隻聯繫亞洲各國，獨占對亞洲的貿易。

最早赴美洲（新大陸）發展的西班牙，則征服阿茲特克帝國、印加帝國，殘忍地逼迫原住民開挖墨西哥和秘魯的銀礦，一點不剩地帶回西班牙本土。

 荷蘭往全球發展

剛自西班牙獨立的荷蘭，傾全國之力，透過轉口貿易連接起全球的港口。**對小國荷蘭而言，轉口貿易正謂掌握「國家」的命脈所在。**

荷蘭的目標是印尼名聞四海的「香料群島」摩鹿加群島。為了獨占這些島嶼所能取得的香料，荷蘭在印尼的「玄關」巴達維亞（雅加達）建設據點，並藉「安汶大屠殺」（荷蘭襲擊英國商館的事件）將較晚至該處發展的英國拒於門外，獨占了印尼的香料貿易。

荷蘭掌握全球貿易霸權的情形，隨後一路持續，直到在英荷戰爭中敗陣為止。

第1章 歐洲歷史

第2章 西亞及伊斯蘭歷史

第3章 印度歷史

第4章 中國歷史

第5章 合而為一的全球時代

第6章 革命的時代

第7章 世界帝國主義與大戰的時代

第8章 印度近代西亞、

第9章 近代中國

第10章 現代世界

英國、法國的全球發展與爭端

英國在進軍印尼時不敵荷蘭，因而**放棄印尼，將著力點轉向印度。**這是因為印度的棉花是市場需求的「生活必需品」。英國在印度的馬德拉斯（今清奈）、加爾各答等處建設了據點。

相對於此，法國則在英國據點的土地近旁──馬德拉斯附近的朋迪治里、加爾各答附近的昌德納加等處建立己方據點，盤算著從旁奪取英國的賺頭。

美洲的大地，同樣成為英國與法國的爭奪場域。英國建造了**維吉尼亞殖民地**（名稱取自「童貞女王」〔The Virgin Queen〕伊莉莎白一世），法國則建造了**路易斯安那殖民地**（名稱取自路易十四）。

這兩個國家在歐洲所掀起的戰爭，背後通常都有著「另一場戰爭」，也就是爭奪殖民地。

代表性的事例，諸如在西班牙王位爭奪戰的檯面下，打著「安妮女王戰爭」（爭奪美洲）；在奧地利王位爭奪戰檯面下，打著「喬治王戰爭」（爭奪美洲）；在**七年戰爭**檯面下，打著**「英法北美戰爭」**（爭奪美洲）和**「普拉西戰役」**（爭奪印度）等。

在這些戰爭中得勝的英國，成為了全球貿易的最終贏家，隨後在世界各地逐步建立起「大英帝國」的立足之地。

歐洲各國靠「黑色貨物」大發利市

歐洲各國為了在新大陸經營殖民地，自非洲網羅奴隸（對美洲的原住民同樣施以「奴隸式」的對待），將這些奴隸運往美洲殖民地販售。

人稱「黑色貨物」的奴隸被印上烙印後塞滿船艙，在幾乎無法

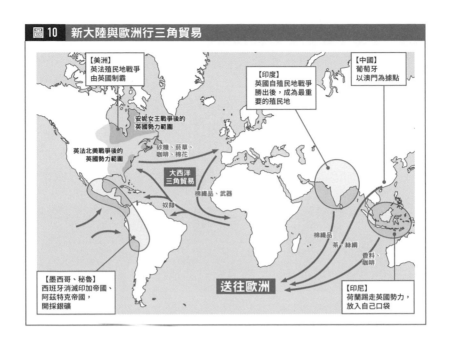

圖10　新大陸與歐洲行三角貿易

【美洲】
英法殖民地戰爭
由英國制霸

【印度】
英國自殖民地戰爭
勝出後，成為最重
要的殖民地

【中國】
葡萄牙
以澳門為據點

安妮女王戰爭後的
英國勢力範圍

英法北美戰爭後的
英國勢力範圍

砂糖、菸草、
咖啡、棉花

大西洋
三角貿易

棉織品、武器

奴隸

棉織品

茶、絲綢

香料、
咖啡

【墨西哥、秘魯】
西班牙消滅印加帝國、
阿茲特克帝國，
開採銀礦

送往歐洲

【印尼】
荷蘭踢走英國勢力，
放入自己口袋

動彈的狀態下，歷經一個月甚至長達半年的航行，被帶往美洲。不
少奴隸都在船上染病後死亡，死後就被投入海中。

　　就算順利抵達美洲，也會受到慘無人道的使喚，被迫在墨西哥
的銀礦、加勒比海的甘蔗田（砂糖被稱為「白色貨物」，在歐洲可
高價販售）、北美的棉花田、菸草田裡工作。美洲所生產的物資，
轉頭就會運走，在歐洲市場廣為販售。

　　接著，歐洲將武器和棉織品運往非洲，將之販售給當地的部
落，令其襲擊對立的部落「獵捕奴隸」，作為奴隸的供給來源。

　　前面曾提及那光輝四溢的諸王歷史，其實正是由奴隸販售等**三
角貿易**所帶來的財富一手撐起，這一點我們絕對不能忘記。

第6章

革命的時代

第6章 革命的時代 概述

工業革命

克里米亞戰爭

法國大革命

美國獨立、
南北戰爭

拿破崙死歿地

歷史的舞臺

從「王權國家」到「民權國家」，
人民驅動國家的時代到來

本章將有工業革命、美國獨立革命、法國大革命、七月革命、二月革命、三月革命等眾多「革命」登場。

受到基督教強烈影響的「神權國家」，發展成由國王掌握至高權力的「王權國家」，接著歷經革命時代，由人民執掌主權、由人民意志驅動國家的「民權國家」問世。

革命使為數眾多的「民權國家」誕生，社會和戰爭的樣貌也有了大幅改變。

歐洲各國的觸手加速伸往全球，在這個時代對立的利害關係，為後續世界大戰埋下了「伏筆」。

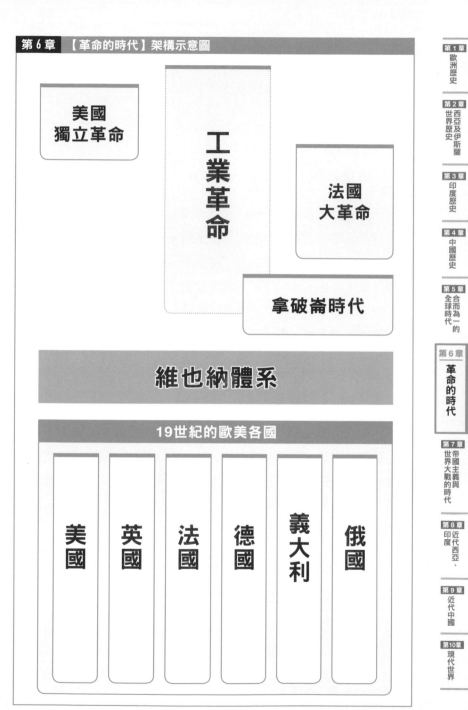

美國
獨立革命

工業革命

法國
大革命

拿破崙時代

維也納體系

19世紀的歐美各國

美國　英國　法國　德國　義大利　俄國

「失業農民」成為「城市勞工」

⚔ 撐起英國發展的兩大事物

在前一章，我們談到英國一邊與荷蘭、法國相爭，逐漸掌握了世界貿易霸權的過程。而那也是**在全球拓展「銷售管道」的過程**。在這一章中，英國將率先完成「工業革命」，**整個國家投身工業化的製造業生產品，並利用其所擁有的管道銷售，獲取龐大的利益。**繼人稱「世界工廠」的英國之後，歐洲各國列強也一一掀起工業革命，為求擴張市場，轉採海外發展政策。

工業革命，指的是從「手工業」轉變成「機械工業」的一連串技術革新。英國之所以能夠率先完成工業革命，站穩「世界工廠」的地位，是因為英國國內的「資本」和「人力」雙雙齊備。英國在印度、美洲等處的殖民地競爭中脫穎而出，**透過大西洋的三角貿易、亞洲貿易等，攢累起經商所需的資金**。另外，由於圈地運動持續發展，導致**失業農民人滿為患**。在當時的大環境，想在城市裡募集勞工，要多少就有多少。

⚔ 從棉紡織產業，到能源、交通革命

工業革命首先始於棉紡織業。**約翰·凱伊**將「飛梭」這個簡單結構（機械構造）與編織棉織品的機械結合。新構造不再需要用手觸碰「梭子」，只需左右移動，就能編織出織品的緯紗。這個「小巧思」使織品產能一舉翻了數倍，據說沒過多久就造成英國面臨紗

線缺貨的情況。紗線缺貨後，就開始需要能夠紡織紗線的紡織機了。包括**哈格里夫斯**的珍妮紡紗機、**阿克萊特**的水力紡紗機、**克朗普頓**的騾機，紡織機的改良一日千里。

這類紡織機最初是以水力驅動，後來經**瓦特**改良蒸汽機，開始運用於各類用途後，紡織機、**卡特萊特**所發明的水力織布機（可自動織布的機器）接連問世，織品產量再度增加。蒸汽機也被用於交通工具上，**司蒂芬遜**發明實用的蒸汽火車頭，美國的**富爾頓**則發明汽船，使蒸汽機變得更實用。

⚔ 工業革命使社會產生巨幅變化

工業革命也對全球帶來了形形色色的影響。首先，**機械的發展「奪走」了過往手工業者的工作。**手工業者對失業的憤怒轉變為對機械的恨意，釀成一場毀損機械的暴動（**盧德運動**）。

緊接著出現的變化，則是資本家與勞工的分化。人們的生活有了轉變，有能力購買機械、經營工廠的人，藉由壓榨勞工變得日漸富庶；勞工則得在工廠中長時間勞動（每天工作 18、19 小時是家常便飯），方可勉強餬口。勞工所累積的不滿，在往後逐漸帶起勞工運動、社會主義運動。

英國最早完成工業革命，樹立起「世界工廠」的地位，而周遭國家也開始追隨起英國的腳步。

工業革命首先傳至與英國隔海相望的比利時、法國，接著是美國、德國，稍晚抵達了俄羅斯，並往日本逐步蔓延。

這些國家在當時以「先進國家」的姿態製造並販售物品，逐步引領全球貿易的風向。另一方面，在上述國家之外，尤其**亞洲、非洲等處的國家則成了從屬國，被迫向先進國家提供原物料、購買先進國家所生產的物品。**

第 1 章　歐洲歷史

第 2 章　西亞及伊斯蘭　世界歷史

第 3 章　印度歷史

第 4 章　中國歷史

第 5 章　合而為一的　全球時代

第 6 章　革命的時代

第 7 章　世界帝國主義與　大戰的時代

第 8 章　印度近代西亞、

第 9 章　近代中國

第 10 章　現代世界

英國「無理」，
13 處殖民地舉旗造反

⚔ 從「君權國家」成為「民權國家」

工業革命是產業與經濟的結構革命，與此同時，在政治結構上也出現了「革命」——那就是美國獨立革命、法國大革命等資產階級革命。前面曾經登場的國家，大多是由單一王者把持主權，按王者意志驅動國家的「君權國家」。

不過，經過美國獨立革命、法國大革命等「資產階級革命」所成立的國家，則是由人民代表商談治國方針，透過人民意念制定出「法律」來治理經營的「民權國家」。尤其美國更以憲法明訂主權在民，首度發展成正式的「民權國家」，對其後民主主義國家的成立帶來了偌大影響。

⚔ 殖民地四處分散

英國自從在北美洲建立維吉尼亞殖民地後，總共建設了 13 處殖民地（北美十三州）。

這些殖民地在各式各樣的背景之下一一出現：在英國本土無法自由信仰喀爾文教派的清教徒、以及天主教基督徒為追求信仰自由所建設的殖民地；當上領主後，為求自行營運所開闢的殖民地；自英王獲得土地而生的殖民地等。因此，這 13 個殖民地，原是處於各自分散的獨立狀態。

呈四散狀態的美洲殖民地，為何會團結起來建立國家，甚至求

取獨立而與英國爆發戰爭呢？「七年戰爭」正是一切的肇因（七年戰爭的真正意涵，是英國與法國互爭殖民地的戰爭）。

在七年戰爭中，英國最終得勝，成功從法國手中奪取遼闊的殖民地。對各個殖民地而言，這可以防止自身土地遭到法國攻擊；而英國拓展了勢力範圍，同樣是喜上眉梢。但新的問題出現了：「這場戰爭的軍事支出，該從何處調度？」

英國本土為了這場戰爭，已將大量士兵和物資送往美洲，消耗了鉅額的軍事費用。

因此，英國**欲向殖民地課取重稅，以圖籌措軍費。**英國採取「當地調度」軍費的做法，對砂糖、葡萄酒、咖啡等奢侈品以及出版品等各類物品開徵重稅。

殖民地這邊感覺是在為英國自行掀起的戰爭擦屁股，因此爆發了猛烈的反彈，拒絕高額稅項。曾經各自為政的殖民地，也就這樣團結了起來。

殖民地認為，英國本土議會在沒有任何殖民地代表的狀態下，「擅自」決定了許多事項，因而喊出「無代表，不納稅」的口號，主張：「在殖民地代表無法進入議會的狀況下，我們不會同意這種稅制！」

⚔ 波士頓港染成茶色

在這般情勢之下，英國本土又制定了《茶葉法》，規定茶葉只可由英國東印度公司獨家販售。「連我們平時在喝的茶，英國都想撈一筆嗎！」激進派襲擊了英國東印度公司停泊於波士頓港的船隻，將箱裝茶葉扔入海中（波士頓茶葉事件）。英國本土將此事視為造反行動，殖民地代表也召開大陸會議以增進團結。

獨立戰爭就這樣展開了，但敵人再怎麼說都是英國的官方軍

第 1 章 歐洲歷史

第 2 章 西亞及伊斯蘭世界歷史

第 3 章 印度歷史

第 4 章 中國歷史

第 5 章 合而為一的全球時代

第 6 章 革命的時代

第 7 章 帝國主義與世界大戰的時代

第 8 章 近代西亞、印度

第 9 章 近代中國

第10章 現代世界

隊；殖民地這邊，卻是些拼拼湊湊的民兵，正面迎擊無異於以卵擊石。因此，殖民地陣營使出了各種手段。**湯瑪斯‧潘恩**的著作《**常識**》（Common Sense）以平易近人的詞彙，向群眾宣揚「獨立是眾人皆知的基本道理」，幫助輿論加溫；**傑佛遜**等人所起草的《**獨立宣言**》緊接著問世。殖民地陣營從第一戰就訴諸建國理念，主張「正義在我」。

英國的眾對手國也開始順水推舟——法國派兵支援美洲；俄羅斯的凱薩琳大帝籌組武裝中立聯盟，表明中立立場，又一邊持續向美洲輸出物資，提供支援。最終，美洲殖民地在建國英雄**華盛頓**所領軍的**約克鎮戰役**中，拿下了決定性的勝利。

英國於《巴黎和約》中承認了美國的獨立地位，美國則在四年後制定**憲法**，明文規定前文所述的主權在民概念，沒有國王，聯邦共和體制的「民主主義國家」**美利堅合眾國**於是成立了。

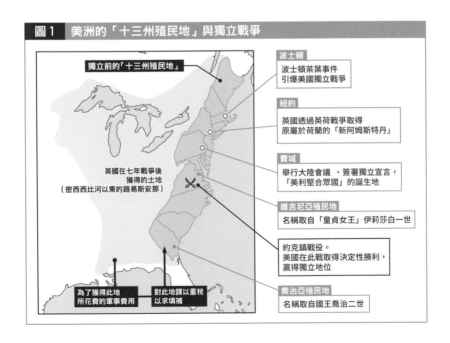

圖1　美洲的「十三州殖民地」與獨立戰爭

獨立前的「十三州殖民地」

英國在七年戰爭後
獲得的土地
（密西西比河以東的路易斯安那）

為了獲得此地
所花費的軍事費用

對此地課以重稅
以求填補

波士頓
波士頓茶葉事件
引爆美國獨立戰爭

紐約
英國透過英荷戰爭取得
原屬於荷蘭的「新阿姆斯特丹」

費城
舉行大陸會議、簽署獨立宣言，
「美利堅合眾國」的誕生地

維吉尼亞殖民地
名稱取自「童貞女王」伊莉莎白一世

約克鎮戰役。
美國在此戰取得決定性勝利，
贏得獨立地位

喬治亞殖民地
名稱取自國王喬治二世

用斷頭臺處死國王！
全歐洲動盪四起！

第1章 歐洲歷史

第2章 西亞及伊斯蘭 世界歷史

第3章 印度歷史

第4章 中國歷史

第5章 合而為一的 全球時代

第6章 革命的時代

第7章 世界主義與 帝國大戰的時代

第8章 近代西亞、 印度

第9章 近代中國

第10章 現代世界

⚔ 短短兩代，自天堂墜入地獄

　　「法國大革命」一詞，指的是法國民眾推翻**路易十六**王政，轉向無王共和政體的一連串事件，一言蔽之即是「民眾打倒王政」。但若再想想，路易十六不久前的國王，其實就是「太陽王」路易十四。**一個是坐擁至高權力的專制君主路易十四，一個則是被拽到法國民眾面前，以斷頭臺公開行刑的路易十六，只不過相隔兩代，法國的王朝就遽變驟起，一陣天翻地覆。**

　　路易十六即位時的法國，正面臨著艱困的財政難題。路易十四時代因凡爾賽宮等建設揮金如土，還發動大量對外戰爭；而路易十六本身也曾出兵參加美國獨立戰爭，導致財政枯竭。

　　為了解決這番財政難題，路易十六考慮對民眾增稅，但平民的重稅已達臨界點，無法再榨取一分一毫。

　　要開發新財源，就只能對向來享有免稅的神職人員、貴族等「特權階級」課稅。

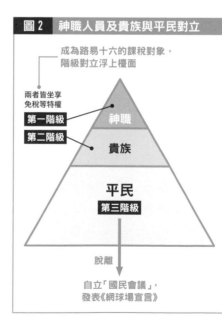

圖2　神職人員及貴族與平民對立

成為路易十六的課稅對象，階級對立浮上檯面

兩者皆坐享免稅等特權
第一階級 神職
第二階級 貴族

平民
第三階級

脫離

自立「國民會議」，發表《網球場宣言》

神職人員和貴族當然反對。這兩個階級對國王滿腹怨言，要求召開自路易十三起就停辦的三級會議。路易十六同意舉辦，卻又導致三級會議中向來肩負重稅的平民（第三階級），與向來可享免稅的神職人員（第一階級）和貴族（第二階級）形成對立局勢。

⚔ 脫離第三階級

三級會議的爭議當然沒有交集——第一、二階級的神職人員和貴族不想繳稅，第三階級平民會議想讓這些人繳稅因此出現膠著狀態。比起財政問題，協商內容反倒環繞著「應該怎麼表決？」而僵持不下。

第三階級接著有了動作。他們**脫離三級會議，賦予自身一個新的名號——「國民會議」**。但路易十六不允許第三階級在他面前擅自行事，將之逐出了議場。

第三階級表示「會議在哪裡開都行」，於是到網球場集合，以該處為議場，宣告國民會議成立。他們發表《網球場宣言》，宣布除非能靠己力制定憲法，否則絕不解散。在第一、二階級當中，也有一些人贊同這個議會。

⚔ 第三階級的行動，演變成伴隨武力的「革命」

眼見第三階級的胡作非為，路易十六施以武力鎮壓（路易十六本身有著「好好先生」的一面，他其實願意接受國民會議，但王妃瑪麗・安東尼和貴族中的強硬派則奮力促成壓制行動）。對此，民眾的反應升級為武裝暴動。

民眾攻陷了關押眾多政治犯的暴政象徵地「巴士底監獄」。占領牢獄一舉等於在宣告著對權力無懼：「沒人能將我們打入大牢！」

第1章 歐洲歷史

第2章 西亞及伊斯蘭世界歷史

第3章 印度歷史

第4章 中國歷史

第5章 全球合而為一的時代

第6章 革命的時代

第7章 世界帝國主義與大戰的時代

第8章 近代西亞、印度

第9章 近代中國

第10章 現代世界

另外，被建造成要塞的巴士底監獄內部，其實存放著武器彈藥；率先確保武器來源，也是民眾的一種作戰方針。接下來，國民會議宣告「正義在我」，發表**法國《人權宣言》**，目標打造出「自由、平等、**主權在民**」的國家。

⚔ 「婦女」的怒火到達頂點

巴士底監獄遭到攻陷，巴黎四處燃起熊熊的革命火焰，觸目所及都有軍隊與民眾陷入戰鬥狀態。巴黎受到這場混亂與前年欠收的影響，糧食開始短缺。怒氣衝天的數千名「太太」結伴殺至凡爾賽宮，指責道：「給我麵包！」「為這場混亂負起責任來！」「別躲在什麼凡爾賽宮，給我來巴黎！」（**凡爾賽婦女大遊行**）並將路易十六及其家人帶往巴黎。**自此事件後，路易十六一家便處於巴黎市民的監控之下。**

⚔ 國王逃亡導致威信盡失

接著又發生了一件事，令路易十六一家的處境再度惡化——那就是他們逃亡失敗的事件（**路易十六出逃事件**）。國王全家變裝後使用假名，目標逃至王妃瑪麗・安東尼老家所在的奧地利領地。出逃途中，一行人在城鎮瓦亨遭到逮捕。

以此事件為界，群眾對國王的觀感漸次改變。在革命最初，民眾並不是認真想要打倒國王，只要國王能夠限制神職人員和貴族的特權，認同自身階級的權利就已足夠。然而，國王拋棄國家逃跑一事，已使國王不具統治能力與意願的事實擺在眼前。

人民對國王的態度從「信任」轉向「失望」，國民會議於是制定憲法，大幅限制王權。

⚔ 革命發展成對外戰爭

　　法國最初的憲法成立，國民會議則改名為立法會議。立法會議召開後，有兩派意見彼此碰撞。

　　其一是**「認可國王存在，但令法律凌駕於國王之上」的「君主立憲派」**（目前的英國、西班牙、北歐諸國皆採此制。採天皇制的日本，也屬於君主立憲制的一種型態）。

　　其二則是**「消滅掉國王的角色，透過憲法統治國家」，主張採共和政體的「吉倫特派」**（Girondins）。

　　吉倫特派在立法會議中主張廢止君主制，壯大勢力後參與革命，向籌謀延續法國王政的奧地利宣戰。從這個階段開始，法國大革命開始增添了對外戰爭的元素。

　　法國大革命原是國內問題，之所以發展成對外戰爭，從周遭國家看待法國大革命的態度，起因可見一斑。

　　法國周遭的國家幾乎都行君主制，鄰近的國王眼見法國大革命的動向，開始有了危機感：「要是我們國家也發生相同的事情，我們的安危就堪憂了」。

　　如果自己國內心懷不滿的民眾，也像法國那樣包圍王宮，口徑一致地要求權利，國王的權威就會急速削弱。

　　尤其奧地利身為法國王妃**瑪麗‧安東尼**的娘家，為了拯救安東尼所面臨的危機，更是積極籌謀，欲阻止法國大革命延燒。

　　法國革命軍主要是由不熟悉戰爭的平民所組成，當奧地利和普魯士的官方軍隊為了阻撓革命而入侵法國，各地的革命軍即刻陷入苦戰。

　　法國國內開始流傳著一個說法，都是因為瑪麗‧安東尼及路易十六暗中派遣使者，將法軍的作戰策略洩漏給奧地利和普魯士，法軍才會這般苦戰。法國國民於是認為，「國王早已不與法國民眾同

第1章 歐洲歷史

第2章 西亞歷史及伊斯蘭

第3章 印度歷史

第4章 中國歷史

第5章 合而為一的全球時代

第6章 革命的時代

第7章 帝國主義與世界大戰的時代

第8章 印近代西亞、

第9章 近代中國

第10章 現代世界

在，而是替奧地利、普魯士做事的敵人」。

如此這般，**路易十六出逃事件導致民眾對國王「從信任變成失望」，對外戰爭則使得「失望變成憤怒」。**

⚔ 「沒有國王」的法國誕生

正當革命軍面臨苦戰危機，法國各地人紛紛組成**義勇軍**趕至前線。當時義勇軍所高唱的，就是現今的法國國歌《馬賽進行曲》。歌詞中包含著「殘酷的敵人將會切開我等妻兒的咽喉。用他們的鮮血灌溉我等的田地！」等等偏激措辭。

革命軍在**瓦爾米戰役**中打贏普魯士的官方軍隊，逆轉局面使氣勢大增，隨後襲擊宮殿推翻王權，將國王送入監獄，並宣布建立共和政體（**八月十日事件**）。

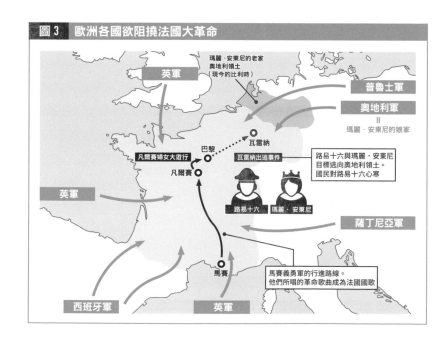

圖3 歐洲各國欲阻撓法國大革命

英軍

瑪麗・安東尼的老家
奧地利領土
（現今的比利時）

普魯士軍

奧地利軍
＝
瑪麗・安東尼的娘家

巴黎
瓦雷納

凡爾賽婦女大遊行

凡爾賽

瓦雷納出逃事件

路易十六與瑪麗・安東尼目標逃向奧地利領土。國民對路易十六心寒

英軍

路易十六　瑪麗・安東尼

薩丁尼亞軍

西班牙軍

英軍

馬賽

馬賽義勇軍的行進路線。他們所唱的革命歌曲成為法國國歌

⚔ 將國王送上斷頭臺公開處死

　　隨著王權終結，法國舉辦男性普選，成立成新的議會「國民公會」。國民公會宣告廢止王權並建立共和政體，此時，法國史上首見的「無王狀態」——第一共和成立了。

　　接著，路易十六與王妃瑪麗‧安東尼被拖至群眾面前，以斷頭臺公開處死。

　　法王被拖到民眾面前公開處死一事，衝擊了鄰國的各個君王。

　　「如果我們國家的民眾也群起動亂，把我這個國王公開處死的話……」這樣的念頭，想必令人不寒而慄。

　　因此，**各國都想早日擊潰法國的共和政體，以便守住自身的君主制。**在英國，首相小威廉‧庇特（William Pitt the Younger）主張組織第一次反法同盟，這使得全歐洲都成為法國的敵人。

　　為了度過這次危機，法國國內發生變化，權力集中至具備強烈領導風範的人物身上。在領導能力優異的羅伯斯比主導下，最為激進的雅各賓派，在肅清吉倫特派後掌握了政權。

　　雅各賓派的基本盤是農民和底層市民，政府把持強大的權限，解放了農奴，並為巴黎的貧窮市民制定最高限價法令，抑制飛漲的食品價格。除了上述政策外，更推行了全國性志願軍等多項改革。

　　全國性志願軍的成效頗豐，一點一滴消除了反法同盟所造成的危機。然而羅伯斯比加強獨裁程度，不僅反對派、就連革命同志也接連遭其處死，恣意妄為地施行「恐怖統治」。

　　最高限價法令也使得巴黎市民和農民無法享受自由的經濟活動，眾人對獨裁的不滿逐日升溫，最終發動政變逮捕了羅伯斯比，將之處以死刑（熱月政變）。

第1章 歐洲歷史

第2章 西亞及伊斯蘭 世界歷史

第3章 印度歷史

第4章 中國歷史

第5章 全球時代的 合而為一的

第6章 革命的時代

第7章 世界大戰的時代 帝國主義的時代

第8章 印度 近代西亞、

第9章 近代中國

第10章 現代世界

⚔ 「五人共治的政權」是「什麼都決定不了的政權」

因為「再也不想忍受獨裁了」而緊接著成立的督政府，彷彿反映著人民的這份心情，是由五位督政官協商經營的政府。雖然不必擔心獨裁，卻**因重視權力分散而缺乏領導力道，終致政權弱化**。

⚔ 拿破崙政變導引新局面

在獨裁的羅伯斯比之後，來了個欠缺領導能力的督政府，法國大革命已經開始盲目碰撞。周遭各國眼見這番混亂，結成了第二次反法同盟，企圖擊垮法國大革命。

法國又一次與全歐洲為敵，但督政府軟弱無力，完全應接不暇。此時，集民眾期待於一身的人物，正是遠征義大利和埃及後闖出名號的**拿破崙**。眼見拿破崙軍逐一擊潰奧地利軍和英格蘭軍的模樣，群眾大為振奮，希望能將法國的危機託付給拿破崙。

督政府五人之一的西埃士（Emmanuel-Joseph Sieyès），勸拿破崙發動軍事政變。西埃士最初只想利用拿破崙達成政變，接著再壓下拿破崙，自行掌權。但拿破崙更是魔高一丈，在政變的同時先發制人，樹立執政府並自封「第一執政」，成功取得了法國的實權。拿破崙在擊敗第二次反法同盟後，頒布了民法法典《拿破崙法典》。接著，他因守住民眾權利而獲人民擁戴，透過公民投票就任皇帝。

⚔ 登峰造極的掌權者，即是「眾人選出的獨裁者」？

終於，**法國大革命從「打倒國王」的階段，經過「無王」階段，進入到了「由人民選出獨裁者後接受統治」的階段**。

既然是「全民意志」所選拔出的掌權者，全數國民服從統治，也是「全民意志」所在，因此在某種意義上（就算選出的領導者是良善人物），這個人將會成為比國王還要強大的獨裁者。

　　拿破崙在民意支持下，對外發動了一波波的戰爭。

　　海戰方面，拿破崙在跟英國間的**特拉法加海戰**中敗北，沒能登陸英國；但陸戰方面，他在**奧斯特里次戰役**得勝，擊退奧地利、俄羅斯聯軍。

　　當拿破崙連普魯士都拿下之後，他在德國領土上建立了藩屬國的「萊茵邦聯」，使得早已徒剩名號的**神聖羅馬帝國完全消滅**。就這樣，拿破崙的轄下範圍西起西班牙，東達波蘭和匈牙利。不過，拿破崙真正想要扳倒的，其實是法國的勁敵英國。英國過去曾數度介入法國大革命，就連拿破崙也曾在特拉法加海戰中吃下敗仗，實為法國的「最大強敵」。

　　拿破崙為將英國逼入窘境，下令禁止歐陸各國與英國貿易，試

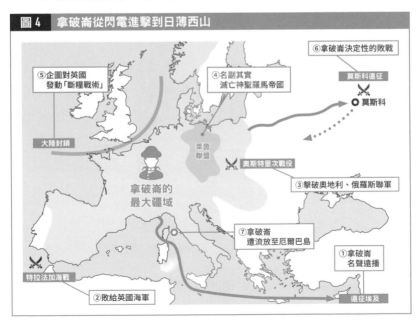

圖4　拿破崙從閃電進擊到日薄西山

⑤企圖對英國發動「斷糧戰術」

④名副其實滅亡神聖羅馬帝國

⑥拿破崙決定性的敗戰

莫斯科遠征

莫斯科

大陸封鎖

萊茵聯盟

奧斯特里次戰役

③擊破奧地利、俄羅斯聯軍

拿破崙的最大疆域

⑦拿破崙遭流放至厄爾巴島

①拿破崙名聲遠播

特拉法加海戰

②敗給英國海軍

遠征埃及

圖對英國施以「斷糧戰術」（大陸封鎖）。拿破崙認為，若英國無法販售工業製品，也無從取得食品，經濟上想必會貧苦交迫。

　　歐洲諸國畏懼拿破崙，表面上遵從著命令，不過俄羅斯卻在背地裡「違反大陸封鎖規定」，和英國通商。

　　拿破崙察覺這番違逆行為後，率軍遠征欲加以制裁。不過，俄羅斯可機伶得很。

　　俄國沙皇亞歷山大一世充分活用了「遼闊與寒冷」的戰略，先刻意節節敗退，誘導拿破崙深入俄羅斯的曠野，等待冬天來臨，再一口氣展開反擊。

　　拿破崙軍完全上當，61萬人的軍容因戰死和凍傷銳減至5000人，敗得一塌糊塗。

　　歐洲諸國抓準拿破崙敗北的絕佳時機，組成了反法同盟。拿破崙在萊比錫戰役中對上多國聯軍，吃下決定性敗仗後被迫退位，流放至厄爾巴島。

　　不過，拿破崙並未就此止步。他趁各國為戰後事宜爭執之際溜出厄爾巴島，回到法國重返帝位（百日復辟）。只是拿破崙終在滑鐵盧戰役中失敗，被流放至偏遠的大西洋孤島聖赫勒拿島。選擇該處是為了「讓拿破崙不再有機會回歸」，從此事也可看出，當時世間有多麼懼怕拿破崙。

圖5　拿破崙遭流放至孤島

○ 聖赫勒拿島

拿破崙遭流放至遠洋孤島，隨後逝世

第1章 歐洲歷史

第2章 西亞及伊斯蘭世界歷史

第3章 印度歷史

第4章 中國歷史

第5章 合而為一的全球時代

第6章 革命的時代

第7章 帝國主義與世界大戰的時代

第8章 近代西亞、印度

第9章 近代中國

第10章 現代世界

民眾反抗 維也納體系的王政復辟

⚔ 再次倒回「君臨天下」

曾經稱霸全歐洲的拿破崙失勢，使歐洲暫時進入了「秩序重整」的狀態。

各國為此召開維也納會議，商討後拿破崙時代的歐洲該如何重新分配領土。

會議的基本路線採正統原則。所謂正統，是將法國大革命、拿破崙等全數視為「荒唐」，**試圖讓歐洲回歸眾王的統治。**

法國的波旁王朝復活，路易十八登基。

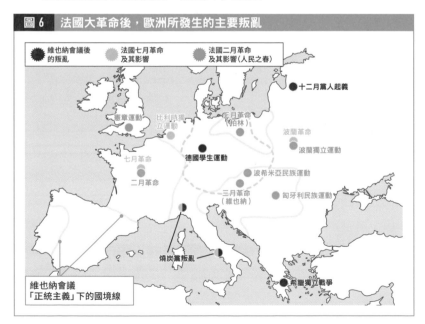

圖 6　法國大革命後，歐洲所發生的主要叛亂

- ● 維也納會議後的叛亂
- ● 法國七月革命及其影響
- ● 法國二月革命及其影響（人民之春）

- ● 十二月黨人起義
- ● 憲章運動
- ● 比利時獨立運動
- ● 三月革命（柏林）
- ● 波蘭革命
- ● 波蘭獨立運動
- ● 德國學生運動
- ● 七月革命
- ● 二月革命
- ● 波希米亞民族運動
- ● 三月革命（維也納）
- ● 匈牙利民族運動
- ● 燒炭黨叛亂
- ● 希臘獨立戰爭

維也納會議「正統主義」下的國境線

接著，擊敗拿破崙的英國與俄羅斯拿到了許多「獎賞」。英國獲得好望角殖民地（Cape Colony）和斯里蘭卡，俄羅斯則獲得波蘭和芬蘭。曾經附庸於拿破崙的西班牙、普魯士、奧地利也都重拾命脈。

各國之間建立起四國同盟、神聖同盟等同盟關係，約定當有國家再度掀起革命，就要彼此互助，即刻粉碎革命。

不過，在維也納會議中，議題的大致方向雖然即刻拍板定案，各國卻因領地分配等瑣碎的議題僵持不下，協商完全卡關。事雖如此，卻還連日舉辦著維也納最聞名的夜間舞會，因此受到諷刺「**開會都在跳舞，完全沒進度**」。

⚔ 民眾對王政復辟感到失望

對經歷過法國大革命的民眾而言，事到如今說什麼「國王將重新君臨天下」，根本就難以接受。

公民可自由參政，領袖也能自行選拔，而且不再有農奴制度，世間就該如此平等。法國大革命的這番理念，早已深植於全歐洲民眾的心中。為此，歐洲遍地出現了追求自由和權利的自由主義運動。維也納會議不過兩年後，德國就有人發起學生運動（Burschenschaft）；10 年未滿之際，義大利也有「燒炭黨」（Carbonari）革命，俄羅斯則有十二月黨人起義等；渴求自由與權利的人們，在歐洲各地掀起了革命。

維也納體制成立後，國王們雖然重返寶座，自由主義運動的浪潮也席捲而來。對國王統治感到不滿的群眾、受到他國統治的國度，紛紛開始覺得：「假使我們發動革命，或許就能打倒王政，獲得獨立的機會！」就這樣，19 世紀的歐洲，掀起了數量驚人的革命與叛亂。

第 1 章 歐洲歷史

第 2 章 西亞及伊斯蘭 世界歷史

第 3 章 印度歷史

第 4 章 中國歷史

第 5 章 合而為一的 全球時代

第 6 章 革命的時代

第 7 章 世界帝國主義與 大戰的時代

第 8 章 印度 近代西亞、

第 9 章 近代中國

第 10 章 現代世界

法國回歸王政，
革命暴風再起！

⚔ 波旁王朝再次被擊垮

讓我們來看看維也納會議後的法國。

維也納會議的結果，使波旁王朝在**路易十八**的手中復活。路易十八在議會裡展現合作態度，卻因重用神職人員和貴族，令人民感到失望。其弟**查理十世**解散議會，壯大獨裁與專制主義，導致人民的不滿更加高漲。查理十世為了轉移群眾情緒而**出兵阿爾及利亞**，但巴黎市民仍舊忿忿難平，於是再度掀起革命，企圖打倒王政。

在激烈街頭戰的最後（德拉克洛瓦以街頭戰題材畫出了《自由女神引導人民》），查理十世亡命國外，波旁王朝再次覆滅，奧爾良家族中以自由主義者聞名的**路易腓力**被迎為新王（這場革命稱為**七月革命**）。

⚔ 人民心中的革命記憶甦醒

歐洲民眾對法國大革命的記憶尚未冷卻，就又發生了七月革命。「只要發動革命，或許就能打倒統治者！」這個想法又一次在群眾間沸騰，**革命在各地星火燎原，「尋求生機的革命運動」頻頻出現。**

比利時向荷蘭發起抗爭，最終獨立入袋；俄羅斯的從屬國波蘭接著訴求獨立，向俄羅斯發動革命，但遭鎮壓。義大利的燒炭黨也捲土重來，發動叛變，追求自由與權利。

⚔ 群眾對「富人優待政策」感到失望

路易腓力因七月革命坐上王位，該政權稱為七月王朝。路易腓力被喚作「國民王」，對於群眾的自由和權利本就相當了解，國民因而期待他能良善為政。

然而實際上任之後，路易腓力卻盡是對富人提供特殊待遇：選舉權只賦予有錢人，並且駁回普選的要求。人們為路易腓力取了個「股票掮客」的外號，農民和勞動階級的不平日漸強烈。「果然還是不能對國王抱有期待。只有共和政體才行得通！」持此想法的市民又一次點燃烽火，投奔革命懷抱。

路易腓力隨後亡命英國，共和政體成立了（二月革命）。相對於法國大革命時期「國民公會」的第一共和，在這場革命下成立的共和政體，稱為第二共和。

⚔ 全歐洲的國民揭竿而起

二月革命也跟七月革命一樣往各地延燒，引發了叛亂和暴動。

普魯士和奧地利發生三月革命，曾指揮維也納體制的奧地利外交部長梅特涅亡命天涯；波蘭再次對俄羅斯發起獨立運動；在奧地利，尋求獨立的波希米亞、匈牙利發生暴動；英國勞工要求擴張權利，推動憲章運動。這些從 1848 年法國二月革命起始，在全歐洲延燒的反叛、暴動、革命，統稱為「人民之春」。**一直以來被劃分為下級身分、權利受限、必須從屬他國的民族一齊揭竿蜂起，企圖顛覆世間的情緒，逐漸充斥整個歐洲。**

維也納體制已然潰堤，不留一絲痕跡。

第1章 歐洲歷史

第2章 西亞及伊斯蘭世界歷史

第3章 印度歷史

第4章 中國歷史

第5章 合而為一的全球時代

第6章 革命的時代

第7章 世界帝國主義與大戰的時代

第8章 近代西亞、印度

第9章 近代中國

第10章 現代世界

⚔ 這次是農民與勞工對立

終於，法國久違的「無王政體」（第二共和）回歸了不過**又碰上了令人苦惱的新問題。**

那就是「農民」與「勞工」，這兩個占社會絕大多數的階級形成了對立。這兩者皆屬於貧窮階級，差異在於「**勞工**」並未擁有自身的土地或工廠等，**是社會中最貧苦的階級；農民階級無論如何仍然擁有自己的土地，即使面積不大。**

最貧窮的勞工，渴望土地和工廠能夠收歸國有，將產物「平等」分配給全國人民的「社會主義」。不過，雖然面積不大，至少農民擁有屬於自己的土地，因而強烈反對土地國有化。

在君主制之下，這類國內紛爭只需靠國王「憑己意」裁決即可，不可能餘波盪漾。但當**採用了共和政體，自身問題則都必須自行解決**，農民與勞工的對立日漸加深，社會不安高升。

⚔ 拿破崙之姪登場

此時登場的人物是**路易・拿破崙**。從名號就可清楚看出，他與拿破崙系出同門，是拿破崙的姪子。「擁有拿破崙之名的他，必定能夠解決農民和勞工的對立！」人民的期待越發高昂。最終，路易・拿破崙在人民選舉後即位，自號**拿破崙三世**。他的政權稱為**法蘭西第二帝國**。

拿破崙三世欲轉移國民對社會不安的注意力，而積極對外發動戰爭、整頓巴黎的都市環境、舉辦萬國博覽會等，藉由博取世間的好感，來擱置社會的對立問題。

拿破崙三世在克里米亞戰爭、英法聯軍（第二次鴉片戰爭）、出兵中南半島、義大利統一戰爭等對外戰爭中連連勝利，國民的簇

圖 7　法國大革命以來的體制變遷

波旁王朝	**波旁王朝復辟**
↓ 第三階級自行脫離	↓ 七月革命
國民會議	**七月王朝**
↓ 制定憲法，杜絕王權發展	↓ 二月革命
立法會議	**第二共和**
↓ 喊停王權，邁向共和政體	↓ 拿破崙三世集中權力
國民公會	**第二帝國**
↓ 因熱月政變劃下句點	↓ 普法戰爭失利
督政府	**臨時政府**
↓ 拿破崙政變，坐上權力寶座	↓ 勞工奪權
執政府	**巴黎公社**
↓ 公民投票選出皇帝	↓ 短時間內遭到鎮壓
第一帝國	**第三共和**
↓ 拿破崙退位	

第1章 歐洲歷史

第2章 西亞及伊斯蘭世界歷史

第3章 印度歷史

第4章 中國歷史

第5章 合而為一的全球時代

第6章 革命的時代

第7章 帝國主義與世界大戰的時代

第8章 近代西亞、印度

第9章 近代中國

第10章 現代世界

擁熱度急速加溫。社會各階層的不滿逐步平息下來。

　　不過，**為了維持討好群眾的政策，拿破崙三世也開始投入一些勝算不高的戰爭。**

　　他進軍墨西哥，強硬引戰，想在墨西哥建立法國的衛星國家，最後大敗而返。接著他向普魯士的俾斯麥挑起戰爭，演變成自身遭到俘虜的大失態（普法戰爭），第二帝國宣告終結。

　　法國幾乎跟向普魯士半投降無異，國內混亂持續了一段時間。社會最底層樹立政府，發展成史上首見的勞工政權（巴黎公社），但即刻遭到武力鎮壓。

　　其後，第三共和終於成立，局勢恢復穩定。在普魯士成為德意志帝國後，**法國國民的不滿轉向德意志，成為隨後第一次世界大戰爆發的原因。**

繁榮空前絕後，
英國維多利亞時代

⚔ 路線異於法國，英國擁抱「改革」

19世紀前葉的歐洲，從法國大革命到七月革命、二月革命的火種，延燒出了比利時、波蘭、德國的暴動和叛亂等，混亂接踵不息。不過**在英國，由於議會原本就較王權強大**，民眾並未揭竿發動武裝「革命」，而是要求議會「改革」，**在和平狀態下逐步擴張了自身的自由與權利。**

舉例而言，民眾要求議會改革「給我們商業自由！」，遭東印度公司壟斷的商業活動隨即受到全面禁止，國民得以自由參與亞洲貿易；「英國國教會以外的基督徒也應該擁有宗教自由！」的改革聲浪出現後，政治面上的宗教差別待遇也遭到廢除。

此外英國也訂定了改善勞動環境的法律《工廠法》，可謂透過「改革」，一點一滴地擴張了群眾的自由和權利。

⚔ 「大英帝國」黃金時期：維多利亞時代

19世紀後葉，英國邁入了**維多利亞女王**時代，迎來英國史上最顛峰的繁榮。鴉片戰爭、克里米亞戰爭、英法聯軍等對外戰爭全面勝利，此外更買下蘇伊士運河，一步步控制加拿大、印度、埃及等地。國內政策方面，選舉權逐步從工業勞工擴張至農民、礦業勞工等；保守黨的首相迪斯雷利與自由黨的首相格萊斯頓輪番扛起政權，穩定的兩大政黨制因而誕生。

軍事、外交天才俾斯麥創建「德意志」

第1章 歐洲歷史

第2章 世界亞及伊斯蘭歷史

第3章 印度歷史

第4章 中國歷史

第5章 合而為一的全球時代

第6章 革命的時代

第7章 世界大戰的時代帝國主義與

第8章 近代西亞、印度

第9章 近代中國

第10章 現代世界

⚔ 德國與義大利的統一姍姍來遲

法國和英國在多重革命與改革中晉身強國；另一方面，**德國和義大利的國內則持續著分裂狀態，遲遲無法統合。**

舉經濟為例，國內的一些小國家互課關稅，維持著小型競爭的狀態，因此怎樣都贏不過舉國上下一同生產製品、在海外創設殖民地並銷售給當地的法國和英國。軍事層面也一樣，每個小國的軍事規模都很小，無法在對外戰爭中發揮實力。德國和義大利曾數度嘗試整併，希望打破小國分立的藩籬，但兩國的統一之路各自坎坷，心願遲遲無法實現。

⚔ 普魯士與奧地利爭奪主權

德國如同前面曾經提及的，從神聖羅馬帝國時代開始就有著眾多「邦國」，是個諸侯雲集的地區。拿破崙消滅了神聖羅馬帝國，但小國家的分裂狀況並未改變。

再加上，**普魯士和奧地利這兩個大國家持續「相持不下」，阻礙了德國的統一。**

為此，普魯士提議組織關稅同盟，推動經濟上的整合，在產業和貿易面向促進德國團結。但勁敵奧地利卻認為，這會使普魯士掌控德國內部的主導權，因而不願參加關稅同盟。

⚔ 武力統一德國

繼「經濟上」的整合，在企圖從「政治上」促進德國整合的會議（法蘭克福國民會議）之中，普魯士跟奧地利同樣發生了衝突。

統一德國時應納入奧地利的「大德意志主義」，與應排除奧地利的「小德意志主義」相互對立，德國的統一前途茫茫。這個情形在普魯士國王**威廉一世**即位，以及其首相**俾斯麥**走馬上任後終於有了變化。

俾斯麥倡導「**德國統一要靠軍隊和戰爭來完成！**」他採取鐵血政策增強軍備，並主張「排除對德國統一說三道四的奧地利！」在普奧戰爭中擊敗了奧地利。

接著，他使德國排除奧地利的姿態變得明確，成立由普魯士主導的北德意志邦聯。

不過，南德等處尚有一些小國不願委身於普魯士的統治。為此俾斯麥挑釁法國，發動了戰爭。法國上當向德國宣戰，俾斯麥則將法國塑造成「德意志人共同的敵人」，呼籲南德各國團結一致，於是南德諸國被捲入戰爭，順勢納入了普魯士的控制範圍。

普魯士在普法戰爭中俘虜法國的拿破崙三世，大獲全勝。曾在戰爭中出力的南德各國也結合起來，宣告「德意志帝國」成立。

⚔ 「北」有薩丁尼亞，「南」有加里波底進軍

義大利也跟德國一樣，有了統一的夢想。如同普魯士完成德國的統一大業那般，義大利的統一活動，是由薩丁尼亞王國所主導。薩丁尼亞國王**伊曼紐二世**及其首相**加富爾**取得法國支援，擊敗奧地利，統一了義大利北部和中部（薩奧戰爭）。

另一方面，知名英雄人物**加里波底**也率領志願軍「千人隊紅衫

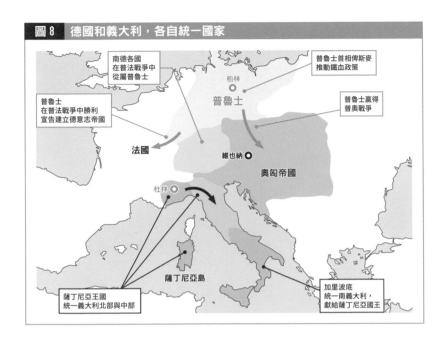

圖8　德國和義大利，各自統一國家

南德各國
在普法戰爭中
從屬普魯士

普魯士首相俾斯麥
推動鐵血政策

柏林

普魯士

普魯士
在普法戰爭中勝利
宣告建立德意志帝國

普魯士贏得
普奧戰爭

法國

維也納

奧匈帝國

杜林

薩丁尼亞島

薩丁尼亞王國
統一義大利北部與中部

加里波底
統一南義大利，
獻給薩丁尼亞國王

第1章
歐洲歷史

第2章
世界西亞及伊斯蘭歷史

第3章
印度歷史

第4章
中國歷史

第5章
全球合而為一的時代

第6章
革命的時代

第7章
世界帝國主義與大戰的時代

第8章
印度近代西亞、

第9章
近代中國

第10章
現代世界

軍」，占領了義大利南部的西西里島和拿波里，受到渴望統一的群眾支援，在轉瞬間統一了南義。

　　北方有薩丁尼亞，南方有加里波底。本以為兩大統一勢力衝突在即，戲劇性的發展翩然來到，沒想到**統一義大利南部的加里波底，將南義獻給了薩丁尼亞國王，自行宣告引退。**倘若此時爆發軍事衝突，就會演變成將國家撕裂成兩半的戰爭，無疑會延後義大利的統一之日。加里波底那番心為義大利的退讓精神，使世人大為感嘆讚頌。

　　義大利雖已統一，奧地利卻仍控制著北部義大利人所居住的部分地區（的里雅斯特等處），這塊「尚未收復的義大利土地」，其後成為了義大利和奧地利間的對立主因。

前往溫暖南方！俄羅斯南進的野心與挫敗

⚔️ 每逢冬季就無法動彈

在俄國遠征中擊潰拿破崙的主要功臣俄羅斯帝國，成為了維也納會議的主角，並在氣焰正烈時，開始認真推行南進政策。俄國每逢冬季，港口就會結凍，無法進行軍事行動和貿易；取得不凍港，是俄國「最深切的願望」。

不過，南進時距離俄國最近、從黑海通往地中海的出口——博斯普魯斯海峽與達達尼爾海峽，卻受到鄂圖曼土耳其所把持。俄國必須自鄂圖曼土耳其手中奪下這兩個海峽，才有辦法出海。

為此，俄國鎖定了「巴爾幹半島上被鄂圖曼土耳其統治的各個民族」。塞爾維亞、羅馬尼亞、保加利亞等國，在當時雖仍屬於鄂圖曼土耳其，卻也漸漸顯露獨立的意志。俄國將這些小國家化為友方、試圖動搖鄂圖曼土耳其以取得海峽，這個企圖所引發的一連串問題，稱為「近東問題」。

最初，俄國為取得港口，曾嘗試介入鄂圖曼土耳其的紛爭，但發展未果。是以，俄國主動出擊靠戰爭擊敗鄂圖曼土耳其，直接出手搶奪兩個海峽（克里米亞戰爭）。

遭大國俄國正面襲來的鄂圖曼土耳其，向英國和法國尋求救助。英法雖然互為競爭國家，卻也害怕俄國取得不凍港後「如虎添翼」。

於是英國的維多利亞女王、法國的拿破崙三世結成「最強組合」，在戰史留名的激戰尾聲，讓俄國吃下敗仗。

第1章 歐洲歷史

第2章 西亞及伊斯蘭世界歷史

第3章 印度歷史

第4章 中國歷史

第5章 全球合而為一的時代

第6章 革命的時代

第7章 世界大戰的時代帝國主義與

第8章 近代西亞、

第9章 近代中國

第10章 現代世界

戰後各國簽訂了嚴厲的條約（《巴黎條約》），規定俄國別說兩個海峽，就連在黑海都不得部署海軍。主導戰爭的沙皇尼古拉一世氣焰衰弱，最終抑鬱而亡。

⚔ 追逐與英法間的實力差距，厲行改革

下一位沙皇**亞歷山大二世**，認為克里米亞戰爭之所以敗陣，是因為俄國的工業革命不夠充分所致。俄國跟工業革命方興日盛的英、法之間，軍艦、大砲等軍備差距昭然若揭。是以，亞歷山大二世投身國內改革，**首先解放了農奴。為提升國家生產力，打穩工業革命的基礎，他認為應該解放「為領主工作的農奴」，令其變成「充滿幹勁，自主性工作的自耕農」。**

不過，農奴解放令對農民而言，只代表著「你們自由了！」農民還是必須自行購買土地方可耕種。沒錢買地的貧窮農民，只得向農村公社（Mir）租借農地，零零碎碎地耕種。對農民而言，這番改革仍然令人不甚滿意。

⚔ 德意志首相再度阻擋俄羅斯的野心

縱然如此，實施徵兵制、推進工業化的俄國，再次對鄂圖曼土耳其發動了戰爭，意欲一雪前恥（俄土戰爭）。這次俄國拿下勝利，逼迫鄂圖曼土耳其承認羅馬尼亞、塞爾維亞、蒙特內哥羅等（親俄國家）與保加利亞獨立，且成為俄國的保護國（《聖斯泰法諾條約》）。最終結果，俄國所獲得的並不是兩個海峽本身，而是**取道羅馬尼亞、保加利亞，藉由使用保加利亞的港口，獲得了「不凍港」**。俄國拿到不凍港後氣焰增強，將使全球勢力結構失去平衡。德國首相**俾斯麥**將俄國視為危險分子，在取得奧地利、英國、法國、

義大利等國同意後召開柏林會議，要求對《聖斯泰法諾條約》外加修正條款。他縮小了保加利亞的國土，將地中海沿岸領土歸還給鄂圖曼土耳其，藉以「使俄國無法取道其他國家抵達地中海」。就這樣，俄國的野心再次受挫。

放棄自西邊南下的路徑，轉往東方發展

俄國已經明白，強行往地中海一帶發展，只會與歐洲的所有國家為敵，於是改換方針，動工建造西伯利亞鐵路，企圖自東亞一帶南下。不過，要取得東亞一帶的不凍港，就意味著得跟日本爭搶滿洲、朝鮮半島的主導權。**日俄戰爭正是因俄國改變方針所引起。在日俄戰爭中敗陣的俄國，其後再度嘗試從地中海一帶南進，第一次世界大戰於焉爆發。**

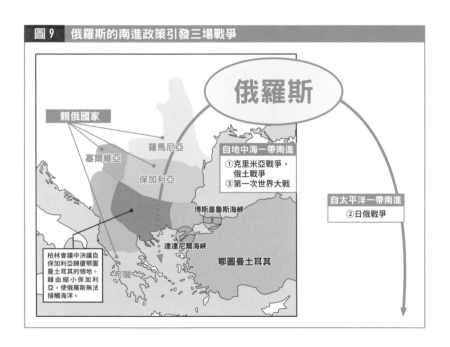

圖9　俄羅斯的南進政策引發三場戰爭

俄羅斯

親俄國家

羅馬尼亞

塞爾維亞

保加利亞

自地中海一帶南進
①克里米亞戰爭、俄土戰爭
③第一次世界大戰

博斯普魯斯海峽

達達尼爾海峽

自太平洋一帶南進
②日俄戰爭

鄂圖曼土耳其

希臘

柏林會議中決議自保加利亞歸還鄂圖曼土耳其的領地。藉由縮小保加利亞，使俄羅斯無法接觸海洋。

美國因經濟政策與奴隸制度一分為二

第1章 歐洲歷史

第2章 世界歷史及伊斯蘭

第3章 印度歷史

第4章 中國歷史

第5章 合而為一的全球時代

第6章 革命的時代

第7章 帝國主義與世界大戰的時代

第8章 近代西亞、

第9章 近代中國

第10章 現代世界

獨立後持續向西擴張

美國獨立後，透過收購、兼併，時而透過戰爭後割讓等途徑，積極地向西邊持續擴張領土。西進的擴張政策，在美國國內被認為是「昭昭天命」（Manifest Destiny）。

對蓄奴的意見分為兩派

美國在向西擴張時所湧現的課題，是蓄奴制度所引發的南北對立。北方的州是工商業中心，經濟型態以製造、販售高品質的商品為主，因此所需求的勞力，是受過教育的「市民」。

南方則是農業重鎮，有著許多棉花農場，需要大量如「奴隸」之類的廉價勞動力。

北方希望能將奴隸解放後當成勞力來僱用；南方若沒有奴隸，農場將會失去工作人力，因此主張維持蓄奴制度。

這樣產業結構的差異，亦波及到了貿易政策。北方的資

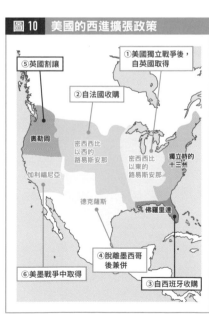

圖 10　美國的西進擴張政策

⑤英國割讓
①美國獨立戰爭後，自英國取得
②自法國收購
奧勒岡
密西西比以西的路易斯安那
密西西比以東的路易斯安那
獨立時的十三州
加利福尼亞
德克薩斯
佛羅里達
④脫離墨西哥後兼併
⑥美墨戰爭中取得
③自西班牙收購

本家要求政府保護貿易，避免廉價又高品質的英國製品進入國內；南方的農場老闆則希望英國資本家大量購買棉花，因此要求政府採取自由貿易，促進兩國間的商業往來。**在奴隸政策和貿易政策上，美國南北方的意見都稱得上是「不同國度」，對立越發激烈。**

真「自由」之路遙遙

北方成立了反對蓄奴制度的共和黨，並推舉林肯為第 16 任總統；南方則由傑佛遜‧戴維斯擔任總統，宣告「美利堅聯盟國」建國，與之對抗。就這樣，將美國一分為二的南北戰爭爆發了。初期南方曾較具優勢，但自從林肯發表《解放奴隸宣言》，向國內外宣告這場戰爭的正義在己，北軍就逐漸取得優勢，在蓋茨堡戰役中拿下了決定性的勝利。蓋茨堡戰役過後，林肯發表了政治應「民有、民治、民享」，也就是眾所熟知的蓋茲堡演說。戰後根據《解放奴隸宣言》，奴隸獲得解放。

圖 11　意見相左，南北對立

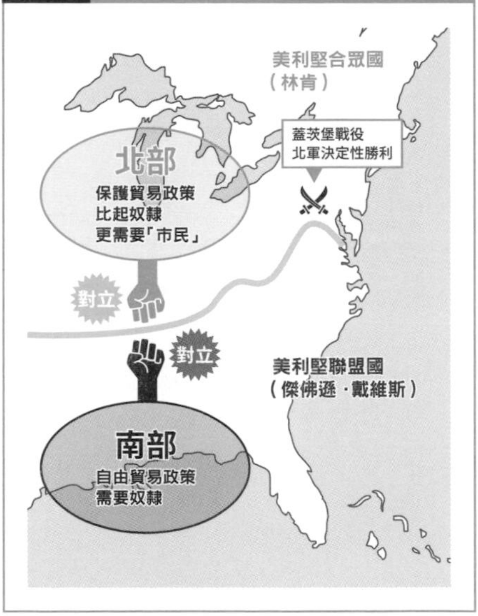

美利堅合眾國（林肯）

蓋茨堡戰役北軍決定性勝利

北部
保護貿易政策比起奴隸更需要「市民」

對立

對立

美利堅聯盟國（傑佛遜‧戴維斯）

南部
自由貿易政策需要奴隸

奴隸雖然取得自由，卻沒有獲得土地或工作。因此，解放後的奴隸必須從零出發。**最終，解放後的奴隸為了求職，反而回到原本的主人身邊，當起了佃農。**

其後，黑人為了爭取自由與權利，踏上了一條嘗遍苦楚的漫漫長路。

第 7 章

帝國主義與
世界大戰的時代

第 7 章　帝國主義與世界大戰的時代　概述

第一次大戰、第二次大戰

俄國革命

日俄戰爭

塞拉耶佛事件

世界恐慌

瓜分非洲

歷史的舞臺

兩次世界大戰
為何而起？

　　本章的主軸，是席捲全球的兩次世界大戰。

　　自大航海時代以來世界不斷往全球化前進，並在帝國主義
登場後益發加速。工業革命所打造出的資本主義經濟體制，則
發展成各國布局市場時貪得無厭的殖民地競爭。

　　這場競賽的終點，靜候著人類史上未有的悲劇：第一次世
界大戰和第二次世界大戰。

　　此外，這個時代亦有謳歌「平等」的新型態國家，以及「社
會主義國家」登場。

帝國主義的成立

帝國主義的發展

| 英國與法國 | 瓜分非洲 | 俄羅斯南進 | 美國帝國主義 |

德國帝國主義

列強對立與巴爾幹情勢

第一次世界大戰　　俄國革命

凡爾賽體系起始

美國的繁榮與恐慌

通往和平的10年

經濟大恐慌

| 貿易集團 | 法西斯主義 |

第二次世界大戰

第1章　歐洲歷史

第2章　西亞及伊斯蘭世界歷史

第3章　印度歷史

第4章　中國歷史

第5章　全球合而為一的時代

第6章　革命的時代

第7章　帝國主義與世界大戰的時代

第8章　近代西亞、印度

第9章　近代中國

第10章　現代世界

資本主義發展，助長殖民地擴張

從「王國」進入「帝國」時代

我們平時所看的電影和動畫，常會有「帝國」登場。這些帝國總想以強大勢力統治地球或宇宙，阻撓主角前行。大家對於「帝國」的印象，就是掌握著強大力量（含有「邪惡」意涵）的國家。

試著在字典中翻查「帝國」一詞，其定義是「**統治著數個地區和民族的國家**」。從 19 世紀至 20 世紀，歐洲掌握持全球霸權、爆發性地在各地建立殖民地的時代，稱為「帝國主義」時代。

歐洲各國之所以在全球擴張控制範圍，並不是單純「想逞威風」，**尚包含著「保護國內產業」的經濟考量**。

18 世紀在英國掀起的工業革命，是生產方式的一場變革：透過煤炭「將水煮沸」產生蒸氣，藉其力道推動機械以生產物品。隨著時代進步，19 世紀後葉至 20 世紀時的「第二次工業革命」到來後，**「煤炭改成石油」、「蒸氣改成電力」，除了生產商品外，更發展出生產方式的變革——「用機械製造生產商品的機械」**。從前所製造的是「可以生產 100 個商品的機械」，如今則是「製造一臺機械，以製造出 100 臺有能力生產 100 個商品的機械」。

高風險、高報酬催生「帝國主義」

生產力增加雖然值得慶幸，但相對地，利用機械製造物品的資本家（產業資本家）開始傷透了腦筋。這是因為過去只需要賣掉

100 個商品，如今卻必須賣掉 10000 個才行。

若能全部賣光，獲利將是 100 倍，但原料和投資設備也很花錢，假使東西賣不完，有可能會一舉破產。

銀行和股東（金融資本家）同樣是藉著借貸給產業資本家的利息而賺錢，倘若借出的款項無法回收，也可能一舉倒閉。**就這樣，從第二次工業革命開始（包括現今也是一樣），產業結構被迫轉向了「高風險、高報酬」的道路。**

於是產業資本家和金融資本家向政府提出請求，要求派軍隊至各地取得殖民地，以求增加商品的銷售地點（市場）和原料的供給來源。

不擴張殖民地，國內企業就會倒閉，被競爭對手超車，進而引發社會不安與革命。這般**「資本主義的高度發展」，演變成了擴張殖民地、統治各種民族的**帝國主義。

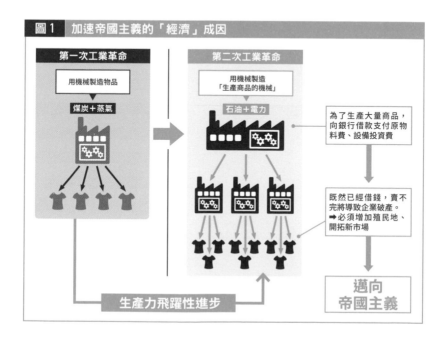

圖 1　加速帝國主義的「經濟」成因

第一次工業革命
用機械製造物品
煤炭＋蒸氣

第二次工業革命
用機械製造「生產商品的機械」
石油＋電力

為了生產大量商品，向銀行借款支付原物料費、設備投資費

既然已經借錢，賣不完將導致企業破產。
➡必須增加殖民地、開拓新市場

邁向帝國主義

生產力飛躍性進步

第 1 章　歐洲歷史

第 2 章　西亞及伊斯蘭世界歷史

第 3 章　印度歷史

第 4 章　中國歷史

第 5 章　合而為一的全球時代

第 6 章　革命的時代

第 7 章　帝國主義與世界大戰的時代

第 8 章　近代西亞、印度

第 9 章　近代中國

第 10 章　現代世界

英國與法國
掌握「半個世界」

占領先機，英法脫胎換骨

　　帝國主義的代表性國家，是英國與法國。目前全球約有 190 個國家。在 20 世紀初期，英國曾併吞其中約 70 國、法國則囊括約 30 國；兩國竟曾取得多達「半個世界」的土地。英、法的資本家領先全球達成工業革命，獲得龐大資金後放貸給他國企業，賺得盆滿缽盈。接著，英國的倫敦金融城（The City）成為全球的金融中心，英國的稱號也從「世界工廠」變成「世界銀行」；法國則搶先投資俄國等發展即將起飛的國家，也被稱為「高利貸帝國主義」。

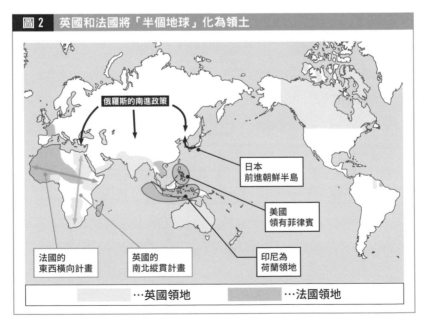

圖2　英國和法國將「半個地球」化為領土

俄羅斯的南進政策

日本
前進朝鮮半島

美國
領有菲律賓

印尼為
荷蘭領地

法國的
東西橫向計畫

英國的
南北縱貫計畫

▨ …英國領地　　　▨ …法國領地

🔫 「大英帝國」的榮光

引領英國帝國主義的人物，包括**首相迪斯雷利**、好望角殖民地**首相羅德斯**、殖民大臣**約瑟夫‧張伯倫**等人。迪斯雷利收購蘇伊士運河，使英國維多利亞女王成為印度帝國女王，打造出了「印度帝國」（英屬印度）。

好望角殖民地的首相羅德斯，是推行南北縱貫計畫以拓張殖民地的人物。他是個熱血派的殖民地主義者，甚至曾言道：「就算是地球表面上多了一公分，英國也必須擁有。如果可能，我連夜空中的星星也想併吞。」

張伯倫為了完成「南北縱貫計畫」，欲併吞荷蘭裔非洲國家川斯瓦共和國與奧蘭治自由邦，而發動了第二次波耳戰爭。英國最終雖成功征服這兩個國家，卻捲入長期戰爭，導致國力日益衰弱，從「壓倒性的冠軍」退為「領先集團的其中一位」。

🔫 在越南能夠吃到「美味法國麵包」的原因

法國在普法戰爭中敗北後不久，右翼人民想對德國報仇的情緒無法壓抑，使得國內情勢不穩、事件頻發（具代表性的「德雷福斯事件」：法國猶太裔軍官被懷疑是德意志間諜，遭逮捕入獄）。雖然國內情勢惶惶，法國仍積極往海外發展，在非洲力抗英國，採取東西橫向計畫，完成了從摩洛哥到紅海沿岸吉布地的「橫向」連線。亞洲部分，則在越南、柬埔寨、寮國成立了法屬印度支那聯邦（譯註：「印度支那」在地理上即指中南半島）。

第 1 章 歐洲歷史

第 2 章 西亞及伊斯蘭世界歷史

第 3 章 印度歷史

第 4 章 中國歷史

第 5 章 合而為一的全球時代

第 6 章 革命的時代

第 7 章 帝國主義與世界大戰的時代

第 8 章 近代西亞、印度

第 9 章 近代中國

第 10 章 現代世界

「先搶先贏」，列強接連建立殖民地

🔫 「未知大陸」的全貌漸趨清晰

英國和法國等列強，在非洲的土地上積極擴張殖民地。

然而 19 世紀之前，非洲內陸對歐洲世界而言，仍是一片未知的「黑暗大陸」。

19 世紀中，在非洲內部探險兼傳教的英國傳教士**李文斯頓**突然失蹤。美國報社《紐約先驅報》的老闆緊咬著這則新聞不放，對英國籍記者**史坦利**下達指令：「我給你經費，你去替我找出李文斯頓！」

行旅雖然前程茫茫，史坦利還真的在坦干伊喀湖畔「偶然」發現了李文斯頓。就這樣，在李文斯頓和史坦利的探險之下，**非洲逐漸顯露全貌，不再是一塊「未知大陸」，而是一塊能夠開採製作電線的材料銅以及黃金、鑽石礦物等的「肥沃土地」。**

🔫 「先搶先贏」的規則，加速殖民地化

首先將手伸向非洲內陸的國家，是比利時。該國將剛果納為比利時國王的私有地，命名為「剛果自由邦」。面對比利時這般為所欲為的占領宣言，列強猛烈反對，外交能力在歐洲首屈一指的**俾斯麥**因而自告奮勇，扮演多國間利益的協商角色。他召開第二次柏林會議（柏林西非會議），明訂瓜分非洲的規範，協調列強間的利害關係。**所謂瓜分非洲的規則，即是「認可列強的『先占權』」，並**

且必須「有效占領」。簡而言之，「瓜分非洲『先搶先贏』，且不僅名義上，更需要統治上的實際成績」。

　　「先搶先贏」拍板定案後，不趕緊占領，就會被其他國家遠遠拋在後頭。「先搶先贏」猶如轉瞬間就要賣完的花車商品，一口氣推進了非洲的殖民地化。除**賴比瑞亞**和**衣索比亞**這兩個國家，非洲的所有國家都淪為殖民地。

　　其後，採取「南北縱貫計畫」的英國，以及採取「東西橫向計畫」的法國，在蘇丹的法紹達發生摩擦（法紹達事件）。在一觸即發的危機之中，法國對英國退讓一步，才勉強避開衝突。法國的假想敵頂多就是德國，跟英國起糾紛，將會喪失報復德國的氣力，因而絕非上策。由於這次妥協，英國和法國逐漸靠攏，最終發展成「三國協約」（譯註：1907 年，英、法、俄協議組成同一陣線以對抗德國）。

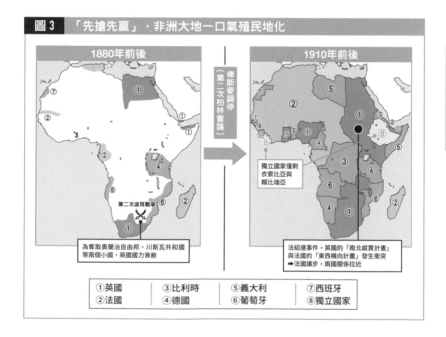

圖 3　「先搶先贏」，非洲大地一口氣殖民地化

第1章 歐洲歷史

第2章 西亞及伊斯蘭世界歷史

第3章 印度歷史

第4章 中國歷史

第5章 合而為一的全球時代

第6章 革命的時代

第7章 帝國主義與世界大戰的時代

第8章 近代西亞、印度

第9章 近代中國

第10章 現代世界

因南北戰爭姍姍來遲，
美國前進太平洋

欲追回落後進度，也往中國發展

　　美國的南北戰爭使國家一分為二，因而較晚投入帝國主義的「布陣」競爭。為追回進度，南北戰爭甫告終，美國就立即加入瓜分太平洋的行列。

　　第一擊是美西戰爭。時為西班牙領地的加勒比海島國古巴，意欲脫離西班牙走向獨立，由於美國提供支援，導致演變成戰爭。

　　美國戰勝西班牙後，取得西班牙的領地菲律賓與關島；對於如願獨立的古巴，美國也掌握其外交與軍事權限，納為實質上的保護國。

　　翌年，美國為了與中國貿易而向列強發表宣言（《門戶開放宣言》），要求開放市場。中國的半數國土早在甲午戰爭後遭到英國、法國、俄羅斯、德國、日本等國半殖民地化，美國隨後跟進，想方設法追回落後的進度。

美國將「後院」加勒比海牢牢抓穩

　　美國在人稱「後院」的加勒比海各國，也發揮了強大的影響力。總統**老羅斯福**透過稱為「巨棒外交」的強硬外交風格（展示軍備，令加勒比海各國自發性地聽美國的話），控制配著加勒比海各國，透過放貸產生的利息獲利。其中，自巴拿馬取得巴拿馬運河（後來歸還），更使美國獲利甚鉅。

俄羅斯
終於將矛頭轉向日本

第1章
歐洲歷史

第2章
西亞及伊斯蘭
世界歷史

第3章
印度歷史

第4章
中國歷史

第5章
全球化
合而為一的
時代

第6章
革命的時代

第7章
帝國主義與
世界大戰的時代

第8章
近代西亞、

第9章
近代中國

第10章
現代世界

「自東方南進」，路途上有著日本

俄土戰爭後的柏林會議，使俄羅斯斷念經由地中海發展勢力，轉而伸向東亞一帶。接著，俄國跟中國的清王朝簽訂《璦琿條約》與《北京條約》，獲得了大片領土（不同於第 4 章 175 頁所提及、為了和平確定領土位置的《尼布楚條約》，此處的兩部條約，用意在於「強奪領土」）。

正當俄國挺進中國，打算正式南進之際，日本恰巧也想往朝鮮半島發展，與清朝大動干戈。對渴望不凍港的俄國而言，倘若被日本搶先一步在中國或朝鮮半島站穩腳步，自身的野心就會遭到阻攔。為此，俄國在甲午戰爭後拉攏法國、德國發起了「三國干涉還遼」，令日本放棄在甲午戰爭中所取得的遼東半島，還將旅順、大連等城市放入自己的口袋。

日本透過戰爭取得領地，卻被大國強逼放手，不甘心到了極點。英國則因第二次波耳戰爭倍感疲弊，判斷無法靠一己之力阻止俄國南進，於是與日本結成英日同盟。

俄國雖然取得了遼東半島南端的城市，然而該處出口包括日本海、東海的「制海權」，卻都掌握在日本手中，因此必須奪取過來。就這樣，企圖搶奪日本海的俄國，跟獲得英國當靠山的日本之間，爆發了日俄戰爭。

兩國的國力雖然天差地遠，日本卻連連得勝。美國總統老羅斯福後來介入斡旋，日本「獲判勝利」，戰事結束（簽訂《樸資茅斯

條約》）。俄羅斯自東亞一帶南進失敗，於是再一次回頭鎖定地中海。

🔫 日俄戰爭期間，俄羅斯其實無暇戰爭

在日俄戰爭的檯面下，俄羅斯正身陷於非常事態，那就是稱為**第一次俄國革命**的一連串事件。

日俄戰爭對俄國而言，也是損傷相當嚴重的一場戰爭。隨著戰況惡化，國內物資缺乏的情況更是無從忽視，工廠未能全面支付勞工的酬勞，使國民的不滿開始升起。人們發起示威，要求沙皇改善人民的生活。當民眾的示威隊伍即將抵達聖彼得堡皇宮前，「狀況」發生了。

沙皇**尼古拉二世**非但不願聆聽抗議民眾的請求，更令皇家近衛隊一齊向民眾開槍，最終釀成多達 2000 名死者的大慘劇（**血腥星期日事件**）。**民眾對沙皇的觀感從「沙皇雖然可怕，卻是值得依靠的角色」，逐漸變成「沙皇或許是人民的敵人」**。以此事件為界，俄國開始頻頻發生暴動和叛變。認為完全無法相信國家的勞工和農民們在各地組成自治組織「**蘇維埃**」，目標不靠政府自行統治。就這樣，沙皇俄國的腳步開始左搖右晃，俄國革命隨之而來。

圖 4　俄國南進因日本而受挫

西伯利亞鐵路　俄羅斯

奉天會戰
日本陸軍險勝

俄國勢力範圍（滿洲）　哈爾濱

長春　海參崴

大連　旅順

日本

日本勢力範圍（朝鮮）

日本海海戰
日本海軍擊敗波羅的海艦隊，取得決定性勝利

波羅的海艦隊自歐洲側返航

德國「少年」皇帝 對全球下戰帖

第1章 歐洲歷史

第2章 西亞及伊斯蘭世界歷史

第3章 印度歷史

第4章 中國歷史

第5章 合而為一的全球時代

第6章 革命的時代

第7章 帝國主義與世界大戰的時代

第8章 近代西亞、印度

第9章 近代中國

第10章 現代世界

貫徹「守備」的俾斯麥

在帝國主義諸國當中，除了美國之外，還有一個**「姍姍來遲的」德國**。在歷經普法戰爭後，俾斯麥便採取「守備」的國家戰略，與各國締結同盟關係，試圖孤立想為普法戰爭復仇的法國。他憑藉著超群的外交嗅覺，曾多次召開集合各國的「柏林會議」，扮演斡旋各國利害關係的「協商角色」，戰略是以德意志帝國的「守備」為最優先。因此相較於其他列強，在擴張殖民地方面未見活躍。

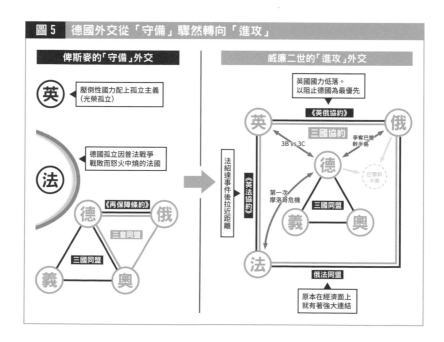

圖 5　德國外交從「守備」驟然轉向「進攻」

俾斯麥的「守備」外交	威廉二世的「進攻」外交

英　壓倒性國力配上孤立主義（光榮孤立）

法　德國孤立因普法戰爭戰敗而怒火中燒的法國

《再保障條約》　德　俄
三皇同盟
三國同盟　義　奧

法紹達事件後拉近距離

《英法協約》

英國國力低落。以阻止德國為最優先

《英俄協約》
英　　俄
三國協約
3B vs 3C　爭奪巴爾幹半島
德　　巴爾幹半島
第一次摩洛哥危機
三國同盟
義　奧
法
俄法同盟
原本在經濟面上就有著強大連結

🔫 少年皇帝否定老臣俾斯麥

不過，皇帝**威廉二世**即位後，情況有了改變。威廉二世在 29 歲時登基，當時俾斯麥的年齡是 73 歲。對年輕的皇帝而言，俾斯麥的備政策相當「老派過時」。此外，首相的名氣高過身為皇帝的自己，也使他不甚愉悅。是以，威廉二世解除俾斯麥的職務後開始親理政事，提倡「世界政策」，宣告參與殖民地爭奪戰。**德國從「守備」轉向「進攻」後與全世界為敵，成為了第一次世界大戰的起因。**

🔫 第一次世界大戰大局已成

德國的威廉二世高唱「世界政策」，改採攻擊態度，首先對向來關係就不好的法國搶奪殖民地。他派遣軍艦航至法屬摩洛哥，對法國下戰帖，要求法國放棄摩洛哥（第一次摩洛哥危機）。

他亦尋求通向亞洲的發展途徑，與同為德意志民族的奧地利締結同盟關係，並利用自鄂圖曼土耳其帝國取得的鐵路鋪設權展開 3B 政策，使鐵路穿越巴爾幹半島，連接至西亞的巴格達（**透過「巴格達鐵路」連起柏林〔Berlin〕、拜占庭〔Byzantine，伊斯坦堡〕、巴格達〔Baghdad〕**）。此事刺激了英國和俄國。

巴格達鐵路如果完工，這條具備高度運輸能力的鐵路，不僅可將德國的工業製品運至亞洲，還能將軍隊送進亞洲。**英國已在推行開羅（Cairo）、開普敦（Capetown）、加爾各答（Calcutta）的 3C 政策**，德國的 3B 政策，無非是在宣告「要將你們的利益全部奪走！」就這樣，德國和英國的對立漸趨加深。

從德國通往巴爾幹半島，接著還一路連接至土耳其、波斯灣，巴格達鐵路的路徑規畫，**完完全全擋住了俄國從地中海南進的路徑。為此，德國動工建設巴格達鐵路一舉，也讓俄國成為敵人。**

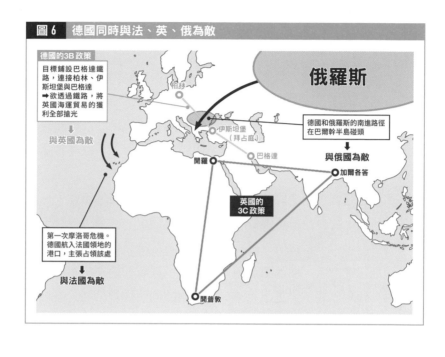

圖6　德國同時與法、英、俄為敵

德國的3B政策

目標鋪設巴格達鐵路，連接柏林、伊斯坦堡與巴格達
➡欲透過鐵路，將英國海運貿易的獲利全部搶光

與英國為敵

柏林

俄羅斯

伊斯坦堡（拜占庭）

德國和俄羅斯的南進路徑在巴爾幹半島碰頭

與俄國為敵

開羅

巴格達

加爾各答

英國的3C政策

第一次摩洛哥危機。德國航入法國領地的港口，主張占領該處

與法國為敵

開普敦

第1章 歐洲歷史

第2章 西亞及伊斯蘭 世界歷史

第3章 印度歷史

第4章 中國歷史

第5章 合而為一的 全球時代

第6章 革命的時代

第7章 帝國主義與 世界大戰的時代

第8章 近代西亞、印度

第9章 近代中國

第10章 現代世界

　　俄國、英國、法國各自打著算盤，漸與彼此接近。

　　法國和俄國的關係原就沒有大礙，俄國產業界的許多面向都仰賴著法國融資，兩國更有著可「夾擊」德國的地利之便，於是結成俄法同盟。

　　法國跟英國，自前述的法紹達事件後關係好轉，簽訂了《英法協約》；在第一次摩洛哥危機中，英國還支援了法國。英國與俄國雖曾在日俄戰爭時對立，但前者因第二次波耳戰爭、後者則因日俄戰爭而兵疲馬困，雙方都顯露出了疲態。因此，英國彷彿覺得「比起讓德國鋪成巴格達鐵路，還不如就放俄羅斯來地中海發展！」因而認同了俄國的南進政策，簽訂了《英俄協約》。

　　於是自俾斯麥體制以來的國家關係——德、奧、義的**三國同盟**，與**英、法、俄**「《英法協約》、《英俄協約》、俄法同盟」的**三國協約**各自成立，第一次世界大戰的舞臺已然成形。

「歐洲火藥庫」點燃火種

第一次世界大戰的舞臺終於成形，接著僅剩點燃導火線了。而這戰爭的「火種」，就在人稱「歐洲火藥庫」的巴爾幹半島。

在巴爾幹半島上頭，存在著「親近德國」的奧地利、鄂圖曼帝國，以及「親近俄國」的塞爾維亞、羅馬尼亞、保加利亞、希臘等國，另外尚有日耳曼裔、斯拉夫裔的等民族混雜其中。

德國想完成巴格達鐵路的路線，俄國則想用作南進路途 —— 雙方各有所圖，於是紛紛將這些小國攬為同盟國家。德國陣營喊出大日耳曼主義，由德國這個「日耳曼」國家為首統合各國；俄國陣營則有大斯拉夫主義，由俄國這個「斯拉夫」國家領銜作主。

第一個對巴爾幹半島出手的，是德國的同盟國奧地利。奧地利合併波士尼亞與赫塞哥維納，祭出了「第一招」。親俄國家將德國勢力滲入巴爾幹半島視為危機，結成了巴爾幹同盟。

巴爾幹同盟為開拓「老大」俄國「通往大海的道路」，掀起了巴爾幹戰爭，欲將鄂圖曼土耳其的勢力逐出巴爾幹半島。在兩次巴爾幹戰爭當中，鄂圖曼土耳其**遭到巴爾幹同盟的各國攻擊，保加利亞則因領土分配問題遭四周國家圍剿，兩國皆轉投德國陣營。**

「一發子彈」開啟世界大戰

在此，第一次世界大戰開戰前夕的情勢已然完備。德國陣營有奧地利、保加利亞、鄂圖曼土耳其聯手鋪設「巴格達鐵路」；俄國陣營有羅馬尼亞、塞爾維亞、希臘聯手確保其南下路徑，**雙方的發展路線在巴爾幹半島碰頭。**

塞拉耶佛事件就在這個局勢中發生：奧地利皇儲斐迪南在波士尼亞首都塞拉耶佛，遭到塞爾維亞地下組織的青年暗殺了。奧地利

第1章 歐洲歷史

第2章 世界歷史西亞及伊斯蘭

第3章 印度歷史

第4章 中國歷史

第5章 全球合而為一的時代

第6章 革命的時代

第7章 帝國主義與世界大戰的時代

第8章 近代西亞、印度

第9章 近代中國

第10章 現代世界

向塞爾維亞宣戰，塞爾維亞則向「老大」俄國請求救援，俄國於是對奧地利宣戰，奧地利又向德國請求救援，在這樣的過程中，逐步演變成德、英、法朱國皆遭捲入的**第一次世界大戰**。

遠遠超越「戰爭」概念的龐大消耗戰

在第一次世界大戰中，坦克車、戰鬥機、毒氣以至於潛艇等「殺戮武器」一一問世，戰爭陷入膠著，死亡人數攀升至可怕的高點。戰前準備的彈藥量，一個月就已全數用罄；消耗戰持續長達四年，局面漸漸轉向傾盡全國生產力的總體戰，到了最終，**甚至連扮演生產力基礎的平民都成為攻擊對象。**

德國沒料到的是，同盟國家義大利竟在危急關頭倒戈，投往協約國陣營，導致德國遭到法國、俄國、英國、義大利包圍。德國急

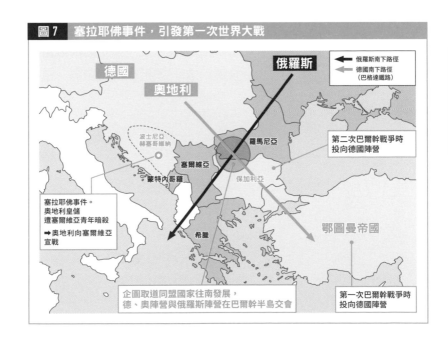

圖7　塞拉耶佛事件，引發第一次世界大戰

德國

奧地利

俄羅斯

← 俄羅斯南下路徑
← 德國南下路徑（巴格達鐵路）

波士尼亞
赫塞哥維納

羅馬尼亞

塞爾維亞

第二次巴爾幹戰爭時投向德國陣營

蒙特內哥羅

保加利亞

塞拉耶佛事件。
奧地利皇儲
遭塞爾維亞青年暗殺
➡奧地利向塞爾維亞宣戰

希臘

鄂圖曼帝國

企圖取道同盟國家往南發展，
德、奧陣營與俄羅斯陣營在巴爾幹半島交會

第一次巴爾幹戰爭時投向德國陣營

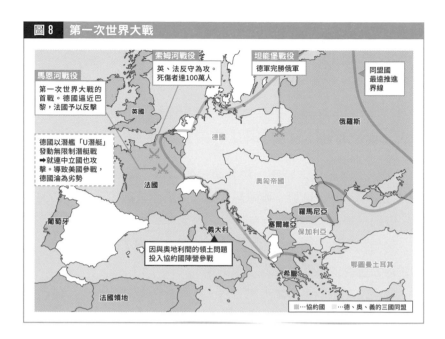

圖8　第一次世界大戰

索姆河戰役
英、法反守為攻。
死傷者達100萬人

坦能堡戰役
德軍完勝俄軍

同盟國
最遠推進
界線

馬恩河戰役
第一次世界大戰的
首戰。德國逼近巴
黎，法國予以反擊

英國

德國以潛艦「U潛艇」
發動無限制潛艇戰
➡就連中立國也攻
擊。導致美國參戰，
德國淪為劣勢

法國

俄羅斯

奧匈帝國

葡萄牙

義大利

羅馬尼亞
塞爾維亞
保加利亞

因與奧地利間的領土問題
投入協約國陣營參戰

希臘

鄂圖曼土耳其

法國領地

■…協約國　　■…德、奧、義的三國同盟

著想在短期內分出勝負，因而利用潛艦「U潛艇」使出了無限制潛
艇戰，就連中立國美國航向英法的商船也都擊沉，美國因而參戰加
入協約國，將德國逼向決定性的戰敗。第一次世界大戰由英、法、
美等協約國獲得最終勝利。

兩度革命，「全球第一個」社會主義國家誕生

第1章 歐洲歷史

第2章 西亞及伊斯蘭世界歷史

第3章 印度歷史

第4章 中國歷史

第5章 合而為一的全球時代

第6章 革命的時代

第7章 帝國主義與世界大戰的時代

第8章 近代西亞、

第9章 近代中國

第10章 現代世界

🔫 士兵組成蘇維埃組織，沙皇決心退位

在第一次世界大戰的檯面下，俄國再次燃起革命火焰。第一次俄國革命後，革命火勢暫且減弱，沙皇因而再度採取壓制人民的政策。然而，第一次世界大戰越拖越長，物資無法徹底分配，導致人民的不滿又一次爆發。在首都彼得格勒（聖彼得堡），要求配給糧食的婦女們走上街頭，演變為勞工、農民、士兵都群起的暴動。

就連向來為沙皇獨裁撐腰的軍隊，也組成「蘇維埃」加入革命行列，沙皇尼古拉二世心知「已無退路」而決定退位，羅曼諾夫王朝滅亡。這就是俄羅斯的二月革命。

🔫 列寧行動，二度革命到來

二月革命使沙皇退位，臨時政府代而成立。不過，**臨時政府卻辜負人民的期望，宣布繼續參戰的方針。**臨時政府的成員大多是擁有工廠的資本家，大量消耗武器彈藥和物資的戰爭，對他們來說是相當賺錢的。民眾持續因物資和糧食不足而受苦，卻要繼續參與戰爭，社會主義者列寧在這時登場了。原遭流放瑞士的列寧返回國內，發表《四月綱領》，主張「即刻停止參戰！」、「一切權力歸於蘇維埃，創建我們自己的自治政府！」。半年後，他率領激進的社會主義政黨「布爾什維克」發動武裝起義，一口氣打倒了臨時政府（十月革命）。

全球首見，「生產手段國有化」的國家

　　擊潰臨時政府的列寧發出公告，「不需要土地或賠款，即刻停止參戰」、「所有土地收歸國有，產物平均分配」。接著，他與同盟國締結《布列斯特條約》（Treaty of Brest-Litovsk），**以自行退陣的形式，脫離了第一次世界大戰。**

　　布爾什維克改名為俄國共產黨，蘇維埃（自治政府）掌控了國家，**土地和生產工具收歸國有，產出的產物則平均分配給人民，逐步推進以「平等」為中心思想的社會主義政策。**

　　不過，對全球各國的政府而言，「世上第一個社會主義國家似乎要出現了」，絕不算是值得慶賀的消息。再怎麼說，這都是由勞工擅自創建自治政府，發起暴動篡奪了國家。英國、法國、美國、日本等國似乎都認為「這種事情萬一發生在自己國內就麻煩了」，於是發動西伯利亞干涉戰爭，企圖擊垮俄國的革命。這場軍事干涉，對甫成立的蘇維埃政權是相當痛苦的戰鬥；為了填補戰爭開銷而從農村強制掠奪，導致大量人口死於饑荒。蘇維埃政權撐過西伯利亞干涉戰爭後，終於由俄羅斯、烏克蘭、白俄羅斯、高加索地區結成了「蘇維埃社會主義共和國聯邦」，也就是所謂的「蘇聯」。列寧死後，史達林承其衣缽，執行五年計畫等社會主義政策，更是推進了蘇聯的社會主義化。

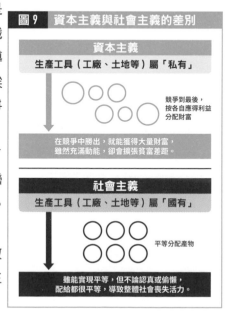

圖9　資本主義與社會主義的差別

資本主義
生產工具（工廠、土地等）屬「私有」

競爭到最後，按各自應得利益分配財富

在競爭中勝出，就能獲得大量財富，雖然充滿動能，卻會擴張貧富差距。

社會主義
生產工具（工廠、土地等）屬「國有」

平等分配產物

雖能實現平等，但不論認真或偷懶，配給都很平等，導致整體社會喪失活力。

下一場戰爭前的「剎那和平」 讓新體系轉瞬消滅

第1章 歐洲歷史

第2章 西亞及伊斯蘭世界歷史

第3章 印度歷史

第4章 中國歷史

第5章 合而為一的全球時代

第6章 革命的時代

第7章 帝國主義與世界大戰的時代

第8章 近代西亞、

第9章 近代中國

第10章 現代世界

德國遭索求的賠款金額，需花 91 年方可付清

俄羅斯先因十月革命而脫離戰爭，德國接著也發生革命，在皇帝威廉二世退位後，第一次世界大戰逐漸邁向終結，交戰各方召開巴黎和會，商討戰後的善後事宜。

該和會的基本原則，是美國總統**威爾遜**所提出的「十四點原則」，其中包含縮減軍備、設立維護和平之國際組織、禁止祕密外交，以及**各民族應可按期望建國的「**民族自決**」**等原則。

而淪為戰敗國的德國被迫簽下《凡爾賽和約》，除了喪失全數殖民地、軍備受到限制外，更遭索求堪稱「天文數字」的鉅額賠款。據說該數字是國民所得總額的 2.5 倍，一直到 2010 年 10 月 3 日，一直到這筆賠款才支付完畢。

國際聯盟成為「無力組織」

巴黎和會所打造出的新世界秩序，稱為凡爾賽體系。在「民族自決」原則下，過去受到德國、俄國、奧地利控制的芬蘭、波蘭、匈牙利等民族，一批批如願獨立。不過，**「民族自決」原則雖然適用於歐洲各國，亞洲、非洲的殖民地國家，卻仍舊是「歐洲的囊中物」**。雖然喊出了世界秩序的口號，「維持戰勝國的既得利益，並封鎖德國」，才是凡爾賽體系的真正意圖。

另外，在巴黎和會翌年，美國總統威爾遜所倡導的國際聯盟成

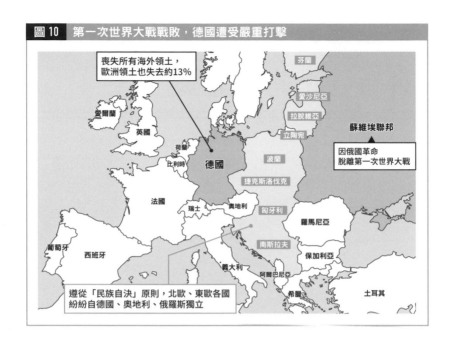

圖 10　第一次世界大戰戰敗，德國遭受嚴重打擊

喪失所有海外領土，
歐洲領土也失去約13%

芬蘭

愛沙尼亞

拉脫維亞

立陶宛

蘇維埃聯邦

因俄國革命
脫離第一次世界大戰

愛爾蘭

英國

荷蘭

比利時

德國

波蘭

捷克斯洛伐克

法國

瑞士

奧地利

匈牙利

羅馬尼亞

葡萄牙

西班牙

南斯拉夫

保加利亞

義大利

阿爾巴尼亞

希臘

土耳其

遵從「民族自決」原則，北歐、東歐各國
紛紛自德國、奧地利、俄羅斯獨立

立了。創設維持世界和平的組織，此事堪稱是前所未見，但**在維持
世界和平的層面上，國際聯盟其實相當無力。**國際聯盟的決議事
項，原則上需由全體會員在理事會中取得共識。「為了和平，取得
全體會員的同意再決定」，這樣的宗旨雖然可以理解，但要超過
40 國以上的會員國「全體同意」，根本就是天方夜譚。此外，就
算是為了和平，國際聯盟也沒有軍隊，制裁範疇僅限於經濟制裁。
不僅如此，**提倡者美國更因國內議會反對而未加盟，使得國際聯盟
成為一個全然不具公信力的組織。**

　　不過，即使有這一切種種，戰後氣氛仍舊大幅轉向了和平。從
此時開始 10 年間，各國紛紛裁軍，並因《非戰公約》等條約而採
取協調型的外交政策，著實邁向和平。

「富庶」美國 拯救荒廢的歐洲

第1章 歐洲歷史

第2章 西亞及伊斯蘭世界歷史

第3章 印度歷史

第4章 中國歷史

第5章 合而為一的全球時代

第6章 革命的時代

第7章 帝國主義與世界大戰的時代

第8章 近代西亞、印度

第9章 近代中國

第10章 現代世界

🔫 英法日薄西山，戰敗國德國面臨危機

　　第一次世界大戰前的英國、法國，都曾隨心所欲享受著超級大國的名號。不過，**這兩國雖在第一次世界大戰中成為戰勝國，國力卻消磨殆盡，向美國欠下了鉅額的借款。**兩國的國勢停滯，因而將超級大國的寶座拱手讓給美國。尤其東半邊國土曾化作戰場的法國，荒廢程度更是嚴重，為求復興，無論如何都得仰賴德國所支付的賠款。

　　戰敗的德國則以共和體制重新出發，稱為威瑪共和國，但因肩負著龐大的賠款，而從相當艱難的狀況中起步。自己的國家明明也曾是戰場、百廢待舉，隔壁的法國卻頻頻催促「趕快把賠款拿來，我們才能重建國家！」當然，付款一再延遲。

　　為此，法國找來了比利時一同行動：占領魯爾。兩國占領了德國工業的心臟地帶──魯爾工業區，當成「抵押」，催促德國償還賠款。

　　這場占領行動使魯爾工業區的供給停滯，造成德國國內物資嚴重不足。另一方面，德國執行戰後復興，也需要支付建築、土木費用、勞工薪水。是以，德國政府持續印鈔，以求抒解當下的經濟難題，**導致「物資不足與紙鈔過剩」同時發生，貨幣對物品的價值開始下降，通貨膨脹一口氣加速狂飆，演變成令人難以置信的超級通貨膨脹，從戰後起的 10 年間，物價曾攀升達 1.2 兆倍。**

🔫 美國出手解圍，世界恢復和平

德國楚歌四起，美國動身介入，向英、法、德提出了賠款問題的解決方案（道茲計畫）。

美國「道茲計畫」的內容，是會先對德國企業提供融資。德國在經濟好轉後，再將這筆錢當成賠款，支付給英國和法國；英國和法國則可拿這筆款項，償還第一次世界大戰時向美國所借的款項。

美國將這筆錢拿給德國融資後，**來自美國的資金轉過多手，可以當成賠款和借款來償還，對所有國家而言都是正面循環。**德國企業雖然對美國欠下借款，但比起「賠款」，「借款」總是比較好。

美國的介入使法國停止占領魯爾，德國的通貨膨脹也得以止息，一切終於回歸平靜。

稍後德國簽訂《羅加諾公約》，承諾不再發起軍事行動，終於獲准加入國際聯盟。德國的復興為歐洲帶來安定，人們逐漸療癒大戰的創傷。

各方締結非戰公約、裁軍條約，使世界順利邁向和平。不過，這份穩定仰賴著美國的融資。

然而「錢盡即是緣滅時」，**在美國經濟迎向大恐慌的同時，這份安定便如泡影般幻滅。**

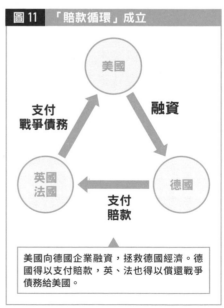

圖 11　「賠款循環」成立

美國

支付戰爭債務

融資

英國法國

支付賠款

德國

美國向德國企業融資，拯救德國經濟。德國得以支付賠款，英、法也得以償還戰爭債務給美國。

曾言「永遠繁榮」的美國經濟意外翻船

第1章 歐洲歷史

第2章 西亞及伊斯蘭世界歷史

第3章 印度歷史

第4章 中國歷史

第5章 合而為一的全球時代

第6章 革命的時代

第7章 帝國主義與世界大戰的時代

第8章 近代西亞、印度

第9章 近代中國

第10章 現代世界

第一次世界大戰令美國「魚躍龍門」

就結果而言，第一次世界大戰使得美國「魚躍龍門」，擠進了「超級大國」之列。美國自家國土完全未因戰事而荒廢，更在戰爭的後半段才跳上「勝利馬匹」的馬背；此外由於戰爭期間曾讓英、法借貸天價款項，使得**美國在大戰中從債務國（背負著借款的國家）完美翻身、成為債權國（借貸給別人的國家）。**

第一次世界大戰過後，美國取代荒蕪的歐洲各國，成為全球的經濟中心。諸如迪士尼、爵士樂、可口可樂等，皆是美國在此時代孕育出的大眾消費代表性文化。

胡佛總統發出豪語：美國將「永世繁榮」

在這個時代，美國總統哈定、柯立芝、**胡佛**，就著絕佳的經濟狀態，採取自由放任的經濟政策。商品越做越賣，買股票一定會漲。這般「泡沫經濟」令美國民眾活得心醉神迷。

「黑色星期四」席捲全球

正當景氣絕佳，在 1929 年 10 月 24 日──後世所稱的「黑色星期四」卻突然降臨。紐約股票市場的股價在無預警下大幅暴跌。暴跌從週四開始，直到週五仍不止息；大暴跌的新聞在週末時傳遍

265

全國，群眾在隔週一開始拋售手中股票，引發了毀滅性的恐慌。

在前面帝國主義的篇章中也曾說明，企業向銀行和股東借錢來生產商品，因此若「商品滯銷」，就會直接面臨倒閉危機。

在美國的黃金時期，銀行和股東漸漸將金錢融資給企業，美國企業則盡情地製造商品，因此市場上充斥著大量滯銷商品。商品賣不完就無法還款，亦無法發股利給股東，導致對企業融資的銀行連鎖倒閉。

美國經濟崩盤讓德國經濟也跟著潰堤，接著影響英、法兩國，最後發展成了「全球經濟大恐慌」。

政府捨棄「自由放任」，積極介入經濟

面臨恐慌狀態，共和黨的胡佛總統還是無法改變對市場的放任主義，使失業者不斷暴增。在失業率飆破 25%，社會不安一口氣擴張之際，總統選舉到來。

這場選舉由推出「新政」（從頭來過的政策）的民主黨籍**富蘭克林‧羅斯福**獲得勝利。

他著手處理大恐慌，積極介入經濟。為防止企業「說倒就倒」，他調整生產量預防「過度製造」，並由國家收購過剩的農產品，以免價格跌墜。此外，他也僱用失業者投入公共事業，費了一番工夫，成功度過危機。

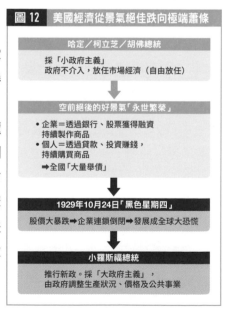

圖 12　美國經濟從景氣絕佳跌向極端蕭條

哈定／柯立芝／胡佛總統
採「小政府主義」
政府不介入，放任市場經濟（自由放任）

空前絕後的好景氣「永世繁榮」
• 企業＝透過銀行、股票獲得融資
　持續製作商品
• 個人＝透過貸款、投資賺錢，
　持續購買商品
➡全國「大量舉債」

1929年10月24日「黑色星期四」
股價大暴跌➡企業連鎖倒閉➡發展成全球大恐慌

小羅斯福總統
推行新政。採「大政府主義」，
由政府調整生產狀況、價格及公共事業

第二次世界大戰的局勢：「富國」與「窮國」

第 1 章
歐洲歷史

第 2 章
西亞及伊斯蘭世界歷史

第 3 章
印度歷史

第 4 章
中國歷史

第 5 章
全球合而為一的時代

第 6 章
革命的時代

第 7 章
帝國主義與世界大戰的時代

第 8 章
近代西亞、

第 9 章
近代中國

第10章
現代世界

「錢盡即是緣滅時」

美國的經濟大恐慌也波及歐洲，造成了巨大的影響。

於此之中，**人稱「富國」——具穩固經濟基礎的國家（持有富庶殖民地的英國、法國，以及社會主義國家蘇聯），跟所謂「窮國」——經濟基礎孱弱的國家（德國、義大利）之間，幸與不幸變得涇渭分明。**

「富國」的大恐慌對策

英國、法國雖因經濟大恐慌導致失業率升高，所幸仍擁有富庶的殖民地。兩國在殖民地跟本土之間打造集團經濟，切斷與美國的經濟聯繫，轉向自給自足的狀態。英國打造「英鎊區」、法國則打造「法郎區」等經濟圈，對其他國家的貿易課取高關稅，限制與圈外貿易，**防止他國經濟影響到自家**。此外由於失業者增加，英法兩邊都誕生了傾向勞工一方的政黨。

另一方面，蘇聯在社會主義下採行計畫經濟，人們在國營企業或國營農業中工作，獲得平等配給。此種結構的性質，**較難因「生產過剩」引發恐慌**。蘇聯拋下為大恐慌所苦的各國，經濟大幅躍進，對各國大大展現了社會主義的優越所在。

但在突飛猛進的背後，列寧後繼者史達林加強獨裁和個人崇拜，將反對者大量處死，同樣也是事實。

🔫 「窮國」投向法西斯主義

英國和法國靠著殖民地的滋養，好不容易撐過了經濟大恐慌；蘇聯靠著社會主義，視恐慌為無物，大幅躍進。相對於此，既沒有殖民地、經濟基礎也很屡弱的「窮國」德國、義大利無法自給自足，因而投奔了法西斯主義的懷抱。

法西斯主義一詞的語源是「團結」，這套獨裁式的國家體制以權力壓制民眾，對他國則採取侵略主義。獨裁者利用恐慌帶來的不安爬上權力寶座，高呼**「我會帶大家度過這個痛苦的狀態，所以都聽我的！」是一種採行獨裁、極權主義的政治體制。**

🔫 義大利的法西斯主義始於墨索里尼

義大利的法西斯主義，在經濟大恐慌前就已出現。第一次世界大戰時，義大利背叛德國，改為協約國而戰，算起來也是勝利的一方，最終卻沒能獲得期盼已久的殖民地，導致國民不滿高漲。領導法西斯黨的墨索里尼，巧妙抓住了這次機會。墨索里尼政權構築起一黨獨裁的法西斯黨後，占領了亞得里亞海的港都阜姆，將阿爾巴尼亞納為保護國。在受到全球經濟大恐慌的打擊後，更藉由兼併衣索比亞來轉移人民的不滿情緒，逐步鞏固國內的支持度。

🔫 德國的法西斯主義始於希特勒

全球經濟大恐慌的影響，之於德國最是嚴重。德國的復興仰賴著美國融資，該處資金停滯後，德國的經濟因而崩盤。

希特勒所率領的「國家社會主義勞工黨」，也就是納粹黨（Nazi，為德文簡稱），順利抓住了這次機會。希特勒認為「德國

第1章 歐洲歷史

第2章 世界歷史及伊斯蘭

第3章 印度歷史

第4章 中國歷史

第5章 合而為一的全球時代

第6章 革命的時代

第7章 帝國主義與世界大戰的時代

第8章 近代西亞、

第9章 近代中國

第10章 現代世界

的困頓都是來自《凡爾賽條約》的賠款，因此要重整軍備，殺出一條活路」，主張應毀棄《凡爾賽條約》，重新整頓軍力。接著他高唱民族意識，主張「日耳曼民族才是最優越的民族！」鼓舞了因戰敗而消沉的國民情緒。他亦培植以「福斯汽車」聞名的汽車產業、建造高速公路（Autobahn）等，為失業者提供工作機會。**德國人民為希特勒瘋狂，納粹黨的席次每逢選舉就增加，最終幾乎拿下了100%的席次。**德國在這樣壓倒性的支持度下退出國際聯盟，接著推出《授權法》，將希特勒的地位推向「總統」大位。德國隨後公然違反《凡爾賽和約》，宣告重整軍備，令徵兵制捲土重來，並在法國國境的萊茵河非軍事區駐軍，備戰狀態逐漸升高。

「危險的兩人」合為一體

義大利墨索里尼、德國希特勒這兩位「全球最危險的兩人」在歷史舞臺上粉墨登場，終於也將攜手合作。一切始於西班牙內戰。在西班牙波旁王朝王室垮台之後，西班牙帶有社會主義色彩的「人民陣線」成立共和政權，與資本家所支持的佛朗哥將軍產生對立。墨索里尼和希特勒對佛朗哥提供了援助。

希特勒的假想敵蘇聯選擇支援敵方的人民陣線內閣，也是希特勒介入西班牙的契機所在。最終佛朗哥成功叛變，**希特勒和墨索里尼因這場內戰拉近距離，德、義兩國形成同盟關係。**退出國際聯盟的日本也接近義大利和德國，德義日三國的軍事同盟於是成形，逐漸建構出第二次世界大戰的同盟關係。

另一方面，面對西班牙內戰，英國、法國為了避免刺激希特勒，採取了不干涉的政策，未曾正面阻止希特勒等人的軍事行動（後世則批判兩國因「姑息」態度，錯失了阻止希特勒的機會）。

納粹德國勢如破竹，
英法惶惶不安

姑息政策令希特勒驕矜自滿

希特勒的氣焰未見節制，他進一步主張統合東歐的德意志民族，逐步擴張德國的領土。

首先，他併吞同樣由德意志裔組成的奧地利。

接著，由於捷克斯洛伐克的蘇臺德地區有著眾多德國人，他因而向捷克斯洛伐克要求：「交出蘇臺德地區！」

捷克斯洛伐克當然拒絕。為此德、義、英、法召開了慕尼黑會議，參與者包括希特勒、墨索里尼，還有英國的張伯倫、法國的達拉第。最終英、法吞下希特勒的要求，要求捷克斯洛伐克「就把蘇臺德區讓給希特勒吧」。

英、法兩國擔心「不同意希特勒的要求，將會引發戰爭」，於是放軟姿態討希特勒歡心，採取了避戰的「姑息政策」。捷克斯洛伐克連慕尼黑會議都沒受邀參加，卻被大國亂搞一通，痛苦萬分地放棄蘇臺德區，至今仍被稱為捷克歷史上最大的屈辱。

此後，希特勒愈來愈得意忘形，他併吞捷克，更將斯洛伐克變成了保護國。

英法對德國採取的「姑息政策」，令希特勒驕矜自滿，成為第二次世界大戰的起因。這個事實同樣也受到後世所批判。

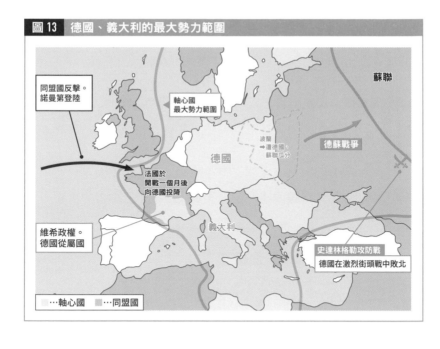

圖13 德國、義大利的最大勢力範圍

同盟國反擊。
諾曼第登陸

軸心國
最大勢力範圍

蘇聯

德蘇戰爭

波蘭
遭德國、
蘇聯瓜分

德國

法國於
開戰一個月後
向德國投降

維希政權。
德國從屬國

義大利

史達林格勒攻防戰
德國在激烈街頭戰中敗北

▢…軸心國　▢…同盟國

第1章 歐洲歷史

第2章 世界歷史及伊斯蘭

第3章 印度歷史

第4章 中國歷史

第5章 合而為一的全球時代

第6章 革命的時代

第7章 帝國主義與世界大戰的時代

第8章 近代西亞、印度

第9章 近代中國

第10章 現代世界

波蘭遭德國和俄羅斯一分為二

　　德國的下個目標是波蘭。德國跟一直以來的假想敵——即西班牙內戰時站在敵方的蘇聯締結了《德蘇互不侵犯條約》，兩國一同入侵波蘭，一口氣將波蘭分成兩半。到了這個地步，英國和法國才終於清醒：「不能讓德國繼續這樣亂搞！」英、法對德國宣戰，歐洲的戰爭開打（歐洲戰線）。

　　德國控制波蘭的西半部後，回過頭來就攻入法國，僅僅一個月後就令法國投降。德國直接接收法國北部，南部地區則在城鎮維琪設置政府，成為德國的從屬國。

　　法國的**戴高樂**將軍逃至英國，籌組地下組織「自由法國政府」，為了奪回法國，堅持不懈地持續著抵抗活動。

　　接著，希特勒開始空襲英國本土。

德蘇戰爭與太平洋戰爭開打

由於英國遲遲不願投降，希特勒懷疑蘇聯出兵支援，於是也派大軍前進蘇聯（德蘇戰爭）。此時蘇聯再次使出當年打敗拿破崙的作戰方式，「將敵軍引至莫斯科附近，等冬天到來一口氣反擊」，將德國逼入苦戰當中。

德國的同盟國家日本也在此時攻擊珍珠港，引爆太平洋戰爭。歐洲戰線和太平洋戰線連成一線，逐步發展成第二次世界大戰。

人類所經歷的最大戰事

第二次世界大戰演變成人類所經歷過最大的戰爭，戰爭的犧牲者攀升至第一次世界大戰的三倍之多，據說高達 6000 萬人～8000 萬人，其中也包含在納粹種族滅絕政策下遭到虐殺的猶太人。納粹在奧斯威辛等各處設立強制集中營，透過毒氣室等手段，大量屠殺了猶太人（猶太人大屠殺）。此外，原子彈也在太平洋戰爭中用於實戰，全球奔向核子武器的新時代。

「史上最大作戰」過後，戰事邁向終結

自從德國在德蘇戰爭中最大的街頭戰「史達林格勒攻防戰」敗北後，戰況開始有了逆轉。以坐擁大量物資的美國為中心，同盟軍在登陸北法後（諾曼第登陸），德國轉瞬間就失掉了巴黎，希特勒於 10 天後自殺，歐洲戰事告終。三個月後日本也無條件投降，太平洋戰爭劃下句點，終結了第二次世界大戰。

第 8 章

近代
西亞、印度

鄂圖曼帝國縮小

製鹽長征

印度大起義

穆罕默德·阿里的崛起

歷史的舞臺

西亞、印度被捲入
英國與俄羅斯的爭端

近代的西亞和印度，被歐洲列強化為了「被支配方」。

在西亞，曾經堅不催的鄂圖曼土耳其帝國行將就木，成為俄羅斯帝國和英國覬覦的目標。俄國和英國勢力也同樣伸入了波斯帝國（今伊朗）境內。

英國在印度成立了「印度帝國」。俄國試圖南進，英國則鞏固在埃及、印度、中國等處的控制，藉以阻撓俄國的意圖。兩者間所爆發的殖民地競爭，導致西亞、印度在無從選擇下漸被捲入。

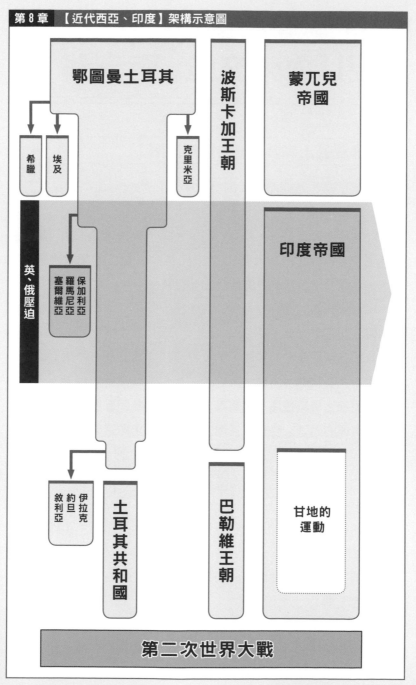

鄂圖曼土耳其

波斯卡加王朝

蒙兀兒帝國

希臘

埃及

克里米亞

英、俄壓迫

保加利亞
羅馬尼亞
塞爾維亞

印度帝國

敘利亞
約旦
伊拉克

土耳其共和國

巴勒維王朝

甘地的運動

第二次世界大戰

第 1 章 歐洲歷史

第 2 章 西亞及伊斯蘭世界歷史

第 3 章 印度歷史

第 4 章 中國歷史

第 5 章 合而為一的全球時代

第 6 章 革命的時代

第 7 章 帝國主義與世界大戰的時代

第 8 章 近代西亞、印度

第 9 章 近代中國

第10章 現代世界

鄂圖曼帝國
因「內外交迫」而衰弱

🐪 鄂圖曼土耳其帝國自內部崩解

在第 2 章「西亞歷史」的篇章中，我們談到最終的贏家是鄂圖曼土耳其帝國。

鄂圖曼土耳其是身處西亞的超級大國，曾圍攻維也納，是個讓歐洲國家苦不堪言的狠角色。但在 17 世紀末**第二次圍攻維也納**失敗後，鄂圖曼土耳其的勢力便開始弱化衰退。

鄂圖曼衰微的原因有兩個。其一是「外部」因素，主權國家體系的確立和工業革命，使歐洲各國國力增強。尤其俄國更將鄂圖曼土耳其視為南進政策的標靶，緊咬著不放。其二是「內部」因素，帝國內各式各樣的民族尋求獨立，導致內部結構逐漸崩潰。

鄂圖曼土耳其是由「土耳其人」統治的多民族國家，因此隨著「控制韁繩的力道」變弱，各地方勢力也要求自帝國獨立。

🐪 阿拉伯人覺醒：「我們不是土耳其人！」

瓦哈比教派的運動，對鄂圖曼土耳其「勢力弱化」造成了重大影響。瓦哈比發起此次運動，並且接受強勢部落**紹德家族**（「沙烏地阿拉伯」意為「紹德家族的阿拉伯」）贊助，在阿拉伯半島建立了**瓦哈比王國**。

該教派主張：「現今的伊斯蘭世界已經墮落了。我們必須回歸穆罕默德創教時的純粹狀態！」更批判阿拉伯人的伊斯蘭世界，竟

然是由土耳其人、伊朗人等「外人」所統治。**這令「土耳其」國家鄂圖曼帝國內部的「阿拉伯人」民族意識覺醒**（「我們不是土耳其人，而是阿拉伯人！」），一點一滴瓦解了鄂圖曼土耳其。

🐫 就連「王牌」都籌謀著自鄂圖曼帝國獨立

18、19 世紀的鄂圖曼土耳其，處於衰微與改革的時代。第二次圍攻維也納失敗後失去匈牙利；俄國凱薩琳大帝攻來，則丟掉了克里米亞半島；埃及受到拿破崙的攻擊，等到拿破崙的威脅解除，又換成希臘發動獨立戰爭，最後失去了希臘。

在這一連串的狀況當中，鄂圖曼土耳其的埃及總督**穆罕默德・阿里**掀起**埃土戰爭**，要求脫離帝國自行獨立。穆罕默德・阿里藉著數百人小部隊長的實力，以風馳電掣之姿嶄露頭角，被鄂圖曼帝國派任至埃及，是其「軍事上的王牌」。埃及在這張王牌的領導下，大力推行富國強兵與現代化，最終要求自鄂圖曼土耳其獨立。

穆罕默德・阿里打贏這場戰役，獲得了埃及的行政權。他達成實質獨立，在埃及建立了**穆罕默德・阿里王朝**。

其後，埃及跟法國協力建成蘇伊士運河，但建造費用衍生出高額借款，最終只得將蘇伊士運河的股票賣給英國，讓英國「收割了最甜美的果實」。就這樣，埃及受到英國軍事占領，淪為了英國的附庸。

逐一失掉匈牙利、克里米亞、希臘、埃及的鄂圖曼土耳其，身形日漸消瘦。而彷彿看準了其虛弱的好機會，這次換俄國要開始認真南進了。

第1章 歐洲歷史

第2章 西亞及伊斯蘭世界歷史

第3章 印度歷史

第4章 中國歷史

第5章 合而為一的全球時代

第6章 革命的時代

第7章 帝國主義與世界大戰的時代

第8章 近代西亞、印度

第9章 近代中國

第10章 現代世界

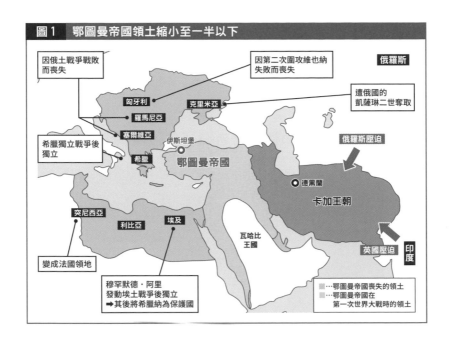

圖1　鄂圖曼帝國領土縮小至一半以下

因俄土戰爭戰敗
而喪失

因第二次圍攻維也納
失敗而喪失

俄羅斯

匈牙利

克里米亞

遭俄國的
凱薩琳二世奪取

羅馬尼亞

塞爾維亞

伊斯坦堡

俄羅斯壓迫

希臘獨立戰爭後
獨立

希臘

鄂圖曼帝國

德黑蘭

卡加王朝

突尼西亞

利比亞

埃及

瓦哈比
王國

英國壓迫

印度

變成法國領地

穆罕默德・阿里
發動埃土戰爭後獨立
➡其後將希臘納為保護國

■…鄂圖曼帝國喪失的領土
■…鄂圖曼帝國在
　第一次世界大戰時的領土

🐫 最大的敵人是俄羅斯！

　　領土逐漸丟失，最後就連軍事上的王牌將領都起身反抗，對此
情況，鄂圖曼土耳其自然不會毫無作為。蘇丹**阿布杜・梅吉德一世**
領導「**坦志麥特**」運動（Tanzimat，恩惠改革），推動了帝國的西
化與現代化。

　　這場改革在產業現代化、整頓法律等面向得到了一定的成績，
但在西化的過程中，因與歐洲經濟產生牽引，導致外國製品湧入，
國內產業因而衰退。

　　此時俄國南下而至，發動了**克里米亞戰爭**，欲奪取鄂圖曼土耳
其所擁有的黑海出口──**博斯普魯斯**、**達達尼爾**兩個海峽。鄂圖曼
土耳其獲得英國和法國助陣，好不容易擊退了敵人，但這場戰爭卻
使帝國完全破產。

面對這番危機，總理大臣**米達特・帕夏**（Midhat Pasha）制定了亞洲第一部憲法《**米達特憲法**》。他設置議會，試圖達成穆斯林和非穆斯林的平等，並創造出「同為鄂圖曼土耳其人」的「國民意識」，欲令國民同舟共濟，度過危機。

不過，此次改革未竟而終。俄國再度嘗試南下，掀起了**俄土戰爭**。蘇丹**阿布杜・哈米德二世**企圖利用戰爭取得領導權，以強化個人的獨裁；他喊停憲法，並封鎖議會，回歸了獨裁制度。

🐫 我們也來發起「明治維新」吧！

不過，俄土戰爭由鄂圖曼土耳其慘敗收場，鄂圖曼土耳其失去了羅馬尼亞、塞爾維亞、蒙特內哥羅、保加利亞，人民對阿布杜・哈米德二世的不滿因而愈來愈強烈。就在此時，傳出了一個令人震驚的消息。位於遙遠東方的日本，竟然在日俄戰爭中打敗了俄國。

「我們也來仿效『明治維新』，發展現代化吧！」以「統一與進步委員會」（**青年土耳其黨**）為主的群眾挺身而出，發起**青年土耳其黨革命**，迫使阿布杜・哈米德二世同意重啟憲法。

🐫 伊朗遭俄羅斯和英國上下其手

波斯帝國（今伊朗）也跟鄂圖曼土耳其一樣承受著歐洲入侵的壓力，其中尤以俄國和英國為烈。

薩法維王朝滅亡後，伊朗的**卡加王朝**才剛成立，就已被俄國鎖定，被迫簽下不平等的《**土庫曼恰伊條約**》，隨後遭歐洲各國「蠶食」。國內群眾相當反對，尤其抗拒英國的菸草專利權，呼籲不抽菸的「**菸草抵制運動**」逐漸傳開，成功透過實際行動讓國王撤銷英國專利權。

第1章 歐洲歷史

第2章 西亞及伊斯蘭 世界歷史

第3章 印度歷史

第4章 中國歷史

第5章 合而為一的 全球時代

第6章 革命的時代

第7章 世界帝國主義與大戰的時代

第8章 近代西亞、 印度

第9章 近代中國

第10章 現代世界

這次運動提升了伊朗人的民族意識，連帶發展成尋求議會與憲法的**波斯立憲革命**。但這場革命終遭俄國介入，中途受挫。

🐫 土耳其、伊朗成為「親日國家」的原因

日本的「明治維新」，是土耳其和伊朗發起革命、尋求議會和憲法的一大要因。日本在明治維新的改革下，成立了議會、制定了憲法，急速達成現代化，最終得以在日俄戰爭中擊敗土耳其和伊朗的共同敵人俄國。

由於日俄戰爭的牽制，來自俄國的壓迫趨緩，因此土耳其和伊朗對日本深有感謝。此外，日本也帶給土耳其和伊朗希望：「若我們也擁有議會和憲法，集結國民力量推動現代化，或許就能戰勝俄國！」至今這兩國仍是親日國家。

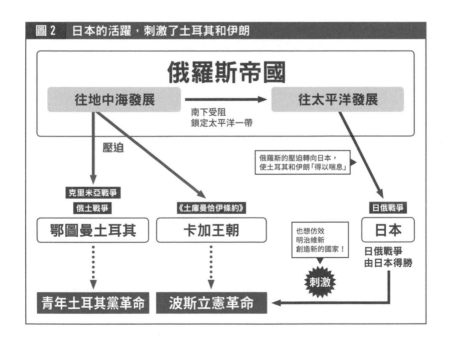

圖 2　日本的活躍，刺激了土耳其和伊朗

俄羅斯帝國

往地中海發展　→　往太平洋發展

南下受阻
鎖定太平洋一帶

壓迫

俄羅斯的壓迫轉向日本，
使土耳其和伊朗「得以喘息」

克里米亞戰爭
俄土戰爭　　　《土庫曼恰伊條約》　　　　　　　　日俄戰爭

鄂圖曼土耳其　　卡加王朝　　　　　　　　　　日本

也想仿效
明治維新
創造新的國家！

日俄戰爭
由日本得勝

刺激

青年土耳其黨革命　波斯立憲革命

「土耳其之父」
創建土耳其共和國

第1章 歐洲歷史

第2章 西亞及伊斯蘭世界歷史

第3章 印度歷史

第4章 中國歷史

第5章 合而為一的全球時代

第6章 革命的時代

第7章 帝國主義與世界大戰的時代

第8章 近代西亞、印度

第9章 近代中國

第10章 現代世界

🐫 土耳其在第一次世界大戰後成為「戰敗國」

　　第一次世界大戰，土耳其出於跟俄國敵對的情緒，投靠了德國陣營。隨著德國敗陣，土耳其也淪為戰敗國，領土被搜刮得一乾二淨，喪失了伊拉克、敘利亞、約旦、黎巴嫩等處（**《色佛爾條約》**）。這些地區隨後獲得獨立，成為現今西亞國家的根源。

　　其中巴勒斯坦受到利用，成為了英國的「矛盾外交之地」。在第一次世界大戰期間，英國想讓敵對的鄂圖曼土耳其受困於內部矛盾，同時承諾當時受到土耳其人統治的「阿拉伯人」和「猶太人」，未來皆可（在巴勒斯坦）建立獨立國家。

　　更甚於此，英國對這兩個民族皆未實現承諾。巴勒斯坦後來成為英國的託管地，換句話說納入了自身的管轄範圍。自此之後，阿拉伯人和猶太人便因巴勒斯坦的土地相互對立，最終發展成至今懸而未決的紛爭「巴勒斯坦問題」。

🐫 「土耳其之父」領導革命

　　第一次世界大戰後，土耳其因戰敗領土遭搜刮一空。此時，有個人物拯救了土耳其的困境。他就是**穆斯塔法‧凱末爾**。

　　土耳其在第一次世界大戰敗北後，英國兵臨城下，試圖趁機補上一刀。凱末爾擊退英軍，也開始向戰勝國列強展現反擊態度。接著他在**安卡拉**建立新政府，廢除蘇丹制，宣告鄂圖曼土耳其帝國滅

亡，新的**土耳其共和國**成立
（**土耳其革命**）。凱末爾對
戰勝國也發動攻勢，令列強
相當驚訝，最終同意廢棄
《色佛爾條約》，重新締結
《洛桑條約》。其內容包含
歸還部分領土、廢除不平等
條約等。

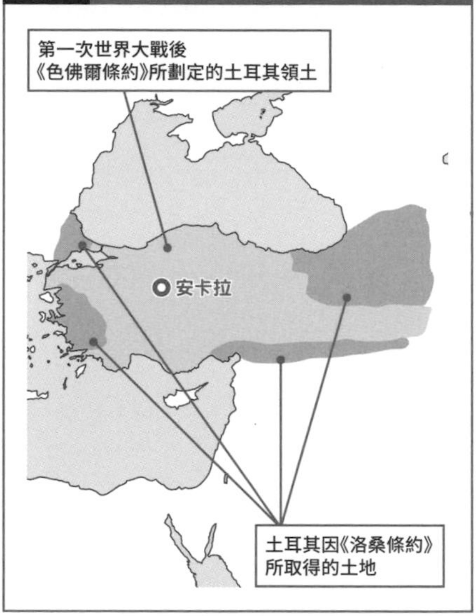

　　**戰敗國憑著實力重新
簽訂條約，並且討回領土，
這是歷史上罕有的事件。可
知凱末爾的能力不同凡響。**

　　就這樣，凱末爾獲授

圖 3　土耳其取回領土

第一次世界大戰後
《色佛爾條約》所劃定的土耳其領土

○安卡拉

土耳其因《洛桑條約》
所取得的土地

「阿塔圖克」（Atatürk，土耳其之父）的稱號，當上了土耳其共
和國首任總統。他大膽推行**文字改革**，捨棄過往所使用的阿拉伯文
字，全面改成拉丁字母，更確立了女性參政權，逐步推行多項國內
改革，包括將傳統服飾改為西式服裝。

🐫 現今西亞諸國的骨架成形

　　曾是英國附庸的埃及，在第一次世界大戰後獲得獨立，穆罕默
德‧阿里王朝獨立成為埃及王國。不過，蘇伊士運河還是把持在英
國手中，英國對埃及的控制仍然存在著。在沙烏地阿拉伯，紹德家
族統治了阿拉伯半島，建立了沙烏地阿拉伯王國。直至今日，紹德
家族仍是沙烏地阿拉伯的王室。在波斯，睿札王（Reza Shah）篡
奪卡加王朝，開闢巴勒維王朝，隨後將國名改稱伊朗。

女王統治，
英國最重要的殖民地

🐫 叛亂的起因是動物油？

跟鄂圖曼土耳其相同，在印度的蒙兀兒帝國也因歐洲諸國殖民勢力的擴張而日漸弱化。英國藉由普拉西等戰役，將法國勢力逐出印度國內，漸漸確立了對印度的控制力道。

英屬印度，由英國東印度公司代為管理。東印度公司原本曾是「貿易公司」，但自從英國的個人和企業開始參與亞洲貿易，「國策貿易公司」的功能逐漸被捨棄，因而**在 19 世紀轉變成「印度的統治機構」**。

東印度公司加強控制印度後，英國製的便宜棉織品流向印度，導致印度傳統手織的棉織品工業無法競爭而日益衰微。

另外，東印度公司施行新的土地與稅制，也使印度人民的不滿逐漸升高。

於此之中，東印度公司所僱用的印度傭兵（Sepoy，印度兵）掀起暴動，演變為將全印度都捲入的**印度民族大起義**。事情的開端是印度傭兵所分配到的紙質彈殼（在刑事劇或電影中，開槍後總會見到「彈殼」飛出對吧？這個部分在當時是用紙包成的），會以豬油或牛油來潤滑；為槍枝裝填子彈時，則必須用牙齒咬掉這個紙質彈殼的部分。穆斯林忌諱豬隻，印度教徒視牛為神聖動物，因此對於豬油、牛油進入口中有所反彈。

英國花了長達兩年時間平定印度的叛亂，並將這場叛亂的責任怪在東印度公司頭上，指其統治能力有限，將之解散，使徒留形式

第1章 歐洲歷史
第2章 西亞及伊斯蘭世界歷史
第3章 印度歷史
第4章 中國歷史
第5章 合而為一的全球時代
第6章 革命的時代
第7章 世界帝國主義與大戰的時代
第8章 近代西亞、印度
第9章 近代中國
第10章 現代世界

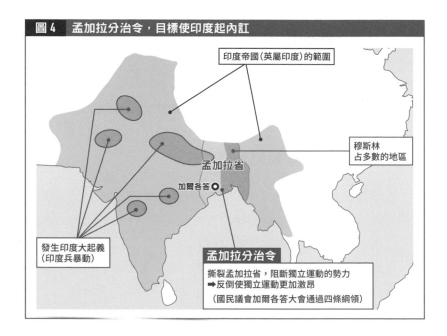

圖 4　孟加拉分治令，目標使印度起內訌

印度帝國（英屬印度）的範圍

穆斯林
占多數的地區

孟加拉省

加爾各答

發生印度大起義
（印度兵暴動）

孟加拉分治令
撕裂孟加拉省，阻斷獨立運動的勢力
➡反倒使獨立運動更加激昂
（國民議會加爾各答大會通過四條綱領）

的蒙兀兒帝國跟著滅亡，**印度成為英國直接管轄的領土。接著，維多利亞女王即位為印度王者，「印度帝國」成立了。**

英國將印度視為「最重要的殖民地」，為避免東印度公司統治印度失敗般重蹈覆轍，整頓了官僚組織和司法制度，將統治觸手伸向印度的每一個角落。

「安撫」不成，不滿高漲

印度帝國成立後，印度對英國的不滿更為劇烈。對「很懂殖民地」的英國而言，這算是尚在「料想之中」。因此，英國即刻召開**印度國民議會**，每年約四次在議會中聆聽印度人的不滿，同時試圖讓印度菁英階級成為殖民地統治上的協助角色。

不過，英國「穩健發展」的打算並未如願。激進派的提拉克成

第1章 歐洲歷史

第2章 西亞及伊斯蘭世界歷史

第3章 印度歷史

第4章 中國歷史

第5章 全球合而為一的時代

第6章 革命的時代

第7章 帝國主義與世界大戰的時代

第8章 近代西亞、印度

第9章 近代中國

第10章 現代世界

為領導人物，訴求自治與獨立，促使國民議會中的反英聲浪急速增加。

反英、要求獨立與自治的聲浪高漲，英國於是著眼於印度的宗教結構，打算讓印度「起內訌」，轉移對英國的不滿情緒。

孟加拉分治令將獨立運動最為激烈的孟加拉省分割成東西兩半。英國允許穆斯林占多數派的「東孟加拉」大幅自治，以拉攏穆斯林，打造成親英的省份。主要由印度教組成的獨立派，勢力則反遭削弱，因而起而反抗。

🐫 英國「引發內訌」以迴避指責

英國耳目昭彰的「引發內訌作戰計畫」，讓反英人士怒火更盛。

在加爾各答舉辦的國民議會當中，反英派訂定「**抵制英貨、愛用國貨（Swadeshi）**」（不買英國製品，愛用國產品以守護國內產業），以及「**民族教育、印度自治（Swaraj）**」（抬升民族意識，爭得獨立）等「四條綱領」，為民族運動燃起火焰。

在國民大會黨正面提出獨立訴求之後，英國也不再掩飾「內訌作戰」，決定大剌剌地繼續執行。

英國組織了支援穆斯林的**全印穆斯林聯盟**，挑起穆斯林與印度教徒間的矛盾，企圖將印度撕裂成兩半。

內訌作戰計畫使穆斯林產生親英性質，**印度分裂成了「反英印度教徒所主導的印度國民大會黨」，以及「親英穆斯林所主導的全印穆斯林聯盟」。**

這兩派的對立，也成為現今印度與巴基斯坦持續對立的原因。

英國違背承諾，
不合作運動揭開序幕

🐪 背棄約定，發動鎮壓

此時全球正投入第一次世界大戰。英國為戰勝不惜「使出所有手段」，因此也試著借助印度的力量，承諾印度在戰後可以獲得自治，以換取印度替戰事出一份力。印度心想「這是為了未來的獨立」，而將大量士兵送往歐洲（第一次世界大戰的照片中，許多場面都可看見戴著纏頭巾的印度士兵）。

也多虧了印度的幫助，英國在第一次世界大戰獲得勝利。

印度人民原本以為「既然已經協助參戰，就能按約定獲得自治」，結果英國反倒開始壓抑民族運動，制定了**《羅拉特法》**，明訂不需逮捕令或審判，就可將印度人關進監獄。

印度人集會抗議該法時，英軍突然開槍鎮壓（阿姆利則慘案），死傷者超過 1500 人。對於英國的出爾反爾，印度人憤怒終於升至頂點。

🐪 「偉大靈魂」甘地登場

此時登場的，是印度人人稱頌的「偉大靈魂」（Mahātmā）**甘地**。一次大戰時，他曾相信英國允諾印度自治的約定，呼籲印度群眾志願加入英軍。

在英國背信棄義之後，**甘地深切體會到「就算對英國展現配合態度，印度也無法取得獨立」，因而開始認為「應該對英國採取『不**

服從』的態度」。

接著，甘地提出印度應獲得「**完全獨立**」（Purna Swaraj）的訴求，展開了**非暴力、不合作**運動。

在當時這場運動的影片之中，可以看見印度群眾就算被警察棒擊、毆打，也絕對不還手，頑強主張著獨立，並持續著拒買英貨的運動。

「製鹽長征」是甘地「非暴力、不合作」的大型示威活動。當時在印度，鹽是由英國所壟斷販售的商品，依法禁止人民隨意製鹽。

就連人人都應該能夠製造的生活必需品，也成為了英國壓榨的工具。甘地對此抱持著疑問，徒步長達 400 公里的路途前往海岸，主張印度人民應自行製鹽。

「為了我們自身的生活，光明正大地觸犯英國的法律！」與甘地主張產生共鳴的人們，逐漸加入示威隊伍，最終發展成數千人的遊行。身穿破衣、單純向前行進著，這樣的抵抗態度，正是甘地「非暴力、不服從」的精神體現。

終於抵達海岸邊的甘地一行人，煮海水製造出了一小把的鹽。據說甘地表示：「這把鹽將會撼動英國！」甘地的聰明之處，在於允許報社記者與隊伍同行，對全球報導了此事。

以製鹽長征為機，全球的注意力都集中到了印度身上，每當甘地入獄、印度群眾遭棍棒痛毆的模樣被報導，印度國內也跟著掀起同情甘地的輿論，批判英國殖民地主義的聲浪漸強。

🐪 英國妥協，印度不再點頭

英國承受輿論壓力，且因全球經濟大恐慌大受打擊，立場惡化，於是主動向印度讓步。

第1章 歐洲歷史

第2章 西亞及伊斯蘭世界歷史

第3章 印度歷史

第4章 中國歷史

第5章 合而為一的全球時代

第6章 革命的時代

第7章 帝國主義與世界大戰的時代

第8章 近代西亞、印度

第9章 近代中國

第10章 現代世界

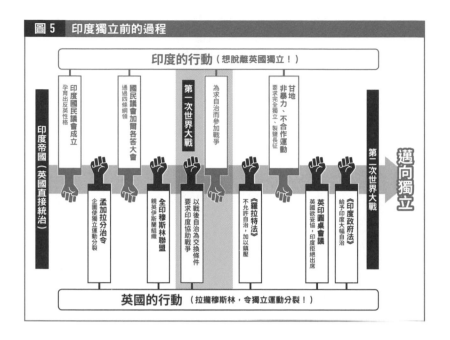

圖5　印度獨立前的過程

印度的行動（想脫離英國獨立！）

印度國民議會成立｜孕育出反英性格

國民議會加爾各答大會｜通過四條綱領

第一次世界大戰

為求自治而參加戰爭

甘地非暴力、不合作運動｜要求完全獨立、製鹽長征

印度帝國（英國直接統治）

第二次世界大戰

邁向獨立

孟加拉分治令｜企圖使獨立運動分裂

全印穆斯林聯盟｜親英伊斯蘭組織

以戰後自治為交換條件｜要求印度協助戰爭

《羅拉特法》｜不允許自治，加以鎮壓

英印圓桌會議｜英國欲妥協，印度拒絕出席

《印度政府法》｜給予印度大幅自治

英國的行動（拉攏穆斯林，令獨立運動分裂！）

　　英國試著舉辦**英印圓桌會議**，欲透過協商賦予印度自治，但印度國民大會黨已經不願讓步，「我們要求的是完全獨立，不是自治！」雙方無法達成共識。英國在焦急之餘進一步妥協（《印度政府法》），但全面獨立仍然遠在天邊。

　　全球經濟大恐慌導致英國經濟受創，對英國而言，印度是支撐收益的重要殖民地，因此若印度鬧脾氣，英國將被一口氣逼向末路。英國所面臨的困難局面，是必須給予印度「自治但『不至於完全脫離英國』」。

　　而英國在妥協的同時，仍繼續推動以宗教撕裂印度的「內訌作戰」，親英穆斯林與反英印度教徒的宗教對立，同樣日益加深。

　　印度懷抱著此般對立情勢，終在第二次世界大戰後迎來獨立。

近代中國

第9章　近代中國　概述

九一八事變

馬關條約

辛亥革命

鴉片戰爭

歷史的舞臺

清朝衰退
新革命勢力抬頭

　　本章的主角是成為中國末代王朝的清朝，以及在推翻清廷後成立的中華民國。

　　清朝前期受惠於明君而繁榮一時，後期則漸如強弩之末。這段衰退時期，恰巧與歐美展開帝國主義的時期重疊，導致清朝苦於海外壓力。

　　清朝的內部曾多次發起改革運動，但「由皇帝統治」的根本性質未曾改變，導致所有改革皆半途告終。

　　接著，提倡打倒專制皇權，邁向現代化、民主化的革命勢力終於抬頭，新的中國誕生了。

鴉片戰爭

| 太平天國之亂 | 英法聯軍 |

自強運動

甲午戰爭　　　　　　　　（日本）

（歐美）　加速瓜分中國

戊戌變法

義和團事變

辛亥革命

第一次世界大戰

新文化運動

| 國民黨成立 | 第一次國共合作 | 共產黨成立 |

國共內戰

九一八事變

八年抗戰

第二次國共合作

第二次世界大戰

英國為「茶葉」赴中國發展

🏛 中國茶在英國大受歡迎！

英國成為全球工業革命的先驅，貿易路線擴張後，中國（清朝）的物產開始流入英國。

瓷器和蠶絲十分受到喜愛，但具有獨特香氣與甜味的中國紅茶，更是博得了超高人氣，喝茶的習慣因此在英國傳開，跟中國之間的貿易額超過九成都在進口茶葉（喝茶不僅成為上層階級的嗜好，資本家為了提升勞工的工作效率，也積極推薦飲用含咖啡因的茶品，喝茶習慣因而在社會的所有階級中廣為流行）。

另一方面，中國在乾隆皇帝的時代實施貿易限令（編注：海禁），對外的貿易港口僅限於廣州，並讓「公行」組織擁有對外貿易的獨占權。英國商人若要買茶，只能向公行收購，因此**不論公行如何拉抬茶葉的價格，也只能摸摸鼻子買下，最終代價是：英國的白銀漸漸流向了中國。**

英國坐困愁城，要求清朝允許公行以外的商人也能自由買賣茶葉，但遭冷淡拒絕，「光是讓你貿易，就已經是皇上開恩了，還敢有什麼不滿！」

🏛 英國為買茶而販售鴉片

於是，英國將印度產的成癮物質鴉片出口至中國，展開三角貿易，經由印度之手，回收買茶時所支付的白銀。

鴉片是具有毒性、戒斷症狀尤其強烈的一種成癮物質。轉瞬之間，中國社會從皇族、官僚到民間，全都「染上藥癮」，鴉片進口增加，這次換中國對英國流出了大量的白銀。

清朝慌了手腳，下令禁止鴉片貿易，但染上藥癮的官僚卻與商人勾結，透過走私進口大量鴉片。

再這樣下去，全國人民都會染上鴉片，且白銀大量流出，也會使王朝面臨生死存亡的窘境。清朝坐立難安時，**林則徐**展開了行動。

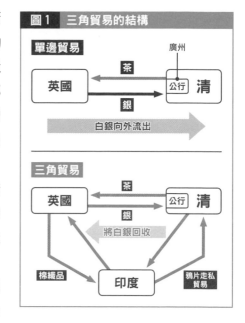

圖1　三角貿易的結構

單邊貿易

英國 ←茶— 公行 清　廣州

英國 —銀→ 公行 清

白銀向外流出

三角貿易

英國 ←茶— 公行 清

英國 —銀→ 公行 清

將白銀回收

棉織品　印度　鴉片走私貿易

林則徐受命為欽差大臣，開始取締鴉片貿易。他以強烈決心付諸行動，帶兵包圍攜入鴉片的英國租界區，將多達兩萬箱的鴉片沒收後銷毀。

英國以軍隊包圍英國居住區的行動為由，對清朝發動了**鴉片戰爭**。戰爭由海軍力量較強的英國獲勝，雙方簽訂了**《南京條約》**，除了將**香港**納為英國領土，亦**廢除**曾獨占茶葉買賣的**公行**，允許商人間自由貿易。

此外，清朝曾經規定僅限廣州單一港口可對外貿易，也擴大至上海、廈門等五個港口。這樣一來，英國就可以向開出最低售價的商人購買茶葉了。

不僅如此，英國更持續逼迫中國簽下追加條約，增加治外法權、協定關稅等項目，提高了條約的「不平等」程度。

第1章　歐洲歷史

第2章　西亞及伊斯蘭世界歷史

第3章　印度歷史

第4章　中國歷史

第5章　合而為一的全球時代

第6章　革命的時代

第7章　帝國主義與世界大戰的時代

第8章　近代西亞、印度

第9章　**近代中國**

第10章　現代世界

戰爭內憂外患，
大清束手無策

🏛 英國企圖進一步擴大特權

　　英國在鴉片戰爭得勝後，並未滿足於《南京條約》。

　　雖然讓中國在南部開了五個港口，中國最大消費地北京的附近卻沒有開港。此外，英國真正想賣的也不是走私進口的「鴉片」，而是工業革命後大量生產的主力商品「棉織品」。

　　英國想賺更多錢，心中盤算應該發動戰爭，讓中國開放更多貿易港口，認可自由經商。

　　此時發生了**亞羅船事件**。

　　某天，中國海盜船偽裝成英船「亞羅號」，停泊於廣州海岸。大清官員聞訊後踏上亞羅號取締，發現裡頭果然都是中國海盜。官員逮捕海盜，解決了此事，原本到這裡都還相安無事，但官員在踏上船後卻做了多餘之舉：將海盜用來偽裝的英國國旗硬扯下來，扔入了海中。

　　英國將此事視為對英國的侮辱，找來法國共同掀起戰事。這就是人稱「第二次鴉片戰爭」的**英法聯軍之役**。

　　清軍向英法聯軍投降，在《天津條約》協議下停戰。英法兩軍將這份條約暫時帶回本國，以取得政府的認可，但在這段期間，清朝內部反對這份條約的勢力卻成為主流，充斥著向外國徹底開戰的意見。

　　接著，英法兩軍為做簽約最後確認而再度訪清時，事件發生了。清朝的軍隊在天津砲擊了英法艦隊。

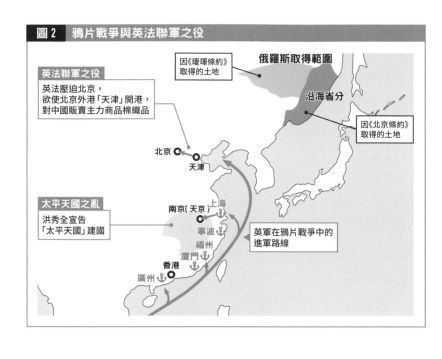

圖2　鴉片戰爭與英法聯軍之役

英法聯軍之役
英法壓迫北京，
欲使北京外港「天津」開港，
對中國販賣主力商品棉織品

因《璦琿條約》
取得的土地

俄羅斯取得範圍

沿海省分

因《北京條約》
取得的土地

北京

天津

太平天國之亂
洪秀全宣告
「太平天國」建國

南京（天京）　上海

寧波

福州

廈門

香港

廣州

英軍在鴉片戰爭中的
進軍路線

　　明明是為了締結停戰條約而來，卻突然遭受砲擊；被此舉激怒
的英法聯軍一路攻至北京，掠奪並破壞了大清皇帝的行宮「圓明
園」。

　　清朝抵擋不住攻勢，委託俄國斯居中斡旋，簽訂**《北京條約》**
後再度停戰，但將原本要簽訂的條約作廢，代價卻相當昂貴。清朝
割讓九龍半島南部（位於香港的「對面」）、開放天津等11個港口、
公開許可鴉片貿易，並且允許外國人可自由赴中國旅行等。這次的
條約使英國終於能夠在中國隨處自由經商，更可以無限制攜入鴉
片。

　　最終，中國的白銀加倍流向英國，扮演和事佬的俄國更是獅子
大開口，奪走了海參威附近的**沿海省分**。

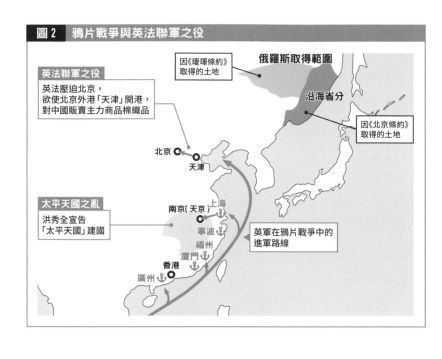

第1章
歐洲歷史

第2章
西亞及伊斯蘭
世界歷史

第3章
印度歷史

第4章
中國歷史

第5章
合而為一的
全球時代

第6章
革命的時代

第7章
帝國主義與
世界大戰的時代

第8章
近代西亞、
印度

第9章
近代中國

第10章
現代世界

必須藉助歐美力量，方可平定國內叛亂

公開許可鴉片貿易等條件，使中國的白銀不斷朝英國流失。受苦的是中國民眾。當時人民是以銀兩繳納稅款，因此**當中國的白銀流往英國，白銀難以取得，就必須到處蒐集才能繳款，演變成了實質性的增稅。**

當清朝人民身陷困境之際，**洪秀全**崛起了。洪秀全原是基督教組織「拜上帝會」的成員，他吸收貧農和失業者後舉兵，主張將清廷打倒，建立新的國家「太平天國」。其口號是「滅滿興漢」，**意即由對「滿洲族」清朝的外交、稅制感到不滿的民眾，重新振興「漢民族」的國度。**怨聲載道的民眾逐漸加入太平天國，占領南京後取名「天京」，宣告建設新的國家。

滿清的官方軍隊完全無力處理這場大規模民變，各地皆遭太平天國軍占領。最後是由**曾國藩**、**李鴻章**等率領地方所組成的義勇軍，以及由英、美所組成、稱為「常勝軍」的歐美軍隊擊潰太平天國，拯救了清朝的危機。**英國在英法聯軍之役與大清戰鬥，卻又在太平天國之亂時出手助大清。這樣的情形相當奇妙，但大清可是英國好不容易才簽下不平等條約的對象；英國真正的盤算是想避免大清滅亡，讓大清「求生不得求死不能」，盡可能榨取每一分金錢。**

啟動改革，目標是西化

鴉片戰爭、英法聯軍之役，接著又是太平天國之亂，清朝的曾國藩和李鴻章在這一連串戰爭中，近距離見識到了英、法、美成為敵方和友方時的兩種立場，對先進國家現代化裝備的威力倍感震驚，甚至煞是羨慕。他們推動了追求西化的「自強運動」，積極透過建設兵工廠、開挖礦山等方式充實裝備。

疲困全球皆知，清末步向半殖民地化

第1章 歐洲歷史

第2章 西亞及伊斯蘭世界歷史

第3章 印度歷史

第4章 中國歷史

第5章 合而為一的全球時代

第6章 革命的時代

第7章 帝國主義與世界大戰的時代

第8章 近代西亞、印度

第9章 近代中國

第10章 現代世界

🏛 敗給位居「下位」的日本

　　不過，當甲午戰爭敗北的事實擺在眼前，「自強運動」的失敗已不言而喻。

　　當時，日本正盤算著往朝鮮半島發展。朝鮮原是大清的藩屬國，因此日本越對朝鮮施壓，朝鮮就越仰賴大清這個「老大」的力量。就算日本想跟朝鮮簽訂各種條約，將之化為殖民地，只要有大清老大的介入，發展就會受阻。日本亟欲切斷大清與朝鮮間的屬國關係，跟朝鮮單獨締結條約，因而日漸與大清對立，導致甲午戰爭爆發。

　　兩國兵器的品質雖然等級相同，軍隊**品質卻是日本遠遠勝出。日本因此具有壓倒性優勢。**

　　歷經明治維新的日本，透過憲法、議會、教育成果建立了「民族國家」；「我們是日本人，為國家而戰鬥」的意念，早已深植每位士兵的內心。

　　另一方面，大清軍隊雖因「自強運動」具備了跟日本平分秋色的軍事力量，**在專制獨裁的皇帝底下、在官僚單方面統治國民的體制底下，士兵們「只是因為被命令，所以打仗」，人人的戰意都極其低落。**

　　甲午戰爭後中日簽署《馬關條約》，講定朝鮮王朝自大清獨立（日本如願切斷了大清與朝鮮的屬國關係）、割讓臺灣和遼東半島並支付賠款（遼東半島後因「三國干涉還遼」而歸還大清）。

圖 3 甲午戰爭戰敗，加速清末「半殖民地化」

俄國勢力範圍

德國勢力範圍

英國勢力範圍

日本勢力範圍

法國勢力範圍

朝鮮落入日本勢力範圍
➡日俄戰爭後遭日本兼併

臺灣、遼東半島成為日本囊中物
➡遭三國干涉後返還遼東半島

美國
美國太晚行動，
發表《門戶開放宣言》，
以圖在中國市場獲得經濟發展

🏛 中國遭趁虛而入，步向半殖民地化

　　大清在甲午戰爭中敗給日本後，列強的態度有了變化。大清再怎麼說都是幾乎涵蓋歐亞大陸東半部的大國，原本大多認為大清是隻「沉睡的獅子」，只要認真迎戰，就會叫人狠狠吃虧；但想不到，**大清竟然完全敗給居於下位的日本，弱不禁風的形象因而深植人心。**

　　列強於是開始毫不留情地進逼大清。各方在中國劃設租界，更取得租借內的統治權，此外也鋪設鐵路挖掘礦山、進行經濟活動，勢力範圍不斷擴張，使中國漸漸步入「半殖民地化」。

　　另外，美國因南北戰爭和美西戰爭的兵荒馬亂，太晚加入瓜分中國的競爭行列，因而提出《門戶開放宣言》欲牽制列強，主張人人應有平等機會，在中國市場發展經濟以免中國全然殖民地化。

自毀現代化道路，
清朝終於滅亡

第1章
歐洲歷史

第2章
世界歷史西亞及伊斯蘭

第3章
印度歷史

第4章
中國歷史

第5章
全球合而為一的時代

第6章
革命的時代

第7章
世界帝國主義與大戰的時代

第8章
印度近代西亞、

第9章
近代中國

第10章
現代世界

改革遭到摧毀

中國遭列強大舉入侵，面臨全土「半殖民地化」的局面；清朝終於垂死病中驚坐起，展開了**戊戌變法**。

光緒皇帝將日本明治維新視為榜樣，展開政治改革，一改獨裁，目標制定憲法。中國也曾嘗試在「身心靈」達成全面現代化。

然而，這番改革同樣以失敗告終——「皇帝結束獨裁，我們這邊也會喪失權威」，在皇帝身旁的「奸臣」及**慈禧太后**的主導下，戊戌變法失敗。

北京被占領，清朝坐困愁城

局勢持續風起雲湧。宗教團體**義和團**帶領人民發起大規模的民變，企圖驅趕外國人，對抗列強半殖民化的行為。其口號「**扶清滅洋**」，意即「助清廷消滅外國人！」民眾自願驅趕外國勢力，對清廷而言也是及時雨，慈禧太后於是決定借助義和團的力量趕走列強，向各國宣戰，結果反遭英國、俄羅斯、日本等八個強國征討。

除了首都北京和紫禁城遭到占領，大清被迫簽下嚴苛的《**辛丑條約**》，付出天價賠款，並且必須接受外國軍隊駐留北京。**大清不僅自行摧毀「戊戌變法」的改革機會，向列強引起戰爭又戰敗，被迫簽下苛峻條約，每一步都走得七零八落。**

血 「新的中國」始於海外觀點

此時，**孫文**登場了。他是曾在夏威夷、英屬香港、日本等海外地區長期生活的國際化人士。孫文自海外以客觀立場看待清廷的一連串動向，認為**若想拯救中國，就必須打倒清廷，樹立新的民主國家**，因而在東京籌組了革命組織**中國同盟會**。

長年在四川地區深耕的資本家，因對清廷不滿而發起了暴動（四川保路運動）。與同盟會關係密切的革命派，抓準這場暴動將是打倒清廷的好機會，於是在武昌起義，宣告自清朝獨立。

緊接著，跟同盟會相關的組織也逐一揭竿而起，各省相繼宣告獨立。孫文在美國得知中國國內展開革命，旋即趕回中國，受到狂熱群眾的歡迎。

接著，孫文宣告共和政體的「**中華民國**」建國，就任**臨時大總統**一職。打倒清廷，直到成立中華民國的一連串事件，史稱**辛亥革命**。

另一方面，清廷提拔在政變波及下失勢的軍事王牌**袁世凱**，供應軍隊以期打倒中華民國。不過，孫文等人私下聯繫，應許袁世凱可擔任中華民國的臨時大總統，袁世凱於是背叛清廷，反派兵前往北京，強迫**宣統皇帝**（溥儀）退位。**軍事王牌倒戈成中華民國領袖，反過來逼迫皇帝退位，清朝已是窮途末路，只有滅亡一途。**

袁世凱在站上大總統之位後重啟專制獨裁，策劃著自行稱帝。人民渴求著「沒有皇帝的中國」，對袁世凱的舉動感到失望，地方上的有力人士逐漸放棄袁世凱，再次發動政變。沒多久孤立無援的袁世凱在寂寥中病死，發動政變的地方軍閥彼此相爭，中國邁入新的「戰國時代」。

國民黨與共產黨，兩大勢力誕生

🏛 第一次世界大戰，令日本加強朝中國發展

大清滅亡的兩年後，**第一次世界大戰爆發，原本在中國發展的列強忙著處理歐洲戰事，對中國的壓迫因而稍微緩和。**

不過，這次卻換成日本積極往中國發展。

在這番情勢之中，由北京大學學生所主導的運動開始興起。

袁世凱坐上帝位、日本強塞給袁世凱政府《二十一條要求》，莘莘學子對此事的反感形成能量，醞釀出學生運動。學生運動的背後，有著新文化運動的思想養分。

《新青年》雜誌的總編輯**陳獨秀**、作家胡適、魯迅等人，對於過往「乖乖聽長輩的話！」等儒教道德發出批判；年輕知識分子所發表的文學作品中，加入了「用年輕人的能量打造新中國！」等訊息，進而引發思想層面上的改革運動。

日本提出《二十一條要求》，是為了擴張在遼東半島和山東半島的特權；日人為求取利益單方面脅迫施壓，對中國而言實在是莫大的屈辱。

不僅如此，在第一次世界大戰後的巴黎和會當中，列強更認可了日本的《二十一條要求》。於是以北京大學學生為首，發起了反對巴黎和會及呼籲抗日的示威活動，規模擴張至全國。這場運動就展開的日期，取名為五四運動。

第1章 歐洲歷史

第2章 西亞及伊斯蘭世界歷史

第3章 印度歷史

第4章 中國歷史

第5章 合而為一的全球時代

第6章 革命的時代

第7章 帝國主義與世界大戰的時代

第8章 近代西亞、印度

第9章 近代中國

第10章 現代世界

🏛 「水火不容」，國民黨和共產黨攜手合作的原因

受「五四運動」激昂聲浪及俄國革命的影響，有兩個政黨成立了。其一是孫文主導創建的民主主義政黨中國國民黨，另一個則是社會主義政黨中國共產黨。共產主義主要是由陳獨秀、李大釗等人引進中國，希望將中國建設成如蘇聯那般的社會主義國家。

國民黨黨員主要皆是知識分子和資本家，共產黨則以貧窮勞工和農民為主，政黨性格大異其趣。不過，此時中國北部處於「戰國時代」般的軍閥割據狀態，相爭局面若拖得太久，列強（尤其日本）可能會趁機干預中國。國民黨和共產黨為了打倒軍閥，決定攜手合作（第一次國共合作）。

🏛 「國共合作」須臾而終

只是國共合作轉瞬崩盤。負責討伐軍閥的「北伐軍」總司令蔣介石，突然清黨除掉共產黨員，使國民黨和共產黨各自分飛（四一二事件）。其後蔣介石率領著只有國民黨的軍隊，逐步擊退軍閥，終於進到北京，完成北伐，宣告由國民黨統一中國。

因北伐行動而被逐出北京的軍閥之中，有位曾受到日本支援的軍閥張作霖。張作霖因北伐軍進攻失掉北京，在返回大本營滿洲的途中，因滿洲日本軍（關東軍）將整台列車炸毀而遇害。

據信日本引發此事，是為了在北伐軍抵達滿洲前炸死張作霖，使滿洲產生出「空位」，以便未來能更輕易往滿洲發展勢力。

另一方面，共產黨因四一二事件遭國民黨驅逐之後，在江西省瑞金市據點，靜候著社會主義革命的時機。受國民黨清算一事，隨後發展成內戰。

日本前進亞陸，
促使宿敵攜手合作

第1章 歐洲歷史

第2章 西亞及伊斯蘭世界歷史

第3章 印度歷史

第4章 中國歷史

第5章 合而為一的全球時代

第6章 革命的時代

第7章 帝國主義與世界大戰的時代

第8章 近代西亞、印度

第9章 近代中國

第10章 現代世界

扶植滿洲國，日本正式前進中國

此時有兩件事同時發生。其一是日本進軍亞洲大陸，另一個則是國民黨和共產黨在中國內部相爭。位於滿洲的日本「關東軍」，自行炸毀了日本當時在柳條湖畔營運的南滿洲鐵路，並指控這是中國軍隊的所作所為，接著進軍占領了滿洲（**九一八事變**）。

其後，日本扶植清朝末代皇帝（宣統）**溥儀**擔任「執政」一職，宣告建立日本的屬國「**滿洲國**」。中國向國際聯盟指控該場軍事行動錯在日本，國際聯盟於是派出**李頓調查團**，認為日本的確有過失，不承認滿洲國的地位。為此，日本退出了國際聯盟。

共產黨遭國民黨四處追擊

另一方面，中國內部的國民黨與共產黨之爭，則走向新的局面。南京國民政府（國民黨的政府）比起處理九一八事變，更以打倒共產黨勢力這個內部敵人為第一優先，嚴陣包圍了共產黨的大本營瑞金，發動攻擊。共產黨難以抵擋，因而放棄瑞金，一邊應付國民黨攻擊，一邊尋找新據點，在各地輾轉戰鬥。在這場人稱「長征」、全程達 1 萬 2500 公里的大規模行軍之中，共產黨在國民黨的追擊下，最初 10 萬人的兵力大減至約一萬人，一番惡鬥之後，才將大本營移至延安。

🏛 國民黨和共產黨再次握手言和

戰況如此激烈的國民黨和共產黨，突然又握手言和，展開了**第二次國共合作**。張作霖之子**張學良**在蔣介石來訪西安時襲擊其宿舍，監禁蔣介石，還將共產黨的周恩來叫至西安，對兩人主張：「為了對抗日本，現在應該立即合作！」強迫雙方握手言和（**西安事變**）。失去父親張作霖、大本營滿洲也遭日本奪取，對張學良而言，強勢逼近中國的日本，想必才更像「真正的敵人」。

在第二次國共合作，雙方結成了對抗日本的「抗日民族統一戰線」。接著，日本在**七七事變**（盧溝橋事變）時正式侵略中國，展開**中日戰爭**（中國稱「八年抗戰」）。受到美國支援的「抗日民族統一戰線」頑強對抗，中日戰爭隨即泥淖化。為了打破膠著戰況，日本對美國宣戰，太平洋戰爭開打。

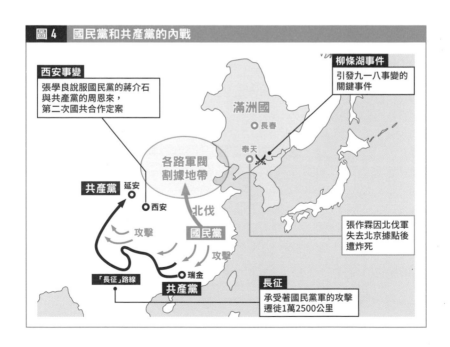

圖 4　國民黨和共產黨的內戰

柳條湖事件
引發九一八事變的關鍵事件

西安事變
張學良說服國民黨的蔣介石與共產黨的周恩來，第二次國共合作定案

滿洲國
　○長春

奉天○

各路軍閥割據地帶

共產黨　延安○

○西安

北伐

攻擊

國民黨

張作霖因北伐軍失去北京據點後遭炸死

「長征」路線

○瑞金

共產黨

攻擊

長征
承受著國民黨軍的攻擊遷徙1萬2500公里

第 10 章

現代世界

第 10 章　現代世界　概述

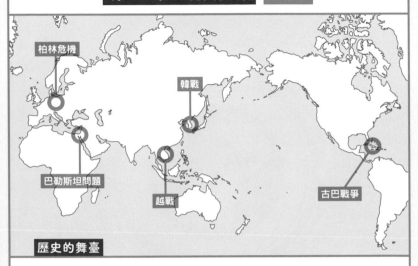

柏林危機

韓戰

巴勒斯坦問題

越戰

古巴戰爭

歷史的舞臺

美國與蘇聯對峙
世界一分為二

　　終於在這最終章，我們要談論第二次世界大戰後的世界。

　　主角是美國和蘇聯。一直以來，這兩國在世界史之中，說起來更像是「配角」。不過自第二次世界大戰過後，美國成為資本主義代表，蘇聯則成為社會主義代表，雙方各擁核武相互對峙，展開了幾乎將世界一分為二的激烈對立，世稱「冷戰」。

　　冷戰終結後，世界朝多元化邁進，也開始面對冷戰期間所未能關注的民族對立，以及新的難題。

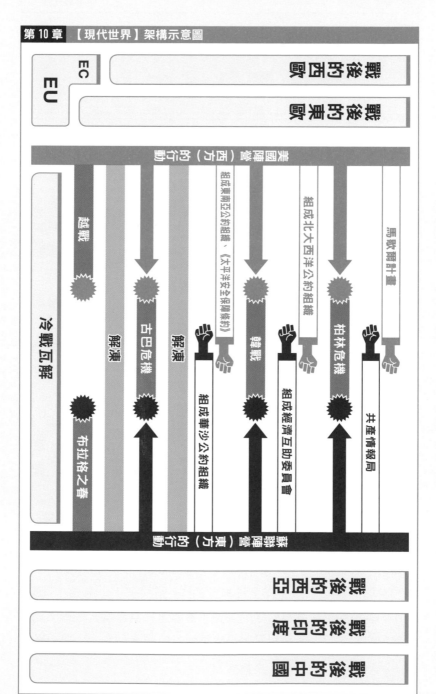

EC
EU

戰後的西歐

戰後的東歐

美國陣營（西方）的行動

馬歇爾計畫

組成北大西洋公約組織

組成東南亞公約組織、《太平洋安全保障條約》

越戰

古巴危機

解凍

解凍

冷戰瓦解

韓戰

柏林危機

共產情報局

組成華沙公約組織

組成經濟互助委員會

布拉格之春

蘇聯陣營（東方）的行動

戰後的西亞

戰後的印度

戰後的中國

戰勝國成為
新國際秩序中心

🌐 聯合國是個「戰勝國俱樂部」

第二次世界大戰，在義大利、德國無條件投降，日本接受《波茨坦宣言》之後邁向終結。自此，在兩次世界大戰中幾乎沒有成為戰場的戰勝國美國，便取代國土在戰爭中荒廢的歐洲，掌握了世界霸權。

戰後的國際組織**聯合國**在舊金山會議中成立，但**戰爭的結束，不過是「戰勝國安排世界秩序」的開始。**

「聯合國」的英語是「United Nations」，意指在大戰期間的「同盟國」。在第二次世界大戰取得勝利的同盟國陣營名稱，直接受到沿用。

此外，戰勝國陣營的五個大國，美國、蘇聯、英國、法國、中國（當時為「中華民國」）擔任了安全理事會的**常任理事國**，掌握權限強大的否決權。另一方面，戰敗國日本在戰後 11 年內、義大利在 10 年內，德國則甚至長達 28 年，都未能加盟聯合國。

聯合國為了維持和平，重視「實甚於名」。由於記取國際聯盟未能壓制希特勒和墨索里尼軍事行動的教訓，聯合國針對「決策需全體同意太花時間」、「國際聯盟不具有軍事能力」這兩點做了改善。具體而言，「只要安全理事會的 11 個國家（後增為 15 國）點頭同意，即可成為聯合國的決議（實際上只要五個常任理事國同意就可定案）」、「可出動聯合國軍隊進行軍事制裁」，聯合國改善了決議速度，並配備了軍事能力。

🌐 二次大戰的終焉，「冷戰開打」

在二次大戰中，美國和蘇聯曾經建構合作關係。

不過，在打倒了共同敵人法西斯陣營後，資本主義美國、社會主義蘇聯的政治立場鴻溝，就開始浮上檯面。

美國投下原子彈的四年後，蘇聯也宣告擁有核子武器。**兩個超級大國考量核子武器的驚人威力，並未直接發動戰爭，為處於對峙狀態的「冷戰」揭開序幕。**接著兩國都開始行動，透過增加己方的盟友，以擴大競爭時的影響力。

🌐 美國想將歐洲也拖下水

美國首先展開行動。蘇聯將東歐各國拉進社會主義陣營後，美國為防止蘇聯將影響力伸向歐洲國家，展開了**圍堵政策**。具體而言，美國利用**馬歇爾計畫**向歐洲各國提供經濟援助，試圖用金錢將歐洲各國拉往美國陣營。

相對於此，蘇聯則組織**共產情報局**，持續鞏固東歐共產黨的凝聚力，以防被美國的拉攏政策牽著鼻子走。就這樣，美蘇雙方展開了「意氣之爭」。

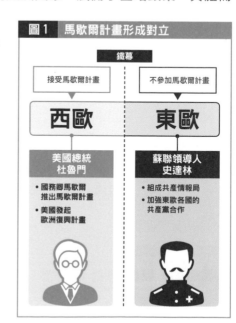

圖1　馬歇爾計畫形成對立

鐵幕

接受馬歇爾計畫 → **西歐**

不參加馬歇爾計畫 → **東歐**

西歐
美國總統
杜魯門
- 國務卿馬歇爾推出馬歇爾計畫
- 美國發起歐洲復興計畫

東歐
蘇聯領導人
史達林
- 組成共產情報局
- 加強東歐各國的共產黨合作

第1章 歐洲歷史

第2章 西亞及伊斯蘭世界歷史

第3章 印度歷史

第4章 中國歷史

第5章 全球合而為一的時代

第6章 革命的時代

第7章 帝國主義與世界大戰的時代

第8章 近代西亞、印度

第9章 近代中國

第10章 現代世界

美國以優勢物資
贏得冷戰第一仗

🌏 西柏林成為遭社會主義環繞的「浮島」

　　美蘇冷戰第一仗的舞台，是戰敗後遭各國占領的德國。戰後，德國國土遭分割成四塊，分別由美國、英國、法國、蘇聯「監管」。首都柏林也被這四國瓜分占領。

　　美國、英國、法國所占領的地區，屬於資本主義的美國陣營；蘇聯占領的地區，則被拉進社會主義的蘇聯陣營。

　　尤其**柏林的西部地區（西柏林），更成了美國陣營位於蘇聯陣營內的「孤島」。**

　　美國陣營率先出擊。蘇聯將捷克斯洛伐克社會主義化之後，下一個目標鎖定德國。美國陣營眼見此狀，趕在蘇聯的影響波及德國全境之前，在自家占領的西德和西柏林地區發行了新的貨幣（「貨幣改革」）。西部的貨幣因有美元撐腰而價值飛漲，以至於跟東部的貨幣價值產生雲泥之差。

　　於是，蘇聯實施了柏林封鎖——對有如東德內部孤島的西柏林封鎖了鐵路與道路，並且切斷電力供給。西柏林當時有多達 200 萬名市民，鐵路、道路、電力的供給停擺，西柏林轉瞬間面臨物資不足，斷糧就在眼前。

🌏 美國以優勢物資制衡「意氣相爭」

　　蘇聯希望透過這番「斷糧戰術」，令美國陣營喊停貨幣改革，

同時使窮困的西柏林市民發起社會主義革命，讓火燒屁股的美國陣營，放棄西柏林。

不過，美國則使出了令全球瞠目結舌的招式。美國竟**用空運送了 200 萬人份的物資前往西柏林，以緩解群眾的饑荒。**運輸機一次次降落在西柏林的機場，持續供給物資，西柏林市民就成功熬過了約一年的封鎖狀態（**柏林空運**）。蘇聯的盤算被壓倒性的物資量徹底粉碎，並且遭受了國際輿論的批判。最終，蘇聯只得不情願地解除封鎖，這場「美蘇意氣之爭」由美國獲勝。

經過柏林封鎖，德國的分裂已成定局，西德和東德成為了全然不同的國家。

此後，美國陣營成立了軍事機構**北大西洋公約組織（NATO）**，蘇聯陣營也設立經濟組織**經濟互助委員會（COMECON）**，分頭鞏固自家陣地。

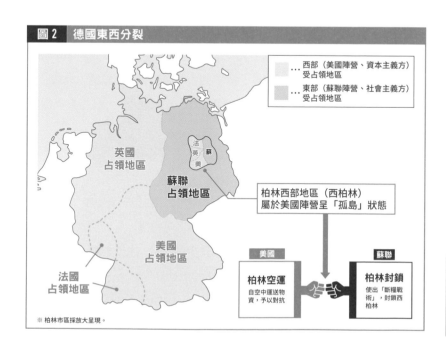

圖 2　德國東西分裂

　　□ … 西部（美國陣營、資本主義方）
　　　　　受占領地區
　　■ … 東部（蘇聯陣營、社會主義方）
　　　　　受占領地區

英國占領地區

法
英
蘇
美

蘇聯占領地區

美國占領地區

法國占領地區

柏林西部地區（西柏林）屬於美國陣營呈「孤島」狀態

美國
柏林空運
自空中運送物資，予以對抗

蘇聯
柏林封鎖
使出「斷糧戰術」，封鎖西柏林

※ 柏林市區採放大呈現。

第 1 章　歐洲歷史

第 2 章　西亞及伊斯蘭世界歷史

第 3 章　印度歷史

第 4 章　中國歷史

第 5 章　合而為一的全球時代

第 6 章　革命的時代

第 7 章　世界大戰與帝國主義的時代

第 8 章　近代西亞、印度

第 9 章　近代中國

第 10 章　現代世界

冷戰第二仗，
在亞洲「熱戰」

🌏 朝鮮半島全境化為戰場

雖說名為「冷戰」，這段期間在亞洲，也曾屢次爆發伴隨著東西方軍隊衝突的「熱戰」。其中一場「熱戰」——韓戰，是繼柏林危機後美蘇對立的第二仗。

朝鮮半島曾遭日本兼併，在二戰結束後如德國般受到瓜分，北邊由蘇聯、南邊則由美國占領，在日本結束統治之後，仍然沒能即刻獨立。

以「一個朝鮮」身分走向獨立的協商並不順利。就像德國東西分裂獨立那般，朝鮮半島也邁向南北分裂獨立的局面。

首先，南方接受美國的支援，建立由大韓民國（南韓）李承晚擔任總統；北方則由蘇聯扶持了朝鮮民主主義人民共和國（北韓），由金日成擔任總書記。兩國甫成立就想使彼此屈服，產生了激烈的對立。

接著，北韓軍突然無預警跨越國境線侵略南韓，令南韓措手不及，只得一路退至釜山附近。

此時美國登場了。美國在蘇聯缺席的聯合國安理會中，決議派出以美軍為主力的聯合國軍隊，參戰協助南韓。

南韓軍加上美軍的火力，形勢立刻逆轉，這次換南韓擊退北韓，一路回殺至中國邊境。北韓向蘇聯與中華人民共和國尋求協助，但蘇聯正著力於歐洲情勢，雖表達支持但未行援助；中華人民共和國也為了避免跟美國全面對決，未以國家身分，而以志願兵組

第1章 歐洲歷史

第2章 西亞及伊斯蘭 世界歷史

第3章 印度歷史

第4章 中國歷史

第5章 合而為一的 全球時代

第6章 革命的時代

第7章 帝國主義與 世界大戰的時代

第8章 近代西亞、 印度

第9章 近代中國

第10章 現代世界

成的「義勇軍」形式支援北韓。然而雖說是「義勇軍」,卻是多達80 萬人的大批兵力,於是這次又換南韓陣營步步敗陣,最終在兩國戰前的國境北緯38 度線處僵持不下,同意停戰(**現今仍處於「停戰」,戰爭並未結束**)。

這場戰爭的戰況激烈,死傷者光士兵就有 100 萬人,非戰鬥人員甚至多達 300 萬人。由於朝鮮半島的全境都成為戰場,一家人南北離散的悲劇,在各地相繼發生。

最終,韓戰不分勝負劃下句點,但冷戰發展成「熱戰」,已使美蘇的緊張狀態進一步升高。

美國陣營在戰爭期間簽訂《美日安保條約》,與澳洲、紐西蘭締結《美澳紐安全條約》(ANZUS),戰後亦跟東南亞諸國組成軍事同盟東南亞公約組織(SEATO);蘇聯陣營則組成了軍事同盟華沙公約組織。

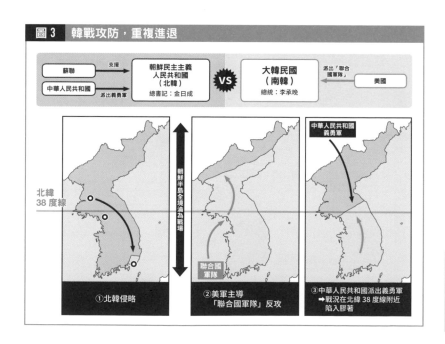

圖3　韓戰攻防,重複進退

史達林之死
改變全球結構

🌐 史達林病逝，使東西方緊張緩和

下圖將前面提及美蘇意氣用事的情況做了個整理。可以看出兩國的緊張正在逐漸升溫。不過此時，一個意外事件卻緩解了美蘇的緊張。

蘇聯領導人**史達林死去**，成了一切的契機。

一路主導美蘇對立的「領軍者」史達林在韓戰期間死去，使對立氣氛和緩，全球急速轉向「和平共存」的路線。

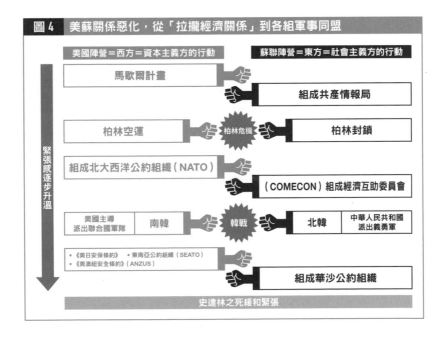

圖 4　美蘇關係惡化，從「拉攏經濟關係」到各組軍事同盟

美國陣營＝西方＝資本主義方的行動　　　蘇聯陣營＝東方＝社會主義方的行動

緊張感逐步升溫

| 馬歇爾計畫 | 組成共產情報局 |
| 柏林空運　〔柏林危機〕　柏林封鎖 |
| 組成北大西洋公約組織（NATO） | （COMECON）組成經濟互助委員會 |
| 美國主導派出聯合國軍隊　南韓　〔韓戰〕　北韓　中華人民共和國派出義勇軍 |
| ・《美日安保條約》　・東南亞公約組織（SEATO）・《美澳紐安全條約》（ANZUS） | 組成華沙公約組織 |

史達林之死緩和緊張

單一人物的死亡，竟能大幅改變歷史走向，從此景便可瞭解，史達林的地位曾經多麼舉足輕重。

美國、英國、法國、蘇聯等四巨頭在瑞士日內瓦舉行了**日內瓦高峰會**。

赫魯雪夫接棒史達林成為蘇聯領導人，他在共產黨大會中批判史達林的作為，提倡跟美國和平共存，瞬間拉近蘇聯與美國的距離，緩和了緊張局勢，世人稱為**解凍**。

 ## 建設「柏林圍牆」

美國和蘇聯突然靠近，令眾多國家不知所措，展開各種動作。

中華人民共和國跟蘇聯原屬於同盟關係，才在韓戰中派義勇軍力抗美國沒多久，蘇聯就猛然轉換外交方針。這使中國感到憤怒，引發了**中蘇交惡**。

另外，蘇聯的控管鬆懈之後，匈牙利和波蘭兩地紛紛掀起了反蘇暴動；東德群眾取道西柏林前往西德的逃命情事也接連發生。

蘇聯雖與美國拉近距離，卻不允許這些「小弟」國家擁有自由，於是鎮壓了反蘇暴動，更建造一堵牆——也就是柏林圍牆，以防人們從東德逃往西柏林。

美國陣營也有變化發生。

西歐各國認為在此種情況下，不可再過分仰賴美國，於是在法國、西德主導下探索合作關係，組成了歐洲經濟共同體（EEC）等組織。

另外，印度總理尼赫魯、中國領導人周恩來、印尼總統蘇卡諾等人亦試圖在亞洲、非洲國家建構起不屬於美國或蘇聯陣營的**第三勢力**。

第 1 章 歐洲歷史

第 2 章 西亞及伊斯蘭世界歷史

第 3 章 印度歷史

第 4 章 中國歷史

第 5 章 合而為一的全球時代

第 6 章 革命的時代

第 7 章 帝國主義與世界大戰的時代

第 8 章 近代印度、西亞

第 9 章 近代中國

第 10 章 現代世界

「解凍」驟變，
全球陷入核武戰爭危機

🌍 蘇聯率先掌握飛彈技術

　　美國和蘇聯迎來冷戰「解凍」，看似暫且邁向和平，狀況卻又急轉直下，使全球暴露於全面核戰的危機當中。**從「和平共存」到「核戰危機」，局勢風雲驟變**，起因來自傳遍全球的新聞：蘇聯成功發射了祕密研發的人造衛星「**史普尼克 1 號**」。

　　能以火箭發射人造衛星，就意味著已研發出足以裝載沉重彈藥及核彈頭的飛彈發射技術。

　　將核彈往外太空發射，令其落在敵方的領土，就是所謂的「洲際彈道飛彈」（ICBM）。蘇聯過去在研發核武、轟炸機數量方面都居於下風，如今則因「隨時能從安全場域跨越洲際狙擊美國」，站上了優勢位置。

　　美國也即刻投入火箭實驗，但為抗衡蘇聯所研發的先鋒一號最終慘烈失敗，使美國頓失自信。蘇聯高調宣告已研發出飛彈，令美國動搖（**史普尼克震撼**）。

　　飛彈技術遭到超越，導致「隨時隨地都可能受到攻擊，無法逃離」的恐懼感深植於美國民眾的內心。

🌍 核子戰爭危機震撼世界

　　此時，位於美國腳邊的加勒比海島國古巴發生了變化。革命家**卡斯楚**、切‧格瓦拉主導古巴革命，使古巴的親美立場大大轉彎，

第1章 歐洲歷史

第2章 世界歷史及伊斯蘭

第3章 印度歷史

第4章 中國歷史

第5章 合而為一的全球時代

第6章 革命的時代

第7章 帝國主義與世界大戰的時代

第8章 近代西亞、印度

第9章 近代中國

第10章 現代世界

靠向了蘇聯陣營。**位於美國腳邊位置的古巴改投蘇聯陣營，使美國的危機感一口氣飆升。**

才剛走馬上任的總統甘迺迪，一得知蘇聯正在古巴建造飛彈基地，便自海上封鎖古巴，採取備戰姿態，阻擋運送飛彈的蘇聯船隻進入古巴。雙方海軍劍拔弩張，稍有一步差錯，就可能爆發全面核戰，此事件史稱**古巴危機**。

美蘇各擁核子武器，一旦使用，最終可能導致人類滅絕——在這番緊張之中，美國甘迺迪和蘇聯赫魯雪夫在檯面下持續交涉，費了一番工夫，終於談妥美國不攻擊古巴（且認可古巴參與蘇聯陣營），蘇聯就撤除飛彈基地，避開核子戰爭的危機。

 ## 緩和情勢真正到來

美蘇兩國面臨全面核戰危機一觸即發，終於理解到使用核武不僅會毀滅對手，更會因報復攻擊招致自身的末日。

隨著簽訂《部分禁止核試驗條約》、《核武禁擴條約》，各國展開削減戰略武器的交涉，全球終於邁向冷戰真正的終章。這樣的緩和局勢稱為**低盪時期**（Détente，法語中「緩和緊張情勢」之意）。

圖5　在古巴建造飛彈基地

洛杉磯
華盛頓　紐約
核戰危機一觸即發
古巴
1000 公里
美國發動海上封鎖
2000 公里
4000 公里
蘇聯運送飛彈
中程彈道飛彈大略射程

「電視的力量」
引領冷戰邁向尾聲

 游擊戰撼動超級大國美國

在「低溫」時期，**「越戰」、「布拉格之春」等關鍵事件，令美國和蘇聯的國際地位在同時期一口氣暴跌，引發了冷戰結構決定性的崩潰。**

二次大戰後，越南要求自法國獨立，但法國不願許諾。由**胡志明**主導的**越南民主共和國**在蘇聯支援下宣告獨立，並與法國對戰，成功占領越南北部。但美國在此時介入，為擊潰越南民主共和國而發動**越南戰爭**。

美國認為，倘若越南在獨立後受蘇聯影響，加入了社會主義陣營，那麼同樣自法國獨立的寮國、柬埔寨，甚至自英國獨立的緬甸、印度，都可能連鎖性地成為社會主義國家，因而打算徹底擊潰越南民主共和國。

面對擁有強大實力的美國，北越採取徹底的游擊戰，潛身於叢林中設置陷阱、自暗處發動攻擊。

美軍為了與之對抗，反覆實施人稱「北爆」的大規模空襲轟炸，並噴灑含有劇毒的「橙劑」（除草劑），令叢林的草木枯死，好讓越南陣營無從施展游擊戰。

這場泥淖般的戰爭之所以能邁向終結，「電視的普及」是為一大要因。**越南戰爭，是史上第一場透過電視向全球報導實況的戰爭。**美軍因游擊戰逐漸消耗，死傷者逐步增加；美軍以壓倒性軍力轟炸北越，而越南市民四處奔逃——每當這些情景被報導，**全球便**

第 1 章 歐洲歷史

第 2 章 西亞及伊斯蘭世界歷史

第 3 章 印度歷史

第 4 章 中國歷史

第 5 章 合而為一的全球時代

第 6 章 革命的時代

第 7 章 帝國主義與世界大戰的時代

第 8 章 印度、近代西亞

第 9 章 近代中國

第 10 章 現代世界

會升起疑問：「美國所在做的事情，算得上是『正義』嗎？」電視報導的力量，導致全球對美國的責難聲浪升高，引發了全球性的反戰運動。

另外，持續打著沒有結果的戰爭，也使美國財政赤字越滾越大。最終美國自越南撤退，而如願獨立的越南，則以「越南社會主義共和國」的身分，走上了社會主義國家的道路。

美國在越戰中敗北，自中南半島抽身後，柬埔寨的親美勢力急速失勢，實權落入反美勢力「赤柬」（紅色高棉）手中，其領導是接受中國支援的波布。波布推動強硬的共產主義化，且屠殺了高達 200 萬人的政敵。

🌍 布拉格之春

另一方面，蘇聯也沐浴著來自全球的批判。赫魯雪夫的繼任者布列茲涅夫，**面對美國時雖配合採取低盪（緩和緊張情勢）態度，掌控東歐「小弟」國家的力道則不願鬆懈，姿態嚴厲。**正當此時，捷克共產黨第一書記杜布切克等人發起了民主化運動（布拉格之春），蘇聯卻驅使華沙公約組織的五個加盟國共同出兵鎮壓。

透過電視報導，全球目睹蘇聯軍隊的戰車毫不猶豫地駛向示威民眾，一樣不禁燃起疑問：「蘇聯正在做的事情，真的叫做『正義』嗎？」

越南戰爭和布拉格之春，成為世間理解電視、媒體力量的關鍵；此事令美蘇痛切體會國際輿論難以忽視的力量。以此為界，冷戰急速邁向終結。

越南戰爭的失敗，導致美國在全球的影響力大幅減弱。

在美國國內，為遏止種族歧視的<u>黑人民權運動</u>與反戰運動匯合成巨大洪流，在**金恩牧師**等人頑強不懈的抗爭過後，政府終於通過《民權法案》，從法律層級上消除種族歧視。此外，由於越南戰爭的戰爭支出增加，導致美國的貨幣貶值，**尼克森**總統因而宣布停止美元兌換黃金。

一直以來，美國之所以能引領全球經濟，是因為美元背後有著足夠的黃金存量作為保障，賦予了美元絕對性的價值。

不過，此後美元逐漸轉向與其他貨幣一樣、具有「相對」價值的浮動匯率制，導致美元的絕對性產生動搖。

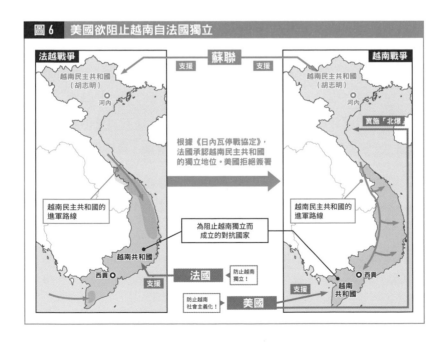

| 圖 6 | 美國欲阻止越南自法國獨立 |

車諾比事件
加速蘇聯解體

第1章 歐洲歷史

第2章 世界西亞及伊斯蘭歷史

第3章 印度歷史

第4章 中國歷史

第5章 全球時代的 合而為一的

第6章 革命的時代

第7章 世界大戰與的時代 帝國主義與

第8章 印度 近代西亞、

第9章 近代中國

第10章 現代世界

🌍 冷戰於馬爾他島宣告終結

其後美蘇也曾有過因阿富汗而對立、因美國雷根總統擴張軍備而對立等人稱「新冷戰」的狀況，但總體而言，兩國在國際上的影響力都不如以往。

尤其在**車諾比核電廠事故**中，蘇聯原本企圖隱瞞這場意外，周遭各國因輻射值飆高出聲指責後，才令一切浮上檯面，演變成蘇聯受到國際高度批評的大事件。

時任蘇聯總書記的**戈巴契夫**正推動著改革（Perestroika，「改革重建」），他承認此次意外事件，並逐步加強資訊的公開程度（Glasnost，「開放」）。車諾比核電廠的意外導致蘇聯頓失國家威信，根本無暇繼續冷戰，戈巴契夫於是同意跟美國總統布希在馬爾他島展開高峰會，一同發表了**冷戰終結宣言**。

隨著蘇聯影響力不再，東歐國家的「小弟」們也開始違背蘇聯的意志。在柏林圍牆倒塌、東西德統一之後，匈牙利、保加利亞、捷克斯洛伐克、羅馬尼亞等處接連發動政變。這些國家紛紛揚棄了共產黨獨裁體制，投向了市場經濟和民主的懷抱。

🌍 蘇聯完全消滅

領導能力低落的蘇聯，對於是否該卸下「社會主義」的招牌而產生搖擺。總統戈巴契夫著手改革，開始階段性地導入市場經濟；

共產黨的幹部卻認為「蘇聯卸下社會主義的招牌，我們就會失去權力」，因而發動政變，軟禁戈巴契夫。

其中俄羅斯聯邦共和國的總統**葉爾欽**在平定政變後掌握大權，宣告自蘇聯獨立。

戈巴契夫自軟禁狀態獲救後解散了蘇聯共產黨，並辭去蘇聯總統一職。就這樣，蘇聯正式解體。

🌐 翻轉經濟危機，俄羅斯成為「資源大國」

冷戰結束後，曾是蘇聯成員的國家重新編組為**獨立國家國協**（CIS）組織，但合作力道並不強。俄羅斯成為獨立國家國協的主導者，在總統葉爾欽的帶領下急速轉舵，航向資本主義體制。急遽改革也引發了混亂，俄羅斯經濟停滯，曾一度接近崩盤；但在進入**普丁**政權之後，俄羅斯透過出口石油、天然氣、稀有金屬等資源扭轉了經濟，又一次逐步增強對全球的影響力。

🌐 美國成為「唯一」的超級大國

蘇聯在冷戰終結時期解體（與其說是美國增強影響力，倒更該感謝蘇聯自行落馬），使美國成為全球唯一的超級大國。美國在經濟和政治層面上都把持著全球最強大的力量，不僅透過**波斯灣戰爭**攻擊入侵科威特的伊拉克，更在南斯拉夫的科索沃衝突中主導北大西洋公約組織軍隊的空襲等，介入了各式各樣的紛爭。

美國雖身為超級大國，國內意見卻分成「文明對話才最重要！」以及「應該展現美國的強大，透過強硬的政策壓制對手！」立場不斷搖擺，從歐巴馬政權進入了川普政權，直至現今。

從戰後荒廢中復興，摸索統一之路

第1章 歐洲歷史

第2章 西亞及伊斯蘭世界歷史

第3章 印度歷史

第4章 中國歷史

第5章 合而為一的全球時代

第6章 革命的時代

第7章 帝國主義與世界大戰的時代

第8章 近代西亞、印度

第9章 近代中國

第10章 現代世界

🌍 西歐摸索自身道路

在亞洲、非洲等處擁有豐富殖民地的西歐各國，曾經領導著世界前進，但經歷兩次世界大戰，因淪為戰場而殘破不堪，國際地位逐漸走下坡。

在此種情況下，西歐國家變得相當依賴美國。包括接受馬歇爾計畫、加盟北大西洋公約組織等，以西歐成員的身分，跟美國採取了相同步調。

正走上戰後復興之路、以法國及西德為核心的西歐國家，認**為歐洲的穩定，特別是長期處於敵對關係的法國和德國能放下對立、經濟合作，對歐洲的經濟復甦非常重要。**

於是，各國結成**歐洲煤鋼共同體（ECSC）**、**歐洲經濟共同體（EEC）**、**歐洲原子能共同體（EURATOM）**，逐步推動歐洲市場的整合。

面對由法國和西德所主導的區域整合行動，英國則拒絕參加EEC，採取「隔岸觀火的態度」。

比起歐洲的整合，英國傾向更重視與美國、舊時殖民地國家間的關係；更重要的是，英國想必認為「隨後」才加入法、德所組織的團體，會太過傷害自尊。

不過，英國面臨人稱「英國病」的經濟停滯，其後亦轉換方針，申請加盟 EEC。不過這次卻換成法國總統戴高樂予以拒絕，導致加盟未竟。

🌐 EC、EU 發跡

隨後 ECSC、EEC、EURATOM 合併為**歐洲共同體**（EC），法國總統戴高樂仍舊重視歐洲大陸的主體性，不同意與美國關係緊密的英國加入行列，直到戴高樂死去後，英國才終於獲可加盟 EC，參與了歐洲整合的陣容。《馬斯垂克條約》簽訂後，EC 擴大發展成**歐洲聯盟**（EU），包括東歐諸國也逐漸加入，加盟國數量變多。

歐盟在經濟統合也有所進展，採用了統一貨幣「歐元」。然而經濟發展遲緩的東歐國家加入歐盟，導致東歐各國「出外打拚」的人口湧進英國、法國、德國等處，實質性奪走了當地人民的工作機會。為此，英國出於移民政策的路線差異等，決議退出 EU。

🌐 東歐進入「鐵幕」內側

另一方面，在戰後的東歐，蘇聯推動各國自納粹德國解放，在各地成立共產黨政權，各國逐漸成為了蘇聯的衛星國。

蘇聯先後組織共產情報局（各國共產黨的整合組織）、經濟互助委員會（經濟機構）、華沙公約組織（軍事機構）以增進團結。東歐各國在蘇聯影響力的觸及下，服從於蘇聯共產黨的指揮。英國的首相**邱吉爾**曾對此批判，是「蘇聯拉下了鐵幕」。

但在東歐，唯獨南斯拉夫不靠蘇聯的軍事能力，憑一己之力掙脫了納粹德國的控制，摸索著與蘇聯形式相異的社會主義，並願意接受美國的馬歇爾計畫，因而與蘇聯形成對立，遭蘇聯逐出共產情報局。

其後，在蘇聯強大的指導力道下，南斯拉夫以外的東歐各國成為蘇聯的衛星國，受到極大影響。

第1章
歐洲歷史

第2章
西亞及伊斯蘭世界歷史

第3章
印度歷史

第4章
中國歷史

第5章
合而為一的全球時代

第6章
革命的時代

第7章
世界帝國主義與大戰的時代

第8章
印度近代西亞、

第9章
近代中國

第10章
現代世界

🌐 蘇聯解體，一口氣奔向民主化

壓迫的政策，自然會引發反彈。每當蘇聯的控制力道減弱，東歐民眾就會策劃暴動，以求脫離蘇聯的影響，但每每受到鎮壓。在「老大」蘇聯解體、冷戰終結之後，波蘭、匈牙利、羅馬尼亞、保加利亞等東歐國家一口氣奔向民主化，相繼打倒獨裁者和共產黨，捨棄了社會主義。

受到這波民主化浪潮所影響，原本採取自成一格社會主義路線的南斯拉夫，也轉舵航向民主化。

不過，南斯拉夫包含五個民族、四種語言、三種宗教，是個複雜的多民族國家，因此越是推動民主化，各民族與各宗教主張便益發碰撞，民族對立浮上檯面。南斯拉夫「盟主」塞爾維亞、克羅埃西亞、斯洛維尼亞的內戰，也擴張至波士尼亞；在內戰的最後，南斯拉夫四分五裂。

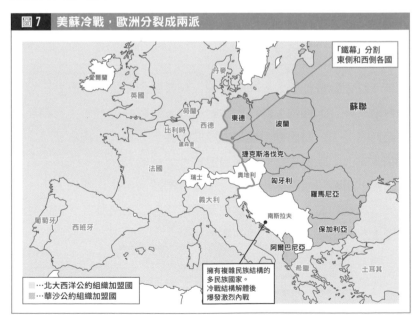

圖7　美蘇冷戰，歐洲分裂成兩派

「鐵幕」分割東側和西側各國

蘇聯

丹麥

愛爾蘭

英國

荷蘭

西德　東德　波蘭

比利時

盧森堡　捷克斯洛伐克

法國　瑞士　奧地利　匈牙利

義大利　羅馬尼亞

南斯拉夫　保加利亞

葡萄牙　西班牙　阿爾巴尼亞

希臘　土耳其

…北大西洋公約組織加盟國

…華沙公約組織加盟國

擁有複雜民族結構的多民族國家。
冷戰結構解體後爆發激烈內戰

始於宗教對立，
懸而未決的「全球課題」

英國「說法矛盾」引發宗教對立

　　巴勒斯坦問題，是戰後將整個西亞世界捲入其中的宗教對立問題。事情的開端在第一次世界大戰期間，**英國為了取得戰事的助力，而對猶太教徒（猶太人）與穆斯林（阿拉伯人）雙方皆許下承諾，未來可在當時受鄂圖曼土耳其轄下的巴勒斯坦地區建國。**巴勒斯坦地區的核心**耶路撒冷**，對猶太人和阿拉伯人而言都是聖地，因此在該處建國，皆是雙方衷心所望。不過，巴勒斯坦只有一個，想當然耳，雙方便開始為此你爭我奪起來。

美國為猶太人助陣

　　二次大戰後，猶太人和阿拉伯人雙雙強烈主張領有巴勒斯坦，聯合國只好介入仲裁，卻提出了對猶太人較有利的方案（**巴勒斯坦分割方案**），「將巴勒斯坦約六成的土地，分給人口約占三分之一的猶太人」。為何聯合國會提出這種不公平的方案呢？因為聯合國的領袖，是美國。對美國而言，深曉美國經濟、文化的猶太人（美國的日銀總裁暨前聯準會主席柏南克、電影導演史蒂芬‧史匹柏皆是猶太裔），屬於不可忽視的重要角色。

　　聯合國採納分割方案，在猶太人地區建立猶太人的國家**以色列**。阿拉伯人和周遭的阿拉伯國家對巴勒斯坦分割方案感到不服，**向剛建國的以色列發動了攻擊**（**第一次以阿戰爭**，亦稱巴勒斯坦戰

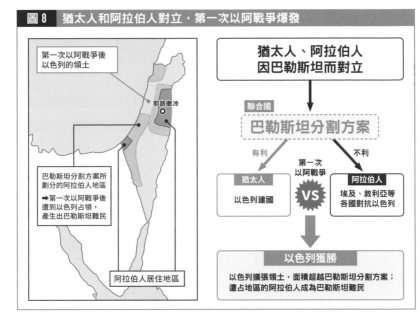

第1章 歐洲歷史

第2章 西亞及伊斯蘭 世界歷史

第3章 印度歷史

第4章 中國歷史

第5章 合而為一的 全球時代

第6章 革命的時代

第7章 帝國主義與 世界大戰的時代

第8章 印度 近代西亞、

第9章 近代中國

第10章 現代世界

圖8　猶太人和阿拉伯人對立，第一次以阿戰爭爆發

第一次以阿戰爭後以色列的領土

耶路撒冷

巴勒斯坦分割方案所劃分的阿拉伯人地區
➡第一次以阿戰爭後遭到以色列占領，產生出巴勒斯坦難民

阿拉伯人居住地區

猶太人、阿拉伯人因巴勒斯坦而對立

聯合國
巴勒斯坦分割方案

有利 → 猶太人　以色列建國

不利 → 阿拉伯人　埃及、敘利亞等各國對抗以色列

第一次以阿戰爭　VS

以色列獲勝
以色列擴張領土，面積超越巴勒斯坦分割方案；遭占地區的阿拉伯人成為巴勒斯坦難民

爭）。以色列贏得這場戰役，並大幅擴張領土，超越了巴勒斯坦分割方案時的面積。另一方面，因戰敗而失去土地的眾阿拉伯人，則形成約 100 萬人的**巴勒斯坦難民**，湧入鄰近各國。

🌏 英國利用民族對立，國際齊聲批判

第二次以阿戰爭，起源於埃及。埃及總統納瑟宣告將英國持有的蘇伊士運河國有化。**英國不願交出蘇伊士運河，於是慫恿在第一次以阿戰爭中曾與埃及對戰的以色列，跟法國一同向埃及宣戰**（第二次以阿戰爭，亦稱蘇伊士運河戰爭）。英法和以色列陣營雖然贏得戰事，國際卻齊聲批判「英國為了自身利益，利用民族對立發動戰爭」，英國最終放棄蘇伊士運河，在結果上算是埃及贏得勝利。

第二次以阿戰爭過後，**巴勒斯坦解放組織（PLO）**成立，目標從以色列手中奪回巴勒斯坦，並使巴勒斯坦難民回歸家園。PLO

開始對以色列發起武力鬥爭。以色列因 PLO 的游擊戰應接不暇，為了「讓阿拉伯陣營別再吵鬧」而發起「示威行動」，冷不防攻擊埃及、敘利亞、約旦，占領了巴勒斯坦和西奈半島的全境（**第三次以阿戰爭**，亦稱六日戰爭）。阿拉伯人在短短六天內就敗給以色列，完全喪失巴勒斯坦，產生了新一批的巴勒斯坦難民。

🌐 席捲全球的「石油戰略」

為了收復第三次以阿戰爭所失去的大塊領土，這次由阿拉伯陣營發動了戰爭（**第四次以阿戰爭**，亦稱贖罪日戰爭）。在這之前的以阿戰爭之中，阿拉伯陣營見識到以色列在軍事方面的懸殊實力，因此決定使出「大絕招」。阿拉伯陣營有許多產油國家，於是組成**石油輸出國家組織**（OPEC），限制石油出口。**阿拉伯陣營採取「石油戰略」，提出恢復巴勒斯坦阿拉伯人的權利並收復失地的訴求，令原油價格飛漲，引發全球的「石油危機」。**以「石油」為武器奮戰到最後，美國介入調停，阿拉伯陣營成功收復西奈半島的加薩地區、約旦河西岸地區。

🌐 巴勒斯坦問題成為全球「課題」

打過這麼多場戰爭後，光對談已經無法解決問題。為求和平而締結的《埃及－以色列和平條約》，導致埃及總統沙達特被同為阿拉伯裔的人士暗殺；簽署《臨時自治政府安排原則宣言》（奧斯陸協議），則導致以色列總理沙賓遭同為猶太裔的人士殺害。從這兩次暗殺的目標皆是己方人士，就可窺知問題的複雜程度。另外，美國一貫支持以色列，也激起伊斯蘭世界的激烈反感；激進派在美國及其同盟國家頻頻引發恐怖行動。

圖9 第二～四次以阿戰爭，一進一退反覆攻防

第二次以阿戰爭

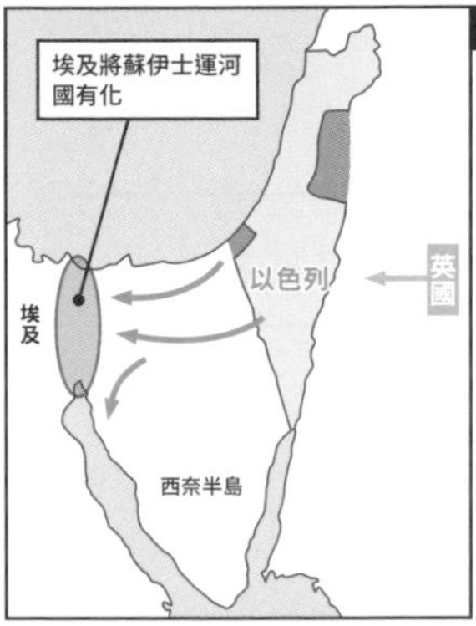

埃及將蘇伊士運河國有化

埃及將蘇伊士運河國有化

以色列

埃及

西奈半島

英國

英國
不想把蘇伊士運河交給埃及！

利益一致

以色列
想要奪取西奈半島的支配權！

第二次以阿戰爭 **VS** 埃及

戰事方面由以色列得勝。
政治方面，埃及取得蘇伊士運河而勝利。

第三次以阿戰爭

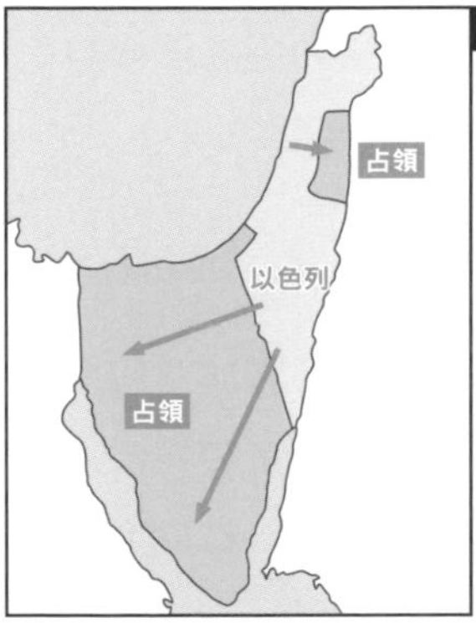

以色列攻其不備

占領

以色列

占領

第三次以阿戰爭 以色列 **VS** 埃及 敘利亞 等

持續六天的戰爭，由以色列壓倒性獲勝
占領西奈半島、約旦河西岸地區
→產生大量巴勒斯坦難民

第四次以阿戰爭

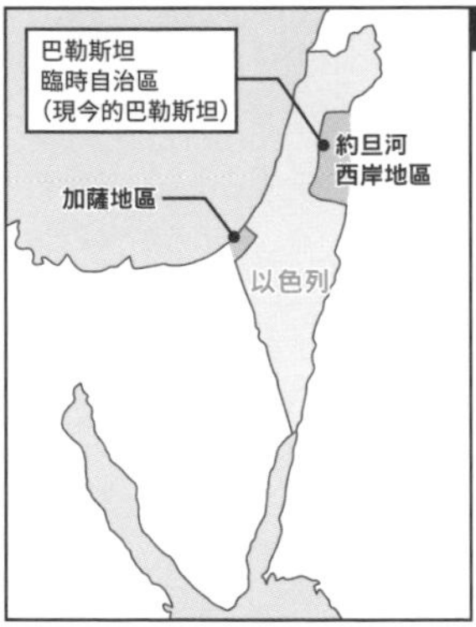

阿拉伯陣營收復第三次以阿戰爭中的失地

巴勒斯坦
臨時自治區
（現今的巴勒斯坦）

加薩地區

約旦河西岸地區

以色列

第四次以阿戰爭 以色列 **VS** 埃及 敘利亞 等 石油輸出國家組織（OPEC）組成

OPEC 的「石油戰略」
主要在歐美地區引發石油危機
→美國調停
• 《埃及以色列和平條約》，阿拉伯陣營收復失地

第 1 章 歐洲歷史

第 2 章 西亞及伊斯蘭世界歷史

第 3 章 印度歷史

第 4 章 中國歷史

第 5 章 合而為一的全球時代

第 6 章 革命的時代

第 7 章 帝國主義與世界大戰的時代

第 8 章 近代西亞、印度

第 9 章 近代中國

第 10 章 現代世界

甘地心願未竟，
印度分裂

🌐 宗教對立導致印度與巴基斯坦分家

　　而在大部分成為歐洲各國殖民地的南亞和東南亞，由於宗主國因大戰而荒廢，在戰後，獨立運動漸趨活躍。

　　曾是英國殖民地的緬甸、馬來西亞、新加坡等處，由於獲得英國承認，未經戰爭就成功獨立。另一方面，荷屬印尼、法屬越南則因宗主國不願放手，歷經戰爭才得以如願。

　　時為英國殖民地的印度未採取獨立戰爭的形式，在戰後也獲得獨立。

　　不過在印度，由於英國為了遏止獨立運動所採取的「印度教徒與穆斯林內訌作戰」起了效用，即使甘地也曾提倡宗教融合，印度最終還是分家，印度教徒較多的**印度共和國**，與穆斯林為主的**巴基斯坦**分頭獨立。

　　自此之後，甘地致力於調解印度教徒和穆斯林的關係，但在印度建國半年後，他卻被同為印度教的人士所暗殺。

　　這個模式就跟巴勒斯坦問題一樣，「跟敵人握手的人，將被夥伴所殺」。

🌐 喀什米爾問題與巴基斯坦分裂

　　獨立後的印度和巴基斯坦，就北方未劃定國界的**喀什米爾地區**該成為誰的領土產生激烈對立，至今仍懸而未決。印度跟巴基斯坦

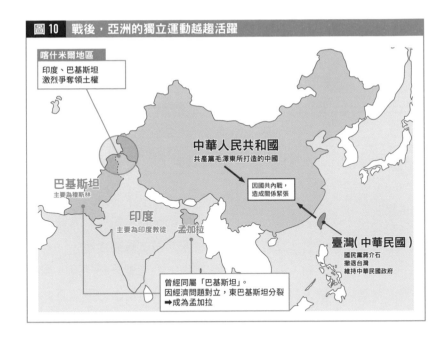

圖 10　戰後，亞洲的獨立運動越趨活躍

喀什米爾地區
印度、巴基斯坦
激烈爭奪領土權

中華人民共和國
共產黨毛澤東所打造的中國

因國共內戰，
造成關係緊張

巴基斯坦
主要為穆斯林

印度
主要為印度教徒

孟加拉

臺灣(中華民國)
國民黨蔣介石
撤退台灣
維持中華民國政府

曾經同屬「巴基斯坦」。
因經濟問題對立，東巴基斯坦分裂
➡成為孟加拉

第1章
歐洲歷史

第2章
西亞及伊斯蘭世界歷史

第3章
印度歷史

第4章
中國歷史

第5章
合而為一的全球時代

第6章
革命的時代

第7章
帝國主義與世界大戰的時代

第8章
近代西亞、印度

第9章
近代中國

第10章
現代世界

都是持有核子武器的國家，敵對國家雙雙擁有核武，已成為現今全球重大危機。

　　此外，巴基斯坦在獨立之初，曾經是一個「飛地」國家（編注：部分領土與主要領土不相連國家），但東西巴基斯坦的經濟差異引發對立，如今已分裂成巴基斯坦與**孟加拉**兩個國家。

🌐 獨立反倒招致「不穩定」

　　跟南亞、東南亞相同，幾乎所有國家都變成歐洲殖民地的非洲，也在 1960 年「**非洲年**」的前後如願獨立。

　　不過，許多國家都為獨立戰爭付出了巨大代價，有些反而因歐洲國家抽身導致政治、經濟搖擺動盪，剛果危機、盧安達內戰、索馬利亞內戰等戰爭頻頻爆發。

共產黨與國民黨對立，中國一分為二

🌏 國共對立，中國和臺灣各自延續

　　「國民黨」和「共產黨」這兩大勢力，在二次大戰期間曾為抗日短暫攜手，組成「第二次國共合作」。但待戰爭結束，**共同敵人日本敗北後，國共合作立刻煙消雲散，雙方再次展開內戰。**

　　這一次國共內戰，由共產黨獲得勝利。**毛澤東**擔任主席、**周恩來**擔任總理的**中華人民共和國**成立，並簽署**《中蘇友好同盟互助條約》**，表明在冷戰結構中靠往「蘇聯陣營」。

　　國民黨內戰失利，撤退至台灣維持國民政府的運作。「共產黨」在中國本土，「國民黨」則在臺灣創建政府，對峙局勢成形，雙方都主張自身是「具正統性的中國政府」。

🌏 口號過度遠大，計畫失利告終

　　在共產黨統治下的中華人民共和國，毛澤東所主導的政府推動了計畫經濟。由於是提倡社會主義的共產黨政權，因此沒收地主和資本家的土地與資產後分配給農民，在國家計畫下驅動經濟。

　　這些改革計畫稱為「五年計畫」、「**大躍進**」，然而主打重工業的急遽改革令人民疲弊不堪，生產出的鋼鐵又多半是粗劣品；在農村中為了配合「已成功增產糧食」的報告，而將農民的糧食沒收後上繳國庫，導致大量的人口餓死，不滿的矛頭於是指向毛澤東。

🌐 毛澤東「惱羞成怒」招致社會混亂

毛澤東成為「大躍進」失敗的抨擊對象後「惱羞成怒」，下令發動**無產階級文化大革命**。誓言效忠毛澤東的學子們組成「紅衛兵」，將違逆毛澤東的勢力和知識分子視為「社會主義之敵」，施加迫害。據信在文化大革命中承受暴力或自殺的死者，粗估至少達數百萬人，社會陷入日益嚴重的大混亂。

🌐 中國和臺灣，誰才擁有正式代表權？

在文化大革命時期，中國在外交方面也出現巨大變化。蘇聯和中國的「中蘇交惡」日漸惡化，以致在國界爆發軍事衝突。與蘇聯對抗的美國，決定利用當下局勢阻止中國介入越南戰爭，於是突然認可中國大陸取代臺灣，成為正式的中國政府。美國賦予中華人民共和國聯合國的代表權，翌年尼克森總統也實際訪中。跟臺灣關係親近的日本尤其受到衝擊，轉而跟隨美國，承認中華人民共和國是唯一的中國政府。

🌐 經濟自由，但政治不自由

毛澤東之死使文化大革命落幕，**鄧小平**代之成為最高領導人後，推動「改革開放」，開始引進市場經濟和自由市場原理、導入外國資本。

在捨棄社會主義轉向資本主義後，中國經濟急速發展。民眾在天安門廣場集會表達訴求，「經濟已經自由化，希望政治也能自由化」，但中國政府卻予以鎮壓（**天安門事件**），維持著**「經濟自由，政治卻是一黨專政」的狀態，延續至胡錦濤政權和習近平政權。**

第1章 歐洲歷史
第2章 西亞及伊斯蘭 世界歷史
第3章 印度歷史
第4章 中國歷史
第5章 合而為一的 全球時代
第6章 革命的時代
第7章 世界帝國主義與 大戰的時代
第8章 印度 近代西亞、
第9章 近代中國
第10章 現代世界

後記

　　從今而後，入學考試將不再透過知識量來判斷合格與否。講求思考、表達等各種能力的試題，將會不斷增加。

　　我相信大學入學考試，無疑會從「測驗是否擁有知識的比賽」，演變成「展現個人思維的比賽」。不過，為求思考與表達，從一開始就必須將歷史的洪流裝進腦中。盡早理解歷史的「架構」，正是在入學考試時領先他人的第一步。

　　「以往」的參考書籍過度著重於細枝末節，並網羅大量年分。本書則著重於「易理解的程度」、「故事」，目標打造成一本「新型參考書籍」。

　　從本書中所習得包括詮釋、思索歷史的方法，必定會成為各位在思考與表達時的基礎，成為畢生「難忘」、得以活用的涵養。

　　另外，不僅高中生，對各方社會人士而言，「重新學習」世界史，同樣甚為重要。全球化分分秒秒都在前行，世界合為一體的規模，早已超越了本書第5章所講述的大航海時代。我們已然邁入以「國際人」身分相互影響的時代，不再能夠明確區劃諸如日本人、美國人或中國人。

　　對生活在這個時代的我們而言，透過學習世界史所獲得的真知灼見，想必會成為「可靠的武器」。

　　在最後，我想向我在埼玉縣立坂戶高等學校、福岡縣立太宰府高等學校、福岡縣立嘉穗東高等學校、福岡縣公立古賀竟成館高等學校的所有學生，致上無比的謝意。本書的「架構」，是從跟各位的日常課程中培養出來的。我實在深深感激。

2018 年 7 月

山崎 圭一

卷末附錄

- 文化史總整理
- 世界史年表

第 1 章／希臘文化

歐洲文化的「根源」，明朗而理性的「人本」文化

文學	
荷馬	《伊里亞德》
海希奧德	《神譜》
莎芙	女性詩人
艾斯奇勒斯	《阿格曼儂》
索福克里斯	《伊底帕斯》
亞里斯多芬	《利西翠妲》

哲學、自然哲學	
泰利斯	萬物根源是「水」
畢達哥拉斯	萬物根源是「數」
赫拉克利圖斯	萬物根源是「火」
德謨克利圖斯	萬物根源是「原子」
普羅太哥拉斯	詭辯學派代表人物
蘇格拉底	主張真理的絕對性
柏拉圖	主張唯心論
亞里斯多德	萬學之祖

歷史	
希羅多德	《歷史》
修昔底德	《伯羅奔尼撒戰爭史》

雕刻	
菲狄亞斯	雅典娜女神像

建築
帕德嫩神廟

 第 1 章／希臘化時期文化

龐大的亞歷山大帝國，促使東西文化融合

哲學、自然科學	
伊比鳩魯	伊比鳩魯學派之祖
芝諾	斯多噶學派之祖
埃拉托斯特尼	測量地球的圓周
阿里斯塔克	太陽為宇宙中心
阿基米德	浮力、槓桿原理

雕塑
米洛的維納斯
勞孔群像

第1章／羅馬文化

在實用領域寫下優異成績的文化

文學	
西塞羅	《國家論》
賀拉斯	《詩藝》
維吉爾	《伊尼亞斯紀》

哲學	
塞內卡	斯多噶學派《論幸福生活》
愛比克泰德	斯多噶學派《語錄》
奧里略	斯多噶學派《沉思錄》

神學	
奧古斯丁	《上帝之城》

歷史、地理	
凱撒	《高盧戰記》
李維	《羅馬史》
普魯塔克	《希臘羅馬名人傳》
塔西佗	《日耳曼尼亞志》

自然科學	
老普林尼	《博物誌》
托勒密	天動說

建築
羅馬競技場
萬神殿

 第1章／中世紀歐洲文化

基督教文化，形塑了各種國家和民族的一致性

神學	
阿爾坤	加洛林文藝復興的核心人物
安賽姆	實在論
亞培拉	唯名論
羅傑·培根	自然科學
阿奎那	《神學大全》
奧坎	唯名論

騎士精神故事
亞瑟王傳說

民族敘事詩
尼伯龍根之歌

建築	
拜占庭式樣	聖索菲亞大教堂
仿羅馬式樣	比薩大教堂
歌德式樣	科隆大教堂

第2章／伊斯蘭文化

伊斯蘭教融合各地區的文化

神學	
加扎利	融合神學與神祕主義

地理學	
伊本‧巴杜達	《伊本‧巴杜達遊記》

歷史	
拉施德丁	《史集》
伊本‧赫勒敦	《歷史緒論》

數學	
花拉子米	代數

文學	
天方夜譚	敘事文學集大成
奧瑪‧開儼	《魯拜集》

醫學	
伊本‧西納	《醫典》
伊本‧魯世德	《醫藥通論》

建築
阿罕布拉宮

 第3章／笈多王朝文化

印度古典文化極盛期

文學	
《摩訶婆羅多》	
《羅摩衍那》	
迦梨陀娑	《沙恭達羅》

石窟寺院
阿旃陀石窟群
埃羅拉石窟群

第3章／印度伊斯蘭文化

印度教文化融合伊斯蘭教文化

建築
泰姬瑪哈陵

繪畫
蒙兀兒繪畫

第4章／西漢、東漢文化

以儒教為中心的中國古典文化

儒學	
董仲舒	儒學官學化
鄭玄	訓詁學

歷史	
司馬遷	《史記》
班固	《漢書》

發明	
蔡倫	改良造紙術

宗教	
太平道	黃巾之亂
五斗米道	道教之源流

 第4章／六朝文化

南北朝時期的「南朝」文化，江南的高度生產力撐起貴族文化

詩	
陶淵明	〈歸去來辭〉

書	
王羲之	〈蘭亭集序〉

文	
昭明太子	《文選》

繪畫	
顧愷之	〈女史箴圖〉

 第4章／唐朝文化

國際色彩豐富的貴族文化

詩	
李白	詩仙
王維	自然派詩人
杜甫	詩聖
白居易	〈長恨歌〉

儒學	
孔穎達	《五經正義》

書法
顏真卿

第4章／宋朝文化

科舉官僚人士的文化

儒學	
周敦頤	宋明理學之基礎
朱熹	宋明理學之大成
陸象山	心學之源流

歷史	
司馬光	《資治通鑑》

繪畫	
宋徽宗	院畫代表人物
米芾	文人畫代表人物

文學	
歐陽修	唐宋八大家之一
蘇軾	〈赤壁賦〉

宋代三大發明
活字印刷術
羅盤
火藥

工藝	
景德鎮	青瓷、白瓷產地

 第4章／元朝文化

科舉官僚人士的地位低下，庶民文化發達

曆	
郭守敬	授時曆

文學	
元曲	《西廂記》、《琵琶記》

書、畫
趙孟頫

第4章／明朝文化

官僚因祕密警察惶惶不安，庶民反而無拘無束

編纂事業	
明成祖	《四書大全》、《五經大全》

儒學	
王陽明	開創心學

實用科學	
李時珍	《本草綱目》
宋應星	《天工開物》
徐光啟	《農政全書》

庶民文學	
羅貫中	《三國演義》
施耐庵、羅貫中	《水滸傳》
《西遊記》	
《金瓶梅》	

耶穌會傳教士的活動	
利瑪竇	口譯《幾何原本》

 第4章／清朝文化

優秀皇帝發起大型編纂事業

編纂事業	
康熙	《康熙字典》
康熙、雍正	《古今圖書集成》
乾隆	《四庫全書》

儒學	
顧炎武、錢大昕	考證學
康有為	公羊學

小說	
《紅樓夢》	
《儒林外史》	

耶穌會傳教士的活動	
白晉／繪製	《康熙皇輿全覽圖》
南懷仁	鑄造大砲
郎世寧	設計圓明園

第5章／文藝復興

從「神本」到「人本」，文化大幅變貌

義大利／文學	
但丁	《神曲》
佩脫拉克	《十四行詩》
薄伽丘	《十日談》

義大利／美術	
喬托	文藝復興繪畫之祖
波提且利	〈春〉
達文西	〈最後的晚餐〉
米開朗基羅	〈最後的審判〉
拉斐爾	聖母子像
布魯內列斯基	大圓頂建築
布拉曼特	聖彼得大教堂

義大利／思想	
馬基維利	《君王論》

義大利／自然科學	
伽利略	主張地動說

英國／文學	
喬叟	《坎特伯里故事集》
莎士比亞	《哈姆雷特》
湯瑪斯・摩爾	《烏托邦》

法國／文學	
拉伯雷	《巨人傳》
蒙田	《隨筆集》

尼德蘭／思想	
伊拉斯莫斯	《愚人頌》

尼德蘭／美術	
范艾克兄弟	油畫技法
布勒哲爾	農民畫

德國／發明	
古騰堡	活版印刷術

德國／美術	
杜勒	〈四使徒〉

第 5 章、第 6 章／17、18 世紀的歐洲文化

從專制王政邁向市民時代，從神的時代到科學時代的轉換期

哲學	
培根	經驗主義
笛卡兒	《方法導論》、理性論
帕斯卡	《思想錄》
康德	《純粹理性批判》、唯心論

啟蒙思想	
伏爾泰	《哲學書簡》
狄德羅	《百科全書》

自然科學	
牛頓	萬有引力
林奈	生物分類學
哈維	血液循環
拉瓦節	質量守恆定律

文學	
莫里哀	喜劇
笛福	《魯賓遜漂流記》
米爾頓	《失樂園》
史威夫特	《格列佛遊記》

建築	
凡爾賽宮	
忘憂宮	

政治思想	
博蘇埃	君權神授說
格勞秀斯	《戰爭與和平法》
霍布斯	《利維坦》
孟德斯鳩	《論法的精神》
洛克	《政府論》
盧梭	《民約論》

經濟思想	
科爾貝	重商主義
亞當・斯密	古典經濟學派、《國富論》

音樂	
巴哈	音樂之父
韓德爾	《水上音樂》
海頓	交響曲之父
莫札特	《費加洛婚禮》

美術	
葛雷柯	在托雷多大放異彩
委拉斯奎茲	〈侍女〉
魯本斯	法蘭德斯派畫家
林布蘭	〈夜巡〉
華鐸	洛可可的藝術代表

第6章／19 世紀的歐洲文化

文化多元性，科學技術進一步發展

哲學	
黑格爾	辯證法哲學
邊沁	功利主義
孔德	實證主義哲學
尼采	「超人」思想

自然科學	
邁爾	能量守恆定律
居禮夫婦	發現「鐳」元素
孟德爾	遺傳法則
侖琴	發現 X 射線
達爾文	進化論《物種起源》
諾貝爾	炸藥

古典主義	
文學：歌德	《浮士德》
繪畫：安格爾	〈汲泉女〉

浪漫主義	
文學：雨果	《悲慘世界》
文學：海涅	《歌曲書集》
文學：拜倫	浪漫派詩人代表
繪畫：德拉克洛瓦	〈自由引導人民〉

經濟思想	
馬爾薩斯	《人口論》
李斯特	經濟歷史學派

社會主義思想	
歐文	改善勞動條件
普魯東	無政府主義
馬克思	《資本論》
恩格斯	《社會主義從空想到科學的發展》

發明	
萊特兄弟	飛機
愛迪生	電燈、錄音機

寫實主義		
文學：斯湯達爾		《紅與黑》
文學：巴爾札克		《人間喜劇》

自然主義		
文學：杜斯妥也夫斯基		《罪與罰》
繪畫：米勒		〈拾穗〉

印象派	
莫內	〈印象・日出〉

後期印象派	
梵谷	〈向日葵〉

第9章／文學革命

批判儒教，白話文文學運動

雜誌	
陳獨秀	《新青年》

小說	
魯迅	《狂人日記》、《阿 Q 正傳》

第 7 章、第 10 章／ 20 世紀的文化

媒體發達帶來大眾文化，科學飛越性發展

哲學	
沙特	存在主義哲學
雅斯培	存在主義哲學
杜威	實用主義

文學	
羅曼‧羅蘭	《約翰‧克里斯朵夫》
蕭伯納	劇作家
卡夫卡	《變形記》
湯瑪斯‧曼	《魔山》
海明威	《戰地春夢》
史坦貝克	《憤怒的葡萄》

建築	
高第	聖家堂

經濟學	
凱因斯	確立現代經濟學
馬克斯‧韋伯	《新教倫理與資本主義精神》

心理學	
佛洛伊德	精神分析學

自然科學	
愛因斯坦	相對論

美術	
馬諦斯	野獸派
畢卡索	〈格爾尼卡〉
達利	〈內戰的預感〉

年代	事件	參照頁數
一萬年前	**地球暖化** 現今人類生活型態的原型誕生	序章 P31
約前5000	**仰韶文化出現** 主要於黃河流域行旱作的文化誕生	第 4 章 P132
約前3000	**愛琴海文明誕生** 以克里特島為核心的文明誕生	第 1 章 P36
約前2700	**蘇美的城市國家問世、埃及古王國起始** 古代文明在近東相繼誕生	第 2 章 P84、P86
約前2600	**印度河流域文明使都市文明蓬勃發展** 哈拉帕、摩亨佐達羅等處興起高度文明	第 3 章 P116
前770	**春秋時代開始** 周王朝遭異族攻擊，霸主提倡「尊王攘夷」	第 4 章 P135
前586	**巴比倫囚虜** 希伯來人遭帶至新巴比倫王國，淪為奴隸	第 2 章 P90
約前500年	**佛教創立** 喬達摩·悉達多在菩提樹下開悟	第 3 章 P119
前500	**波希戰爭開打** 阿契美尼德王朝的大流士一世進攻希臘	第 1 章 P41、第 2 章 P92
前403	**戰國時代揭幕** 晉國三分為韓、趙、魏，以下犯上的風潮加速	第 4 章 P135
前334	**亞歷山大踏上東征** 亞歷山大展開遠征，征服阿契美尼德王朝	第 1 章 P43、第 2 章 P92
前221	**始皇帝統一中國** 中國「首度」統一，「初次」完成統一大業	第 4 章 P139
前218	**第二次布匿克戰爭** 迦太基漢尼拔的戰術生效，羅馬面臨滅亡危機	第 1 章 P46
前202	**西漢創立** 劉邦戰勝項羽，建立漢朝	第 4 章 P142

年代	事件	參照頁數
前27	**羅馬帝國時代開始** 屋大維展開元首政體，成為羅馬第一任皇帝	第 1 章 P50
西元96～ 180	**五賢帝統治時期** 締造羅馬最大疆域，黃金時期到來	第 1 章 P51
220	**三國時代揭幕** 東漢王朝滅亡，進入「三國」時代	第 4 章 P147
313	**米蘭詔令** 君士坦丁大帝公開認可基督教	第 1 章 P52
375	**日耳曼人大遷徙** 日耳曼人遭匈人壓迫，往各地分散	第 1 章 P56
395	**羅馬帝國東西分裂** 皇帝狄奧多西一世死後，羅馬分裂，帝國時代告終	第 1 章 P53
476	**西羅馬帝國滅亡** 在日耳曼人大遷徙的混亂中，西羅馬帝國滅亡	第 1 章 P56
581	**隋朝創立** 終結漫長的分裂時期，隋統一中國	第 4 章 P151
618	**唐朝創立** 唐朝「拜隋之賜」成為長命王朝	第 4 章 P154
622	**聖遷（Hijra）** 穆罕默德遷移據點，定為伊斯蘭歷「元年」	第 2 章 P95
732	**圖爾戰役** 基督教世界與伊斯蘭世界初次激烈衝突	第 1 章 P58、 第 2 章 P99
751	**怛羅斯戰役** 伊斯蘭世界打贏中國唐朝，造紙術因而傳播	第 2 章 P100、 第 4 章 P158
800	**查理曼加冕** 天主教與法蘭克王國拉近距離，宣告西羅馬帝國復活	第 1 章 P59
843、 870	**《凡爾登條約》、《墨爾森條約》** 法蘭克王國分裂，現今法、德、義的源頭誕生	第 1 章 P59

年代	事件	參照頁數
907	**唐朝滅亡** 綿延將近300年的唐朝，因節度使勢力成長而崩解	第 4 章 P159
962	**鄂圖一世加冕** 「光是名號很響亮」的神聖羅馬帝國創立	第 1 章 P59
1004	**澶淵之盟** 宋朝以金錢向遼買和平	第 4 章 P161
1066	**諾曼王朝成立** 現今英國王室的根源誕生	第 1 章 P61
1077	**卡諾莎屈辱** 神聖羅馬帝國皇帝，屈服於羅馬教宗的權威之下	第 1 章 P67
1096	**第一次十字軍東征** 基督教對伊斯蘭教的「聖戰」啟程	第 1 章 P70、 第 2 章 P104
1126	**靖康之變** 皇帝沉溺於藝術，宋朝遭金一舉攻陷	第 4 章 P162
1189	**第三次十字軍** 理查一世與薩拉丁上演殊死鬥	第 1 章 P71、 第 2 章 P106
1215	**《大憲章》** 貴族逼愚鈍的約翰國王簽署《大憲章》	第 1 章 P75
1241	**列格尼卡戰役** 蒙古軍在歐洲也殺出一片「屍體山」	第 4 章 P165
1271	**元朝創立** 忽必烈汗成為巨大蒙古帝國的盟主	第 4 章 P165
1303	**阿納尼事件** 法國國王逼羅馬教宗屈服，教宗權威低落	第 1 章 P73
1339	**百年戰爭揭幕** 中世紀世界的決戰，英國與法國激烈衝突	第 1 章 P77
1368	**明朝創立** 朱元璋打倒蒙古民族，漢族國家復活	第 4 章 P168

年代	事件	參照頁數
1402	**安卡拉之戰** 鄂圖曼土耳其帝國敗給「猛漢」帖木兒	第2章 P110
1405	**鄭和下西洋** 奉永樂皇帝之命，率領巨大船團抵達非洲	第4章 P170
1453	**君士坦丁堡殞落，百年戰爭告終** 鄂圖曼土耳其開啟黃金時期，中世紀尾聲將近	第1章 P63、 第1章 P78、 第2章 P111
1492	**收復失地運動完成、哥倫布抵達新大陸** 西班牙不斷往西方發展	第1章 P79、 第2章 P109、 第5章 P181
1517	**《九十五條論綱》** 路德提出的疑問，震撼全歐洲	第5章 P186
1534	**頒布《至尊法案》** 亨利八世想要離婚，使「英國的基督教」誕生	第5章 P188
1555	**《奧古斯堡和約》** 神聖羅馬帝國皇帝與路德教派妥協	第5章 P187
1564	**廢除人頭稅** 阿克巴促進宗教共融，蒙兀兒帝國大有發展	第3章 P127
1588	**無敵艦隊之役** 伊莉莎白一世與「無敵」相爭，獲得勝利	第5章 P194
1598	**《南特詔令》** 亨利四世使出絕招，拯救法國分裂危機	第5章 P198
1616	**後金建國** 努爾哈赤建構隨後清朝的基礎	第4章 P173
1648	**《西發里亞和約》** 三十年戰爭使神聖羅馬帝國崩盤	第5章 P201
1689	**《尼布楚條約》** 彼得一世與康熙帝協議國界位置	第4章 P175、 第5章 P205
1701	**西班牙王位繼承戰爭** 「太陽王」一意孤行，法國江河日下	第5章 P199

附錄—世界史年表

年代	事件	參照頁數
1740	**奧地利王位繼承戰爭** 腓特烈二世與瑪麗亞‧德蕾莎初次激烈衝突	第 5 章 P202
1773	**波士頓茶葉事件** 波士頓港染成茶色，美國獨立戰爭開打	第 6 章 P215、P216
1783	**《巴黎條約》** 「超級大國」美利堅合眾國呱呱初啼	第 6 章 P216
1789	**法國大革命爆發** 襲擊巴士底監獄，高舉革命之火	第 6 章 P218
1804	**拿破崙稱帝** 民選獨裁者於世間誕生	第 6 章 P223
1814	**維也納會議** 拿破崙戰爭的戰後處置，各國爭執不休	第 6 章 P226
1831	**埃土戰爭** 鄂圖曼土耳其的「王牌」脫離帝國	第 8 章 P277
1840	**鴉片戰爭** 英國走私鴉片動搖清朝，清朝徹底敗北	第 9 章 P293
1848	**二月革命** 民眾對王政掀起叛亂，發展成「人民之春」	第 6 章 P229
1853	**克里米亞戰爭** 英法最強組合，阻止俄羅斯南進	第 6 章 P236、第 8 章 P278
1861	**南北戰爭** 美國因貿易與奴隸政策差異「一分為二」	第 6 章 P240
1870	**普法戰爭** 俾斯麥「完勝」拿破崙三世	第 6 章 P231、P234
1877	**印度帝國成立** 維多利亞女王君臨，成為印度王者	第 7 章 P247、第 8 章 P284
1899	**第二次波耳戰爭** 英國強硬擴張勢力，招致國力弱化	第 7 章 P247

年代	事件	參照頁數
1908	**青年土耳其黨革命** 「青年土耳其黨」對專制君主訴求重啟憲法	第 8 章 P279
1911	**辛亥革命** 遭孫文撼動，清朝終於滅亡	第 9 章 P300
1914	**第一次世界大戰** 列強利益交織，發展成「總體戰」	第 7 章 P258
1917	**俄國革命** 二月、十月的兩度革命，使第一個社會主義國家成立	第 7 章 P259
1919	**巴黎和會、《凡爾賽條約》** 新世界秩序僅是「剎那和平」	第 7 章 P261
1922	**土耳其革命** 凱末爾成為新「土耳其之父」	第 8 章 P282
1929	**全球經濟大恐慌** 「錢盡即是緣滅時」，不安席捲全球	第 7 章 P265
1930	**製鹽長征** 甘地的非暴力、不合作運動到達顛峰	第 8 章 P287
1939	**第二次世界大戰** 希特勒和史達林將波蘭切割成兩塊	第 7 章 P271
1945	**第二次世界大戰結束** 二次大戰告終後，冷戰揭幕	第 7 章 P272、 第 10 章 P308
1947	**巴勒斯坦分割方案** 猶太人實現長年心願，卻衍生出新的戰爭	第 10 章 P326
1950	**韓戰** 冷戰期間的「熱戰」，在朝鮮半島爆發	第 10 章 P312
1965	**越南戰爭** 游擊戰和電視動搖美國	第 10 章 P318
1991	**蘇聯解體** 社會主義國家的理想，因蘇聯解體劃下句點	第 10 章 P322

附錄
世界史年表

野人家 209

瞄過一眼就忘不了的世界史

作　　者　山崎圭一
譯　　者　蕭辰倢

野人文化股份有限公司

社　　長　張瑩瑩
總 編 輯　蔡麗真
責任編輯　徐子涵
助理編輯　余文馨
協力編輯　羅凡怡
專業校對　林昌榮
行銷企劃　林麗紅
封面設計　萬勝安
美術設計　洪素貞

出　　版　野人文化股份有限公司
發　　行　遠足文化事業股份有限公司(讀書共和國出版集團)
　　　　　地址：231新北市新店區民權路108-2號9樓
　　　　　電話：（02）2218-1417　傳真：（02）8667-1065
　　　　　電子信箱：service@bookrep.com.tw
　　　　　網址：www.bookrep.com.tw
　　　　　郵撥帳號：19504465遠足文化事業股份有限公司
　　　　　客服專線：0800-221-029
法律顧問　華洋法律事務所　蘇文生律師
印　　製　呈靖彩藝有限公司
初　　版　2021年5月
初版9刷　2023年6月

有著作權　侵害必究
特別聲明：有關本書中的言論內容，不代表本公司/出版集團之立場與意見，
文責由作者自行承擔
歡迎團體訂購，另有優惠，請洽業務部（02）22181417分機1124

國家圖書館出版品預行編目資料

瞄過一眼就忘不了的世界史 / 山崎圭一
著；蕭辰倢譯. -- 初版. -- 新北市：野人
文化出版：遠足文化發行, 2021.05
　面；　公分. -- (野人家；209)
ISBN 978-986-384-443-3(平裝)

1. 世界史 2. 通俗作品

711　　　　　　　　　　　109009739

Ichido Yondara Zettai ni Wasurenai Sekaishi no
Kyokasho
Copyright © 2018 Keiichi Yamasaki
First Published in Japan in 2018 by SB Creative Corp.
All rights reserved.
Complex Chinese Character rights ©2021 by Yeren
Publishing House
arranged with SB Creative Corp. through Future View
Technology Ltd.

ISBN 978-986-384-443-3 (平裝)
ISBN 978-986-384-513-3 (EPUB)
ISBN 978-986-384-514-0 (PDF)

野人文化
官方網頁

野人文化
讀者回函

瞄過一眼就忘不了
的世界史
線上讀者回函專用 QR
CODE，你的寶貴意
見，將是我們進步的
最大動力。